헤겔 『대논리학』의 자기의식 이론

헤겔 『대논리학』의 자기의식 이론

이 정 은 著

한국학술정보㈜

머리말

철학 공부를 시작한 이래로 다소 기복은 있었어도 이십여 년 동안 한결같이 헤겔을 공부해 왔다. 근대와 현대의 수많은 철학자들을 거치면서 치밀하게 연구되고 다각도로 비판받아왔기 때문에 더 이상 연구할 것도 더 이상 비판할 것도 없는 철학자를 오랫동안 붙잡고 있을 필요가 있었을까? 라는 반문을 해보곤 한다.

반문을 비웃기라도 하듯 헤겔의 난해함은 아직도 당혹감을 준다. 그 당혹감은 사유 지평을 넓히는 결정적 계기가 되며 새로운 도전 정신을 야기한다. 헤겔에게는 당혹감과 더불어 연구되지 않은 사유의 보고가 남아있다.

이 책을 쓰게 된 동기 또한 여기에 있다. 헤겔은 수많은 연구에도 불구하고 아직도 충분히 연구되지 않은 부분들이 많다. 그것들은 헤겔 철학의 정수에 해당된다. 특히 이 책에서 다루는 『대논리학』의 '개념론'은 미개척 분야이면서 동시에 헤겔 변증법의 정수로서 변증법 이해를 위한 최대 관문이다.

'개념론'은 헤겔이 독일 관념론사의 문제의식을 이어받으면서도 이전 철학자들의 한계를 극복하는 고유 지평을 압축적으로 드러내는 곳이다. 이 책은 '개념론'에 대한 연구를 독일 관념론사의 문제의식과 연결할 때 '자기의식' 개념에서 천착해 들어가야 한다는 점을 강조한다. 헤겔 체계의 정점을 '절대 정신'이나 '절대 이념'보다는 '순수한 자기의식'으로, '사변적 자기의식'의 자기 전개와 자기 매개로 논증해야만 독일 관념론사를 통과하면서도 그들과의 차이를 드러내는 독특성을 설명할 수 있기 때문이다. 헤겔 논리학은 '사변적 자기의식'이며, '개념론'의 지평은 순수한 자기의식의 사변적 자기 매개이다.

칸트는 감각적 경험이 주어져야만 오성의 범주가 작동하여 인식이 이루어지며, 인식은 판단 구조로 형성되는 진리의 논리학이라고 한다. 그에 반해 감각적 경험이 주어지지 않음에도 불구하고 이성이 무제약적 원리로서 형이상학적 대상을 도출하는데, 이것은 판단들간의 연관을 통해 형성되는 추리의 결과물이며 가상의 논리학이다. 진리의 논리학과 가상의 논리학은 현상과 물자체로 이원화되며, 추리를 통해 도출되는 가상은 진리의 영역으로 들어올 수 없다.

칸트에게 인식은 판단을 통해 이루어지며 인식의 최종 근거는 통각의 통일로서 자기의식이다. 이때 자기의식의 통일성은 주어와 술어를 연결하는 ist(계사)의 작용이 된다. 자기의식은 인식의 통일 원리이지만, 그 진리성은 통일 원리라는 데에 그치게 된다. 그래서 자기의식 자체의 내용이나 구조연관에 대해서는 가상의 논리학으로 빠져 버리며 ist의 내용 또한 그저 주어와 술어의 연결사에 지나지 않는다.

헤겔은 칸트의 이원론을 극복하기 위해 현상과 물자체의 이원론을 인식과 존재의 통일로, 즉 자기의식 자체의 내적 구조와 내적 연관으로 서술해 나간다. 자기의식의 내적 구조와 내적 연관은 일차적으로는 판단으로, 판단의 ist로 나타나지만, 헤겔에게는 추리 운동으로 전개되어야 한다. 즉 가상의 논리학을 진리의 논리학으로 전이시켜야 하며, 추리의 정당성을 확보하는 것이 관건이 된다.

그래서 헤겔은 형식논리학, 선험논리학과 달리 칸트의 12판단처럼 판단의 정당성과 판단들간의 내적 연관을 변증법적 운동을 통해 논증하며, 한 판단에서 다른 판단이 도출되는 논리적 연관과 매개 고리를 보여준다. 판단들간의 내적 연관을 설명하는 가운데 추리가 논리적으로 전개되어 나올 수밖에 없는 근거를 동시에 제시한다. 더 나아가 헤겔은 형식논리학의 각각의 추리에서 나타나는 외적 분류 방식이나 추리 관계를 단지 1격으로 환원시키는 방식이 아니라 하나의 추리에서 다른 추리가 필연적으로 전개되어 나올 수밖에 없는 논리적인 내적 연관을 설명한다. 즉 하나의 추리의 정당성을 설명하기 위해 다른 추리나 1격 추리로 환원되는 구조가 아니라 각각의 추리 안에서 추리 전체가 매개되는 내적 연관 구조를 의미한다.

이렇게 판단과 추리의 도출의 필연성과 판단들 간의, 판단과 추리 간의, 추리들 간의 내적 연관을 논증하는 것은 변증법적 운동의 핵심이며, 추리연관으로 전개되는 논리학 운동은 곧 자기의식 자체의 전개이며, 자기의식의 내적 구조를 논증하는 과정으로 드러난다. 헤겔 논리학은 사변적 자기의식의 운동이라는 점을 이것을 통해 주장할 수 있다.

이때 자기의식은 칸트의 논의에 따르면 ist로 환원할 수 있다. 헤겔에게는 판단과 추리로 이어지는 자기의식 활동은 ist의 전개이며, ist는 단지 주어와 술어의 연결사로 그치는 것이 아니라 개념, 판단, 추리 운동을 통해 변형된다. ist가 어떤 모습으로 변형되고 어떻게 전개되는가는 자기의식 자체의 전개와 내적 구조를 드러내는 변증법의 핵심이 된다. 왜냐하면 ist는 단지 연결사가 아니라 자기의식 자체가 주어와 술어로 분열되고 분열된 양자를 끌어안고 있는 중심이기 때문이다. ist는 자기를 양 항으로 분열하고 자기를 통일시키는 자기의식 자체이며, 판단과 추리 운동 속에서 인식과 존재의 통일로, 현상과 물자체의 통일로, 진리와 가상의 통일로, 판단과 추리의 통일로 나아가는 중심이다.

인식의 최종 근거이면서 통일의 중심에 놓여있는 자기의식 활동은 ist를 통해 이루어진다. 사변적 자기의식의 구조와 변증법 운동은 '개념론'에서 사변명제와 추리연관으로 전개된다. 추리연관의 핵을 쥐고 있는 것은 사변적 자기의식의 중심, 즉 절대 이념의 자기 전개와 자기 매개의 핵인 개념 운동으로서 ist 운동이며, 개념론의 전개를 따라가면 ist의 변형체로 작용하는 '특수성-계사-매사' 운동이다. 사변적 자기의식은 개념, 판단, 추리의 전개를 통해 개념, 계사, 매사로 발전한다. 매사는 궁극적으로 판단의 양 항으로 분열되는 개념, 추리의 각각의 항들로 작용하는 개념(보편성, 특수성, 개별성으로 등장하는 개념)들을 통일시키는 총체적인 개념 내지 절대적인 개념이 된다.

헤겔 논리학은 사변적 자기의식의 전개이며, 사변적 자기의식은 판단과 추리로 전개하는 운동이며, 판단과 추리 운동은 계사와 매사가 자기의식 자체임을 논증하는 운동이다. 이것은 판단은 진리의 논리학으로, 추리는 가상의 논리학으로 처리하는 칸트와 달리, 이성 활동을 통해 추리를 진리의 논리학으로 논증하는 체계이다. 형식논리학이나 선험논리학과 달리 헤겔은 변증법적 논리학을 통해 그 전개 과정을 펼치고 그리고 논증하기 때문에 사변적 자기의식과 그것의 운동으로 전개되는 판단과 추리연관은 독일 관념론사와의 연속성과 차이를 담고있는 지점이다.

헤겔에게서 추리연관은 궁극적으로 절대 개념으로, 절대 이념으로서 자기 전개로 나타난다. 헤겔은 칸트의 이원론을 극복하기 위해 『대논리학』을 형이상학과 인식론이, 형이상학과 논리학이 통일된 지평으로 전개하며, 그 지평을 사변적 자기의식이 전개되는 '개념론'의 추리 구조를 주제화하는 가운데서 펼쳐 보이며, 그 속에서 변증법적 운동과 변증법의 논리 구조를 논증하고 있다.

변증법에 대한 이해를 『대논리학』을 통해 천착해 들어간 이후에는, 즉 이 책을 완성한 이후에는 사회철학과 객관정신에 문제의식을 투영해 나가려고 노력하고 있다. 포스트 모더니즘의 발흥과 그와 연관된 철학 사조의 변화 때문에 오히려 헤겔 르네상스를 예견하는 사람들도 있고, 헤겔이 되살아나기를 바라는 사람도 있다. 필자는 헤겔 르네상스를 꿈꾸지도 헤겔이 망령처럼 되살아나기를 염원하지도 않는다. 그러면서도 헤겔 주변을 계속해서 배회하고 있으며 배회 가운데 새로운 통찰력이 떠오르기를 기대하고 있다. 배회가 이제는 논리학에서 법철학으로, 역사철학으로, 청년 헤겔의 신학적 저작으로 내려가기도 하고 거슬러 올라가기도 한다.

헤겔이 주는 통찰력, 그것은 아직도 충분히 연구되지 않은 보고가 헤겔에게 남아있듯이, 아직도 나에게, 우리에게, 현대 사회에게 통찰력과 전망을 제시하는 보고가 남아있다는 기대 때문이다. 그 기대는 진리의 논리학의 근원을 찾아가려는 욕구가 강하게 영향을 미치기 때문이지만, 근원에 도달하지 못한 과도기 단계에서조차 떠오르는 통찰력이 중요하기 때문이기도 하다.

아직 갈 길이 많이 남아있지만, 연구의 한 획을 긋는데 도움을 주신 분들, 이 책을 완성하는 데 도움을 주신 모든 분들께 깊은 감사를 드린다. 이 책을 출판하는 데 도움을 주신 출판사 실무진들께도 감사를 드린다.

목 차

【약어표】

DFS 또는 『차이저작』: "Differenz des Fichteschen und Schellingschen Systems der Philosophie". 1801 *Theorie Werkausgabe*. Bd. 2. Frankfurt a. M.: Suhrkamp Verlag.

GuW : "Glauben und Wissen", in: *Jenaer Schriften, 1801-7. Theorie Werkausgabe*. Bd. 2. Frankfurt a. M.: Suhrkamp Verlag.

VGP : *Vorlesungen über die Geschichte der Philosophie*. Ⅰ-Ⅲ. *Theorie Werkausgabe*. Bd. 18-20. Frankfurt a. M.: Suhrkamp Verlag.

PhdG : *Phänomenologie des Geistes*. Hrsg. von Hoffmeister. Hamburg: Felix Meiner Verlag.

Enz 또는 『철학강요』: *Enzyklopädie der Philosophischen Wissenschaften im Grundrisse. Gesammelte Werke*. Bd. 19. Hamburg: Felix Meiner Verlag.

WdL : *Wissenschaft der Logik*, Ⅰ-Ⅱ. *Theorie Werkausgabe*. Bd. 5-6. Frankfurt a. M.: Suhrkamp Verlag.

JS : *Jenaer Systementwürfe*, Ⅱ-Ⅲ. *Gesammelte Werke*. Bd. 7-8. Hamburg: Felix Meiner Verlag.

KdrV : *Kritik der reinen Vernunft*. Hamburg: Felix Meiner Verlag.

GWL 또는 『지식론』: *Grundlage der gesammten Wissenschaftslehre als Handschrift für seine Zuhörer*, 1794/5. Berlin: Walter de Greuter & Co. Bd. 1.

★ *Wissenschaft der Logik, Die Lehre vom Sein. 1832. Gesammelte Werke*. Bd. 21. Hamburg: Felix Meiner Verlag은 약어를 사용하지 않는다.

★ 헤겔 저작 이외의 이차문헌과 칸트, 피히테 저작은 가급적 번역서의 번역을 그대로 따른다. 필요한 경우에는 원서와 번역판 쪽수를 모두 표기한다.

서론: 왜 근대의 자기의식인가?

 벌써 많은 시간이 흘렀는 데도 현대인이 체바퀴 돌듯이 철학사의 과거로 끊임없이 미끄러져 들어가는 이유는 무엇일까? 우리의 현재는 과거와의 단절과 변형에도 불구하고 과거의 누적을 통해 형성된 것이고, 과거가 담보하지 못한 면을 발전시키는 혜안의 많은 부분을 역설적이게도 과거 속에서 얻고 있기 때문이다. 현대를 휘감고 있는 여러 철학사조는 아무런 맥락 없이 우리에게 돌연히 던져지는 것이 아니라, 과거에 제기되었던, 과거에 해결하려고 노력했던, 그래서 아직도 그 흔적과 자취를 깊숙이 남겨 놓은 과거의 연장선상에 있기 때문이다.

 여기에서 반복적으로 언급하는 '과거'는 '현대'의 다양한 사조를 모두 예견할 수 있게 하는 것은 아니지만, 현대인이 무엇보다도 비중 있게 문제 삼는 '부분에 대한 가치부여', '자아와 주관성의 역할과 의미를 희석시키려는 태도', '주체의 해체', '통일과 전체성에 대한 희구를 분열과 다양성으로 반전시키려는 시도' 등을 견인해내는 대척점(對蹠點)이 되는 과거이어야 한다. 주관성과 통일의 자취를 지우려고 하는 새로운 사조 속에서 철학적인 체계 비판과 해체를 현대의 소진점으로 삼게 하는 '그 과거'에 적절한 과거는 바로 '근대'이며 '근대의 문제의식과 인식태도'를 지니는 반성적 틀이다. 우리는 비록 현대의 문제 속으로 천착해 들어가지 않더라도, 현대의 철학적 문제와 사유지평을 이해해야 한다는 그리고 새로운 지평을 마련해야 한다는 남아있는 과제를 위해서, 먼저 '근대'의 철학사조와 '근대인'의 중심문제로 되돌아 갈 필요가 있다.

 현대와의 연장선상에서 우리에게 아직도 지속적으로 영향을 미치며 '생산적 충격'[1])을 주는 대표적 인물로 칸트와 헤겔을 꼽을 수 있다. 근대

---

1) D. Henrich, "Kant und Hegel", in: *Selbstverhältnisse. Gedanken und*

의 특징을 드러내면서 근대적 지평이 안고 있는 문제를 해결하려고 하는
철학자들이 많지만, 칸트와 헤겔은 근대의 역사적 의미를 파악하여 그에
적절한 이론 체계와 새로운 전망을 제시하는 중요한 사람들이다.

이들의 문제의식과 근대적 통찰을 다지고 넘어가기 위해 무엇보다도
부각시켜야 하는 것은 '**자기의식**'[2] 개념이다. 자기의식은 근대를 특징짓
는 개념이지만, 그 의미와 영향력은 현대에까지[3] 이어지고 있다. 더 나
아가 '해체'가 휩쓸고 간 현대의 언저리에 '주체의 죽음', '자아의 죽음'의
잔해들이 새로운 모색으로 꿈틀거릴 때, 주체의 변형과 기형이 창출되면
서 새로운 파장이 일고 있다. 그 잔해들을 거슬러 올라가면 과거 속에서
혜안을 얻을 수 있을지도 모른다.

주체의 죽음을 거슬러 가서 이른 근대에서는 존재를 존재이게 하는 근

Auslegungen zu den Grundlagen der klassischen deutschen Philosophie.
Stuttgart: Philipp Reclam Verlag. 1993. S. 174.

2) 근대에 와서 '자기의식은 참된 것의 본질적 계기'(G. W. F. Hegel,
Vorlesungen über die Geschichte der Philosophie, Ⅲ. *Theorie Werkausgabe*.
Bd. 20. Frankfurt a. M.: Suhrkamp Verlag. 1986. S. 20. 앞으로 VGP로 약
칭하겠다.)라는 것이 데카르트에 의해 독자적으로 확립된다. 그러나 자아의
유한성 때문에 발생하는 주-객 이원론은 유한과 무한에 대한 반성과 통일
을 야기한다. 유한성과 무한성의 통일, 반성과 이념의 통일을 '인간적 주체'
에 의해 시도하면서 '사유가 자신 안에서 자기 자신을 규정하는 것, 곧 구체
적인 것으로 파악되는'(ebd. S. 331) 것은 칸트철학에서이다. 칸트는 주-객
통일을 '자기의식'에서 정초한다(I. Kant, *Kritik der reinen Vernunft*.
Hamburg: Felix Meiner Verlag. 1956. 최재희 역. **순수이성비판**. 서울: 박영
사. A 107 이하 참고. 이하 KdrV로, 초판은 A, 재판은 B로 약칭하겠다).

3) "이러한 자기의식의 문제는 전통적으로 데카르트가 주제화한 이래 칸트와
독일 관념론, 낭만주의와 신칸트학파를 거쳐 현상학과 실존철학에 이르기까
지 지속적으로 논의되어 왔으며, 최근에는 철학의 반형이상학적 경향에 대
응하여 더욱 강화된 주체 형이상학의 정립을 시도하는 (독일) 현대철학의
한 흐름에서도 이에 대한 집중적 논의가 발견된다. 대상을 진리에로 근거지
우기 위해 추구되는 자기의식은 근대철학이 모색하는 최종근거의 전형이다."
최신한, "칸트의 연역에서 헤겔의 서술로". **헤겔철학과 종교적 이념**. 서울:
한들. 1997. 16쪽.

거는 객관과 존재 자체보다는 바로 '주관'과 '주관의 구성적 역할'이라는
점에 관심을 집중한다. 근대적 지평 안에서 존재 근거와 존재 구조를 인
식하는 주관은 논리적 형식을 객관에 새겨 넣어 객관의 통일성을 정초하
는 지반으로 간주되고, 대상 자체의 형식보다는 주관적 틀과의 관계 속
에서 도출한 원리가 인식과 존재의 절대적 원리로 상정된다.[4] 그러다 보
니 존재와 사유의 분열이 파생된다. 이러한 분열을 하나의 통일된 체계
로 정립하는 최종 근거로서 무제약적이고 통일적인 원리가 요구된다. 이
원적 분열을 통일된 체계로 전환시키는 근대의 원리는 바로 주 – 객 동일
성의 근원이며 존재의 구성적 역할을 하는 '자아의 자기에 대한 의식'과
'자아의 자기와의 동일성', 즉 '자기의식'이다.

　자기의식은 근대 독일 관념론의 중심개념이며, 궁극적으로는 헤겔이
독일 관념론사의 문제 위에서 근대적 지평의 한계를 극복하고 지양하기
위해 제시한 변증법적 모순과 매개의 중심축이다. 헤겔의 고유한 작업은
독일의 비판적 관념론사에서 정초한 자기의식의 활동성과 자기의식의 자
기관계 구조를 완결하는 정점이다. 그것은 '존재와 사유의 체계적 통일'
을 성취하는 **'자기의식의 근원적 동일성'**, 즉 **'자기의식의 사변적**[5] **자기**

---

4) 박순영, "마르틴 부버 · 대화 철학의 해석학적 발상 (1)". **해석학 연구**. 제4
　집. 서울: 지평문화사. 1997. 113쪽 참고.
5) 헤겔의 사변적인 것의 구조는 『철학강요』 §79, 『대논리학』의 '서설' 등에서
　나타나듯이, '대립 속에서 규정들의 통일의 파악', '자기의 통일 속에서 대립
　태의 포괄', '부정적인 것 속에서 긍정적인 것의 포괄'을 의미한다. 사변적인
　것, 논리적인 것은 1. 개념을 규정하고 고정시키는 추상적 오성적인 것, 2.
　고정된 규정을 부정하고 깨뜨리는 변증법적, 부정적 – 이성적인 것, 3. 부정
　을 부정하여 자기 내 복귀하는, 즉 자기 매개적인 사변적, 긍정적 – 이성적인
　것으로 구분된다. 일반적으로 '변증법적' 운동을 세 번째 단계까지 포괄하는
　'사변적' 운동으로 사용하므로 '변증법적'과 '사변적'의 용어차이에 주의하지
　않아도 된다. 그러나 헤겔이 '변증법적'이라는 말을 두 번째 단계로 사용할
　경우에는 양자를 구분해야 한다(G. W. F. Hegel, *Enzyklopädie der*
　Philosophischen Wissenschaften im Grundrisse. Gesammelte Werke. Bd. 19.
　Hamburg: Felix Meiner Verlag. 이하 Enz.로 약칭하겠다).

전개와 자기매개'를 완수하는 '사변적 관념론'이다.

이러한 자기의식 이론의 핵은 **'사변적 논리학'**을 전개하는 헤겔 『대논리학』이며 논리적 구조의 전형인 '개념의 추리'이다. 독일 비판적 선험철학[6])에서 주 – 객 통일의 최종 근거로 제시되는 '자기의식'의 한계를 펼쳐내면서 동시에 자기의식의 근원적 동일성을 달성하는 헤겔의 사변 논리를 논증하는 과정은 추리의 매개 구조를 정초하는 과정이다. 이것은 근대의 이원론적 구조를 지양하고 통일적인 체계를 성취하는 궁극적 지반이다. 헤겔은 '사변적 자기전개와 자기매개'로 완수되는 '자기의식'의 철학사적 전개과정을 탐구하면서 변증법적 논리가 인지하는 바, 특수한 '매개' 개념을 **자기의식의 관념론적 이론으로부터 개념적으로 형성**하려는 시도를 하게 된다. 이러한 관념론적 자기의식 철학의 창시자는 **초기 피히테와 초기 쉘링**이다.[7]) 헤겔의 자기의식의 사변적 전개와 자기매개를

---

6) 관념론에 대한 정의를 통해 독일의 비판적 관념론으로 접근해 들어가면 분명한 특징이 드러난다. 페터 로스는 *Form und Grund*(*Hegel-Studien/Beiheft.* Bd. 6. Bonn: Bouvier verlag. 1982)에서 "관념론이라는 단어에서 우리는 ιδέα 라는 희랍어를 재발견한다. 이러한 희랍어를 독일에서는 형식(Form)으로 번역하고자 한다."(S. 11)고 하면서, 이 형식이 '존재를 존재이게 하는 근거'이고, '구별과 통일의 근거'(S. 15)라고 한다. 형식을 둘러싸고 '구별의 가능성에 대해 이의제기'한 엘레아적 질문형태는 근대 독일의 칸트의 '결합 가능성'에 대한 질문과 상관성을 지닌다. 그래서 관념론을 고대의 형식 이론과 연결할 수 있다. 통일과 구별을 지니는 것은 '제약된 것'이다. 헤겔은 이를 '근거로부터 매개된 것'(Enz. § 86)이라고 한다. 헤겔의 『대논리학』은 '절대적 형식의 학'으로서 의미를 지니는 관념론이다. 게다가 헤겔은 관념론이지만, "전적으로 관념론에만 속하는 것은 아니고 근대 관념론에 속한다."(S. 18). 고대에는 보통 형식(형상)과 사물의 관계만을 다루는데 반해, 헤겔은 **형식과 자아의 관계**를 가장 중요한 척도'(S. 18)로 사용하기 때문에 '선험적 관념론' 또는 '형식의 주관성'(S. 19) 철학자이다. 물론 헤겔을 전적으로 선험적 관념론자라고 해서는 안되며, 헤겔 이전의 선험철학자들과 거리를 두어야 한다는 점을 간과해서는 안 된다.

7) W. Becker, *Hegels Begriff der Dialektik und das Prinzip des Idealismus.* "*Zur systematischen Kritik der logischen und der phänomenologischen*

논하려면, 자기의식의 창시자가 이해하는 **자기의식의 반성**[8])과, 자기의식이 창출하는 대립 구조뿐만 아니라 대립 구조를 자기의식의 근원적 동일성으로 통일시키려고 하는, 그러나 궁극적으로 통일시키지 못하는 '창시자의 **시도와 실패**'를 포착해야 한다.

그러나 그들 이전에 자기의식의 기능과 착상을 인식의 최고 원리로 정초한 '칸트'의 형식적 자기의식이 없었다면 독일 관념론사는 다르게 진행되었을 것이다. 근대 이후 자기의식의 범례가 되는 자아를 통해서 자기의식을 둘러싼 다양한 이론이 형성되고 이론들의 대립양상을 지속적으로 빚어 왔다.

데카르트 이래로 대상 연관성을 지니는 경험적 자아와 순수한 선험적 자아 간의 관계 및 통일 가능성이 문제시되었다. 문제 제기의 방향은 주로 경험적 자아의 통일을 확립하는 순수한 선험적 자아의 실체성을 인정할 수 있는가? 또는 선험적 자아라는 순수한 주관성이 존재의 원리와 어떤 관계에 있는가? 순수한 자아는 존재와 사유가, 논리학과 형이상학이 분리되는 문제를 해소할 수 있는가? 순수한 자아의 활동성이 자기의식의 관계 구조를 드러낼 수 있는가?였다. 칸트는 이런 문제를 해소하기 위해 경험적 의식과 순수의식의 통일을, 존재와 사유의 통일을 '선험적 통각의 통일인 자기의식'에서 근거짓는다. 그는 『순수이성비판』 재판에서 인식의 가능성과 객관적 타당성을 정초하는 최고 조건이자 최종 근거로 '자기의식'[9])을 제시한다. 칸트는 자신을 경험적으로만 표상하는 심리적 자아가

Dialektik". Stuttgart Berlin Köln Mainz: W. Kohlhammer Verlag. 1969. S. 66. 필자 강조.

8) "이들 두 사람은 자기의식의 여러 상이한 능력들을 의식이 점차 자신을 더 잘 통찰하게 되는 일련의 '반성들'로 보고 자기의식의 구조를 발생적으로 서술해 보려고 생각했다." W. Marx, *Hegels Phänomenologie des Geistes.* Frankfurt a. M.: Vittorio Klostermann Verlag. 장춘익 역. **헤겔의 정신현상학.** 서울: 서광사. 1991. 19쪽.

9) KdrV. B 132를 보라.

아니라, 선험철학의 제1원리이며 독일 비판적 관념론이 발양되도록 하는 단초인 '**순수한 자기의식 자체에 대한 사유**'를 주제화한다. 선험적 범주 연역에서 등장하는 '자기의식'은 존재와 사유의 객관적 통일을 정립하는 근대의 핵심문제이자 원리로서, 독일 비판적 관념론사에서 중요한 위치를 차지한다.

그러나 칸트가 남겨놓은 자기의식은 한계를 지닌다. 칸트의 자기의식은 경험적 대상의식과의 관계 속에서 종합과 통일을 가능케 하는 원리이다. 칸트에게 자기의식은 경험적 통일을 가능케 하는 선험적 원리이며 선험적 통각이지만, 자기의식 자체에 대한 인식은 불가능하기 때문에 경험의 종합을 가능케 하는 논리적인 '조건'일 뿐이다. 자기의식 자체에 대한 경험적인 대상 연관적 계기는 거부되고 자기의식의 형식적이고 직접적인 동일성만 남게 된다.

칸트는 직관과 범주, 특수와 보편, 경험적인 것과 선천적인 것과 같은 '이종적인 것'으로 드러나는 '구별들의 통일'을, 즉 '존재와 사유의 통일'을 자기의식에서 마련하면서 '사변적 이념'[10]을 내비치고 있지만, 자기의식 자체의 내적 구조와 내용 연관에 대한 파악은 거부한다. 모든 인식의 근거를 자기의식에서 정초하면서도, 자기의식 자체를 인식하는 능력인 지성적 직관, 개념적 직관을 사변적 이념의 정점에 놓지는 않는다. 소위 경험이 불가능한 물자체를 파악하는 오성 능력인 '지성적 오성'의 가능성

---

10) 칸트는 인식의 타당성과 권리를 논증하기 위해 경험의 소여성과 범주의 선천성을 요구하며, 양자를 결합할 수 있는 가능성을 찾기 위해 "선천적 종합판단이 가능한가?"라는 질문을 던지는 데서 출발한다. 헤겔은 선천적 종합판단 안에는 '이종적인 것이 동시에 선천적이며, 절대적으로 동일하다는'(G. W. F. Hegel, "Glauben und Wissen", in: *Jenaer Schriften, 1801-7. Theorie Werkausgabe*. Bd. 2. Frankfurt a. M.: Suhrkamp Verlag. 1986. S. 304. 이하 GuW로 약칭하겠다.) 사변적 이념이 표현되어 있으며, 선험적 '범주연역'을 할 때 최종 근거로 출현하는 '통각의 근원적이고 종합적인 통일'인 자기의식이 이종적인 것의 통일을 표현한다고 본다. 『신앙과 지식』에서는 이 통일을 '생산적 구상력의 원리'로 표현하기도 한다.

을 거부하듯이, 경험이 불가능한 자기의식 자체에 대한 인식을 거부한다.

자기의식 자체에 대한 파악과 관련된 '사변'의 의미를 칸트는 이종적인 것의 통일, 부정 속에서의 총체적 통일로 간주하는 것이 아니라, 잘못된 관념 내지 궤변으로 치부한다.[11] 그 결과 사유 속에서 포착되는 존재의 실재성을 주관의 인식을 벗어난 물 자체로 방치한다. "칸트 철학은, 본질은 자기의식으로 복귀되지만, 그러나 이러한 자기의식의 본질 또는 이러한 순수한 자기의식에게는 어떤 실재성도 부여할 수 없으며, 자기의식 자체 속에서 존재를 드러내지도 않는다. 단순한 사유는 구별을 그 자체 안에 지니는 것으로 파악되지만, 그러나 여전히 실재 전체가 바로 이러한 구별행위 속에 놓여 있다는 것을 파악하지는 못한다."[12]

칸트는 자기의식을 주-객 통일의 최종 근거로 정초하여 독일 관념론사의 불을 당긴 철학자이다. 그러나 존재 자체의 구조가 자기의식의 통일작용을 벗어나 있는 것으로 상정하기 때문에, 칸트의 자기의식은 내적 구조와 내용연관 및 실재성을 결하는, 따라서 유한성을 넘어서지 못하는 "비판적 관념론에 처해 있다. 그래서 그 철학은 주관성의 원리와 형식적 사유의 원리에 지나지 않는다."[13] 칸트는 경험적 소여를 지니는 인식만

---

11) 칸트는 사변을 '거울'과 관련시켜서 결과를 통해 원인을 보는 것, 반사 속에서 원인과의 유사성을 밝히는 것으로 설명했던 칸트 이전의 의미를 보유하면서도 동시에 약간의 변형을 가한다. 그 결과 "한편으로는 '이종적' 그리고 '사변적'이라는 표현들이 여전히 계속해서 동의어로 사용되고, 다른 한편으로는 이성의 부당한 사용, 신앙에 관한 부당한 사용만이 그럴싸하게 사태처럼 보인다. 즉 사변적인 것으로 특징지워진다."(G. Wohlfart, *Der spekulative Satz. Bemerkungen zum Begriff der Spekulation bei Hegel.* Berlin · New York: Walter de Gruyter Verlag. 1981. S. 70). 후자의 의미, 즉 "이론적 인식은 그것이 경험에 있어서 도달될 수 없는 대상 혹은 대상의 개념을 노릴 적에는 사변적이다."(KdrV. B 663).
12) G. W. F. Hegel, *Vorlesungen über die Geschichte der Philosophie.* Ⅲ. *Theorie Werkausgabe.* Bd. 20. Frankfurt a. M.: Suhrkamp Verlag. 1986. S. 333.
13) G. W. F. Hegel, GuW. S. 301. 비판적 관념론의 주관성과 형식성 비판은

을 유일하게 참다운 인식으로 간주하기 때문에, 주객 통일의 사변적 이념을 보고 있으면서도 유한성을 극복하지 못 한다. 칸트의 자기의식은 인식과 존재의 통일 원리이지만, 경험적 소여가 없어서 존재 자체의 구조와 질서로부터 벗어나 있는 **형식적 자기의식**에 지나지 않는다. 인식의 절대적인 근거를 탐구함에도 불구하고 칸트는 '절대적인 유한성과 주관성'을 벗어나지 못하기 때문에, 칸트 철학의 "과제와 내용 전체는 절대자의 인식이 아니라, 이러한 주관성의 인식이거나 인식 능력 비판이다."14)

칸트의 공적과 한계에 비추어 볼 때, 근대 독일을 선험철학적-관념론적 체계로 채색하는 사유의 중심은 자기의식이다. 독일 관념론은 칸트의 자기의식을 매개로 하여 관념론과 실재론의 대립을 개념적으로 화해시키는 데 목표를 두고 있다.15) 비록 형식적이긴 하지만, 경험을 근거짓는 순수한 '자기의식'을 주제화하고, 자기의식의 구조를 부각시키는 칸트의 작업은 근대 이전의 중심문제로부터 근대의 변별성을 드러내는 선험철학적 구상이며, 헤겔에게서 정점을 이루는 독일 관념론의 시발점이다.

그러나 존재와 인식의 절대적 원리인 자기의식의 체계를 형성하는 지반을 마련해 놓고도, 인식을 위해서는 경험의 소여성이 있어야 한다는 유한성 차원을 벗어나지 못하기 때문에, 칸트는 자기의식의 내용과 구조 자체를 더 이상 전개하지 못 한다. 즉 자기의식을 '자기인식'으로 끌어

실재성을 담지하는 헤겔의 '절대적 관념론'으로 귀착한다.
14) G. W. F. Hegel, GuW. S. 303.
15) R. Kroner, *Von Kant bis Hegel.* Tübingen: J. C. B. Paul Siebeck. 1961. 연효숙 역. 칸트. 서울: 서광사. 20쪽. 크로너에 의하면, 관념과 소재가 자아 속에서 만나는 칸트로부터 출발한 관념론적 사상은 소재가 점점 더 이념에 의해 파악되고, 이념이 확장되는 도정에 있다. 이념의 확장은 인간적 자아가 절대적 자아로부터 확장되는 과정이다. 그래서 헤겔에 이르러서는 급기야 절대이념이 모든 실재성을 압도하는 단계에까지 이른다. 그러나 실재성이 사라져 버리는 것은 아니다. 왜냐하면 헤겔에게서 사유는 절대적인 혹은 신적인 자아로부터 세계와 세상 사람들을 건설하는 것으로 마감되기 때문이다(ebd. 20-9쪽 참고).

올리지 못하고 '자기의식의 형식적 동일성'을 제시하는 것으로 그친다. 자기의식의 내용적 구조를 자기인식적으로 밝히는 것은 칸트 이후의 관념론의 과제로 남는다. 독일 비판적 관념론의 시발점과 추동력이 되는 칸트의 형식적 자기의식을 극복하기 위해서는, 칸트가 지닌 유한성을 극복해야 하고, 자기의식에 대한 인식가능성을 정초해야 한다.

칸트는 인간에게는 인식이 불가능해서 단지 사유만 할 수 있는 자기의식을 무한자의 '지성적 오성'은 파악 가능하다고 한다. '자기의식의 자기직관'은 경험적 직관이나 경험적 오성과 달리 칸트에게는 '지성적 오성'만이 사유 가능한, 즉 지적 직관이나 개념적 직관은 피히테, 셸링, 헤겔에게서 시도된다. 이것은 자기의식이 존재 자체의 구조와 실재성16)을 획득하는 반성적 구조를 통해서, 주관의 단순한 구성활동에 그치지 않고 실체이면서 주체인 '개념'으로 고양됨으로써 가능하다. 칸트에게서 헤겔로 이어지는 도정은 존재와 사유의 통일을 실현하고 통일 근거를 마련하기 위해 자기의식의 존재(실재성)를 담지하는 '개념으로서 자기의식'에 이르는 도정이다. 즉 자기의식의 내용적 구조인 자기구별과 자기동일성을 매개하는 '개념적 직관으로서 정신'으로 고양되는 과정이다.17) 자기의식의 개념적 직관을 완수하는 헤겔의 눈으로 보면, 칸트는 기껏해야 '정

---

16) 경험과 개념이 분리되지 않은, 그래서 자기의식 자체가 '직관능력'을 지닌 '지성적 오성'으로서의 이성일 때 실재성을 지니는 자기의식이 된다. 헤겔의 자기의식은 경험의 소여성, 대상의식을 극복하는 과정을 통해 정립되면서도 동시에 대상의식적 측면을 담지하는 것이다. 이것은 보편적이고 논리적인 형식을 정초하는 과정이면서 특수한 법칙과 개별성을 포괄하는 동시적 과정이 되어야 한다. 칸트는 『순수이성비판』, 『실천이성비판』, 『판단력비판』을 통해 반성적 판단력에서 이원적 구조를 극복하는 가능성을 내비치긴 하지만, 이원적 구조를 극복하지는 못한다.
17) "칸트로부터 헤겔까지로의 도정은 '자아'로부터 '정신'으로의, 즉 객관성인 존재를 위하여 이와 더불어 주관성 속에서 최종 설정을 인도하는 정신으로의, 주관성의 최후로 가능한 확장의 도정이다." A. Hager, *Subjektivität und Sein*. Symposion 46. Freiburg/München: Karl Alber Verlag. 1974. S. 160.

신을 의식으로 파악'[18]한 데 지나지 않는다.

독일 관념론사의 문맥에서, 자기의식 자체의 활동과 그 내용 구조를 밝히는 것은 자기의식의 '실재성'을 정립하는 과정, 즉 자기의식의 '존재'와 주관성의 '존재'까지도 정립하는 과정이다. 이것은 존재와 사유를 하나의 통일된 체계적 구조로 정립하면서 존재와 사유의 이원성을 극복하는 것과 같은 문맥에 서 있고, 헤겔 이전의 철학자들이 떨쳐버리지 못한 유한성을 극복하여 무한과 통일되는 것을 의미한다.

주관성의 존재까지도 담아내는 헤겔의 자기의식은 자기부정성을 통해 자기 안에서 '자기를 구별'하고 이 구별을 다시 자기 내 복귀시키는, 즉 '자기 매개'하는 '자유로운 정신'이다. '개념으로서 자기의식'의 자기 부정과 자기 매개는 철학사에서 존재의 최종 근거로 제시하는 '실체의 필연성'을 확립하는 데 그치지 않고, 실체 자체가 스스로 자유롭게 활동하는 '자기원인', 즉 주체를 정립하는 활동이다. 개념으로서 자기의식은 철학사에서 근거역할을 하는 실체가 자기 활동적인 자기원인으로 전개된 주체, 다시 말하면 '주체로서 실체'이다. 주체로서 실체는 자기의식이 실재성까지도 정립하는 개념적 직관이며 자유로운 정신으로 고양된 것이다.

이러한 주체는 모든 것의 근거를 자아 안에 마련하면서 자아를 무제약적이고 절대적인 원리로 상정함에도 불구하고 여전히 유한성에 발목이 잡혀 있는 철학자들의 '선험적 자아'를 넘어선다. 자기의식 자체의 사변적 전개 속에서 자기를 자유롭게 전개하는 '구성적 이론으로서 변증

---

18) Enz. §415. "비록 칸트철학이 **반성적** 판단력 개념에서 정신의 이념, 주관－객관성, **직관적 오성** 등과 자연의 이념에 대해 말하게 된다 할지라도 이러한 이념 자체는 재차 현상으로, 즉 주관적 격률로 전락하게 된다."(ebd. Zusatz). 헤겔은 이렇게 표상능력 아래서 의식이론을 전개하는 태도는 의식을 벗어날 수 없다고 본다. 피히테 철학도 칸트와 동일한 지평이다. "비아는 자아의 **대상**으로서만, 즉 **의식** 속에서만 규정된다. 그것은 무한한 충격, 즉 물 자체로 남아있다. 두 철학자는 즉자대자인 바, **개념** 또는 정신에 이르지 못하고, 타자와의 관계인 바에 도달해 있다."(ebd. Zusatz).

법'19)을 통해 개념의 내용적 구조를 형성해 나가는 '주체'이다. 그래서 헤겔의 사변적 자기의식은 '사변적 논리학'이면서 동시에 '존재론'이고 '형이상학'20)이다.

헤겔은 독일 관념론사의 전개과정을 이어받아 고착된 유물처럼 보이는 자기의식을 역동적인 일원론 체계로 고양시킨다. 자기의식을 둘러싼 발전적 논쟁은 헤겔을 거치면서 근대가 지닌 분열과 통일을 해결하는 것에, 즉 자기의식이 지닌 이원론적 구조인 자기의식과 대상의식의, 순수의식과 경험적 의식의, 대립과 동일성의, 존재론과 논리학의 체계적 통일을 '자기의식의 통일과 근원적 동일성'으로 달성하는 것에 초점을 맞춘다.

칸트 이후 피히테는 자기의식 자체의 대립과 통일을 겨냥하면서 자기의식의 내용적 구조를 정립하고 확장하기 위해 자기의식의 발생적 과정을 추적한다. 칸트의 자기의식이 함축하고는 있지만, 결국은 도외시한 자기의식의 두 가지 계기와 그 관계를, 다시 말하면 자기의식의 절대적이고 동일적인 계기(분석적 통일 및 동일성)와 자기의식의 대상 연관적인 다양한 계기(종합적 통일 및 구별)의 관계를 피히테는 '절대적 자아'와 '자기의식'이라는 두 가지 측면과 결부시키면서 자기의식의 반성을 작동시킨다. 즉 무제약적이고 통일적인 원리로서 '절대적 자아'와 자아-비아라는 '대립을 산출하는 자기의식'을 작동시킨다. 피히테는 절대적 자아와 자기의식 간의 간극을 '절대적 주체로서 절대적 자아'21)로 통일시키려

---

19) 헨리히는 칸트와 헤겔을 비교하는 논문에서 칸트 이론은 '자연적 존재론'이고, 반면에 자연적 존재론의 한계를 극복하여 사변적 변증법을 제시하는 헤겔 이론은 '새로운 존재론'인 '구성적' 변증법이라고 한다. D. Henrich, "Kant und Hegel", in: *Selbstverhältnisse. Gedanken und Auslegungen zu den Grundlagen der klassischen deutschen Philosophie*. Stuttgart: Philipp Reclam Verlag. 1993. S. 196 참고.

20) "헤겔의 논리학은 형이상학적 문제의 논리이며 그리고 이것은 Transcendental 논리학의 관점에서부터 본 것과 동시에 논리학 자체에서 본 형이상학이며, 즉 Transcendental 시계 위에서 본 형이상학이다." 장욱, 「헤에겔에서 막스까지」. **철학.** 제15집. 서울: 한국철학회. 58쪽.

한다. 그러나 그는 통일을 상정하지만 통일에 이르지는 못 한다.[22] 『전체 지식론의 기초』의 서두에서는 절대적 자아가 자아-비아라는 자기의식적 대립을 산출한다는 점을 드러낸다. 그래서 '자기의식의 대립과 절대적 자아' 간에 단순한 종합이 아니라 통일과 근원적 동일성이 가능하다는 예측을 유발시키기도 한다. 그러나 궁극적으로 절대적 자아는 자기의식적 대립이 '파악 불가능하고 도달 불가능한 비매개적인 직접적 동일성'으로 귀결된다. 자기의식적 대립은 절대적 자아로 통일되는 것이 아니라, 단지 절대적 자아로의 종합을 추구하는 당위에 그친다. 자기의식적 대립은 최초의 절대적 자아와 분리되어 있으며, 통일을 성취하려는 원래의 의도를 달성하지 못 한다.

헤겔은 칸트의 형식적 자기의식을 극복하기 위해 자기의식의 반성을 작동시키는 피히테의 구조를 의미 있게 들여온다. 그러나 '자아-비아 구도로 나타나는 자기의식적 대립'을 '절대적 자아의 직접적 동일성'과 통일시키지 못하는 피히테의 이원론을 극복하기 위해, **'자기의식 자체'**가 **대립**과 **동일성**을 지니는 **'자기매개적 구조'**임을, 즉 자기 구별 속에서 자기의 동일성을 지니는 **'사변적 자기의식'**임을 논증한다. 절대적 자아와 자기의식이 각각 동일성과 대립 중의 한 가지 역할만을 절대적으로 담고

---

21) J. G. Fichte, *Grundlage der gesammten Wissenschaftslehre als Handschrift für seine Zuhörer*, 1794/5, Berlin: Walter de Greuter & Co. Bd. 1. 한자경 역. **전체 지식론의 기초.** 서울: 서광사. 1996. S. 97/22쪽.

22) 피히테는 칸트의 자기의식이 지닌 형식성을 비판하면서 칸트의 자기의식을 자기의식의 절대적 계기에 해당되는 (자아의 직접적 동일성인 '자아는 자아이다'라는 제1원칙으로 드러나고 순수 활동성으로 작용하는) '절대적 자아'라는 측면과, 자기의식의 대상연관적 측면에 해당되는 (절대적 자아가 자아-비아라는 대립을 산출하여 '자아는 비아이다'라는 제2원칙을 발생시키는) '자기의식의 분열'이라는 측면으로 구분한다. 피히테는 제1원칙과 제2원칙의 대립으로 나타나는 자기의식의 자아-비아 분열을 다시 '절대적 자아의 동일성'으로 종합하는 과정을 중요하게 여긴다. 그러나 피히테는 '절대적 자아'와 '자기의식의 대립' 간의 관계를 드러내 보일 뿐이지, 자기의식의 대립을 절대적 자아로 통일시키지는 못한다.

있는 서로 분리된 것이 아니라, 자기의식 자체가 자기를 분열(자아-비아와 같은 분열)시키고, 자기의식 자체의 근원적 동일성(절대적 자아의 동일성)으로 통일되는 자기의식의 자기매개적 구조임을 논증함으로써 피히테를 넘어서는 것이다.

헤겔은 '칸트의 형식적 자기의식'과 피히테의 '절대적 자아와 분리된 대립적 자기의식'을 극복하면서 실재성을 담지하는 순수한 자기의식을 정초하기 위해, 자신의 체계를 '자기의식의 전개'로 천명하고, 대립과 동일성을 자기의식의 자기매개로 내재화시킨다. 이러한 과정은, 먼저 피히테와 쉘링이 칸트의 형식적 자기의식을 극복하기 위해 '자기의식의 반성' 내지는 '자기의식의 관념론적인 전개'를 시도한 것과 같은 맥락에 있는 『정신현상학』에서 견인된다. 의식의 경험의 학으로서의 『정신현상학』은 경험적 의식과 순수의식의 통일을 이루면서 '순수한 자기의식의 지평을 정초'하는 과정이다. 의식의 대립 속에 있는 『정신현상학』은 현상적 의식의 단계, 즉 경험적 의식을 지양하여, 의식의 본질인 절대지에 이른다.23) 이것은 '의식의 서술이 정신의 본래적인 학'(PhdG., 75)에 이른 것이며, 바로 『대논리학』의 '순수지'이다. 이 순수지는 자유롭게 자기를 전개하는 절대자의 운동, 즉 주체의 자유로운 자기전개라는 '개념으로서 자기의식'의 전진적 과정을 이룬다.

논리학의 개념으로서 자기의식과 달리 『정신현상학』의 '자기의식 장'은 자기의식의 구조를 펼치는 단초이긴 하지만, 아직은 자유롭게 전개하는 '정신으로서 자기의식'은 아니다. 의식의 대립에서 해방되지 않은 자기의식이다. 그래서 『정신현상학』은 의식의 대립 속에서 다양한 경험의식의 형태가 전개되는 현상적 의식, 현상적 사유이다. 비록 현상학의 의식형태

---

23) "정신의 최종적인 형태, 즉 자기의 완전한, 참된 내용이 동시에 자기의 형식인, 그리고 이를 통해서 마찬가지로 자기의 개념을 실현하는……정신은 절대지이다." G. W. F. Hegel, *Phänomenologie des Geistes.* Hrsg. von Hoffmeister. Hamburg: Felix Meiner Verlag. 1807. S. 556. 이하 PhdG. 또는 『정신현상학』으로 약칭하고, 본문에 표기한다.

가 학의 각각의 추상적 계기에 상응한다고 해도, 현상학은 여전히 '의식에 대해서만' 있다. 그에 반해 『대논리학』은 의식형태가 지양된 순수한 개념적 사유의 지평이며, 개념이 사변적으로 서술된다. 『정신현상학』의 고양을 통해 도달한 『대논리학』에서야 개념적 사유로서 순수한 자기의식의 전개가 이루어진다. 『정신현상학』의 '의식의 대립에서 해방된' 순수학인 『대논리학』은 **'자기를 전개하는 순수한 자기의식'**[24]이고 '자기'의 형태이므로, **『대논리학』은 순수한 자기의식의 사변적이고 논리적인 전개과정**이다. 사변적 논리학 전체는 자기의식의 사변적 전개와 개념의 사변적인 자기 전개이다.

자기의식의 반성을 통해 경험적 의식을 지양하고, 순수한 자기의식의 지평을 마련하는 『정신현상학』과 순수한 자기의식이 전개되는 『대논리학』은 자기의식을 통해 서로 결합되어 있다. 『대논리학』은 독일 관념론이 남겨 놓은 자기의식의 이원론적 구조를 극복하고 자기의식 자체의 내용연관과 구조를 완성하는 핵심이다. **'순수한 자기의식'** 자체의 구조를 정초하는 사변적 논리학은 독일 관념론이 남겨 놓은 자기의식의 난점을 극복하는 논리이다. 즉 자기의식의 내용 구조로서 '자기의식 자체의 구별과 동일성의 동일성'을 정립하는 것이고, 자기의식의 주관적인 논리적 구조 파악을 통해 자기의식의 실재성과 객관성을 확립하는 것이다. 그러므로 칸트의 자기의식의 형식성, 피히테의 절대적 자아와 자기의식의 분열을 극복하는 헤겔의 자기의식의 사변적 구조를 정당화하려면, 『정신현상학』과 『대논리학』 간의 논리적인 관계설명이 필요하다.

『정신현상학』에서는 경험적 대상의식을 지양하는 지속적인 도야의 과정을 통해 순수한 자기의식이 작동하는 절대지에 이른다. 절대지는 『대논리학』의 '순수지'에 상응한다. 절대지는 『정신현상학』 '서설'에 나타나는 주체로서 실체이며, 자기운동이다. 이러한 절대지가 펼치는 운동은 사

---

24) G. W. F. Hegel, *Wissenschaft der Logik, Die Lehre vom Sein. Gesammelte Werke. 1832.* Bd. 21. Hamburg: Felix Meiner Verlag. 1985. S. 33.

변적으로 서술된다. 사변적 서술은 **사변명제**[25]로 집약되는 운동이다. 『정신현상학』의 '절대지'와 『대논리학』의 '순수지'의 관계를 생각할 때, **사변명제는 '순수지'에도 관철되며, 『대논리학』 전체도 사변명제 운동**으로 읽어낼 수 있다. 즉 순수한 자기의식이 전개되는 사변적 논리학의 운동은 사변명제의 운동이다.

그런데 순수한 자기의식의 내용연관을 드러내는 사변명제의 논리적 구조는 『대논리학』 전체에 투영되면서도 동시에 사변명제의 메타적 구조를 설명하는 '개념론'의 **'판단 장'에서 전형적으로 주제화된다.** 『대논리학』 전체는 순수한 자기의식 자체의 구조와 내적 연관을 정초하면서, 헤겔 이전의 독일 관념론 철학자들의 한계를 극복하며, 그러한 극복의 전형적 구조를 '개념론'에서, 특히 개념으로서 자기의식의 운동이 주제화되는 '판단'에서 포착할 수 있다.[26] 그러므로 자기의식의 사변적 자기매개라는 사변적 관념론을 파악하기 위해 헤겔의 『대논리학』, 특히 '개념론'으로

---

25) 『정신현상학』에서 헤겔의 개념은 '활동성을 지닌, 즉 자기규정과 내용을 지니는 주어'이며 '술어내용을 지니는 주어'이다. 단순한 주어가 아니라 자기 운동하는, 그리고 대상도 자기서술인 주체이다. 따라서 "부동적으로 속성 (우연성)을 담지하는 정지한 주어가 아니라 스스로 운동하고 자기의 규정들을 자기 내로 환수하는 개념"(PhdG. S. 49), 주체이다. 자기 규정하고 구별하는 개념은 주어-술어 관계인 판단 내지 명제로 드러나는데, 주어와 술어는 단순한 주어, 단순한 술어가 아니라 주체로서 주어이며, 술어와의 관계를 통해 '보편'으로 화하는 것이다. 술어는 우연적 속성이 아니라 '실체' 이기 때문에 이들 간의 구별을 지니는 동일성이다. 이러한 판단 내지 명제는 주어와 술어가 결합된 동일성을 지니면서도 그들이 지닌 내용구별 때문에 동일성이 와해되어 새로운 판단을 야기한다. 이것이 **사변명제**(PhdG. S. 51 참고)의 모습이다. 사변명제의 운동은 달리 말하면 **주체**(PhdG. S. 53)의 운동이다. 사변명제의 '내용'은 주어의 우연적 속성, 주어의 술어가 아니라 '주어의 본질과 개념'(PhdG. S. 50)이다. 헤겔은 사변명제의 사변적 술어는 '개념과 본질을 포착'(PhdG. S. 54)하는 것이라고 주장한다.

26) G. Wohlfart, *Der spekulative Satz. Bemerkungen zum Begriff der Spekulation bei Hegel*. Berlin·New York: Walter de Gruyter Verlag. 1981. S. 188 참고.

눈을 돌려야 한다.

순수한 자기의식 자체의 자기 전개는 사변명제 운동으로 드러나고, 그 내용적 구조를 체계적으로 서술한 것은 『대논리학』 '개념론'에서 '판단'의 분열과 매개과정이다. 그러나 자기의식의 운동은 사변명제의 판단에 그치는 것은 아니다. 사변적 운동이 판단으로 드러나지만, 판단은 칸트가 경험적 대상을 인식할 때 항상 작동하는 사유 구조이며 유한한 경험의 한계 안에서 유한성을 대변하는 구조이다. 그러므로 경험을 넘어서는 부분까지도 인식하려는 노력, 즉 이원론적인 유한성을 극복하는 운동을 진행해야 한다. 헤겔에게 하나의 판단은 경험적 요소에 대한 한 판단에 그치지 않고 내적 변증법적 운동을 통해 상이한 다른 판단으로 전개되고, 판단들의 내적 연관과 상호 연관을 통해 추리로 이행한다. **판단의 유한성 극복과 무한으로의 매개는 추리로 귀결**된다.

그리고 나서 추리도 내적 변증법적 운동을 통해 하나의 추리에서 다른 상이한 추리로 전개되고 추리의 상호 연관을 통해 개념의 구조가 펼쳐진다. '개념론'에서 추리연관으로 전개되는 개념의 운동은 칸트의 자기의식의 형식성을 비판하면서 **순수한 자기의식 자체의 주관논리적인 구조를** 완결적으로 서술하므로 사변적 자기의식의 사변 논리이다. **사변적 자기의식의 사변 논리적인 자기매개 구조는 추리**이다. 사변적 자기의식의 서술인 사변명제의 운동이 단적으로 드러나는 '개념론'의 '판단 장'은 **추리로의 이행의 정당성**을 도출하면서 동시에 **이전 철학자들의 자기의식과의 차이를 부각시키는** 중요한 과정이다.

칸트는 추리를 이성의 부당한 사용이며, 인식의 진리성을 지니지 못하는 궤변적인 것으로 비판한다. 그래서 자기의식의 실재성과 존재가 추리에 의해서는 정립되지 않으며, 추리는 인식을 잘못된 길로 인도할 뿐이라고 단정짓는다. 그러나 헤겔은 자기의식의 지평을 마련하고 자기의식 자체를 논리적으로 전개하는 매개구조를 통해 추리가 이성 자체의 활동이며, 판단의 한계를 드러내는 판단의 진리임을 논증한다. 헤겔은 사변명제로서 판단의 정당성과 판단의 한계를 밝히고, 판단운동 안에서 추리로의 필연적 이행을 정초한다. 헤겔은 사변명제의 진리는 추리이며, 추리와 추리 연관은 사변적 자기의식의 논리적 구조라는 점을 확립함으로써, 독일의 비판적 관념론이 남겨 놓은 자기의식의 한계를 극복하고, 자기의식 자체의 내용적 구조와 자기의식의 근원적 동일성을 정립한다.

헤겔의 『대논리학』, 특히 '개념론'에서는 독일 관념론의 정점인 '사변적 자기의식의 사변 논리적인 구조'가 전개된다. '개념론'에서는 자기분열하고 자기매개하는 '사변적 자기의식 자체'가 전면에 부각되기보다는, 판단과 추리형식으로 번역되어 드러난다. 자기의식의 모습은 개념의 작용, 개념의 분열을 서술한 '판단'으로, 보다 근본적으로는 판단의 양 항을 결합시키는 중심인 '계사'(ist)로 드러난다. 자기의식이 자기분열하고 자기매개하는 구조가 일차적으로 판단으로 드러날 때, 판단의 양 항은 자기의식이 분열된 모습이다. 그리고 이 양 항을 결합하고 있는 제3자인 계사는 분열의 중심을 이루는 것이다.

'중심'은 자기를 분열시키고 통일시키는, 그래서 분열지를 지니는 것이지만 이런 모습이 서두에서는 잘 드러나지 않는다. '분열과 관계의 중심'인 '자기의식'이 처음에는 외적 결합을 하는 제3자와 같은 '공허한 계사'로 등장한다. '개념론'에서 자기의식이 작용하는 보편개념은 자기 구별을 통해 판단의 양 항을 이루는 분열지인 보편성-특수성-개별성으로 전개된다. 그러나 양 항을 연결하는, 즉 분열과 매개의 중심인 자기의식은 개념의 구별지의 관계이며 판단형식을 이끄는 '계사' 속으로 숨어들어가서, 계사의 운동을 통해 자기를 내비친다. 자기의식의 현시인 판단의 계사는 판단의 양 항 간의 외적 동일성을 표현하지만, 동일성 속에서 이와 동시에 양 항 간의 형식과 내용의 모순을 야기한다. 그래서 판단은 모순을 해소하기 위해 새로운 판단으로 이행한다. 이 속에서 계사는 판단형식들 간의 관계와 이행을 추진하며, 판단들의 이행 운동을 통해 계사 자신의 내용도 변화되고 충족된다.[27]

보편개념으로서 자기의식이 자기를 분열할 때 처음에는 결합을 위해 ist(계사)의 옷을 입고 나타나서 외적 결합으로서 제3의 것으로 두드러진다. 그러나 계사 자신이 양 항을 결합시키면서 점차로 양 항의 이중적 운동을 야기하는 의미충족적 내용인 '개념'으로 정립되고, 개념으로 발전한 계사는 제3의 것이라는 외적 측면이 사라진다. 판단의 양 항 자체가 계사 자체의 운동이며, '계사 자체'가 '내용을 지니는 개념'이 되며 이로 인해 계사는 추리의 '매사'(중심: Mitte)로 전환된다.[28] 매사는 추리의 중개념으로 작용한다.

 그러므로 계사작용은 판단에서 추리로 이행하기 위해 요구되는 매개념(중개념)을 정초하면서 추리의 정당성을 마련한다. 계사는 자기의식의 자기매개의 정점인 추리를 정립해내는 추진력이다. 추리의 정당성을 마련하는 이러한 계사의 운동을 따라서 자기의식은 자신의 논리적 구조 및 근원적 동일성을 정초하는 지반으로 점차적으로 떠오른다. **추리로의 전환.** 그리고 계사가 매사로 정립되는 과정이 바로 헤겔이 헤겔 이전의 자기의식이 지닌 형식성을 극복하고 근원적 동일성을 정립하는 논증과정이다. 즉 이종적인 것들을 통일시키는 절대적 자기 동일성이라는 사변적 이념을 정립하는 과정이다.

---

27) 칸트에게서 경험적인 것과 범주를, 특수자와 보편자를 통일시키는 것은 자기의식, 즉 판단의 계사이다. 그러나 칸트의 판단에서는 ist가 즉자성, 즉 매개로서 절대적이고 근원적인 동일성으로 전개되지는 못 한다. 그러므로 칸트와 같은 "판단에 의해서는 철학은 선천적 추리로까지, 즉 즉자의 현상임을 승인하는 행위에 의해서는 즉자의 인식으로까지 전진하지는 못 한다."(G. W. F. Hegel, GuW. S. 309).

28) 계사와 양 항 간의 관계에서 드러나는 동일성과 모순은 긍정판단에서 부정판단으로의 이행을 가져오는데, 존재와 비존재가 계사운동을 야기하는 계기로 정립되면서 생성을 낳기 때문에, 계사운동과 새로운 판단의 생성이 가능해진다. 상이한 판단들 간의 연관과 운동을 통해서 계사는 추상적인 것이 아니라 보편, 특수, 개별이라는 개념의 계기로, 추리 자체의 매개하는 매사(중심)로 해명된다. J. van der Meulen, *Hegel. Die gebrochene Mitte.* Hamburg: Felix Meiner Verlag. 1958. S. 10-11 참고.

이제 추리에서 양 항을 결합하는 것은 '계사'가 아니라 매사 역할을 하는 개념, 즉 중개념(Mittelbegriff)이다. 추리 장에서는 자기의식이 '매사' 속에서 보편, 특수, 개별로 전개되면서, 궁극적으로 그 각각이 총체적 통일을 이루는 추리연관을 형성한다. 헤겔은 사변명제의 내적 모순에 따른 판단들 간의 이행과 상호 연관 그리고 동시에 작용하는 ist(계사)의 내용과 의미전환을 통해서, 더 나아가 내용이 충족된 추리의 중개념을 통해서 자기의식의 사변적 운동과 자기의식의 근원적 동일성을 논증한다. 그러므로 판단, 추리로 이어지는 개념의 운동을 추적하면, 사변적 변증법의 운동 구조를 정립할 수 있고, 이와 동시에 『대논리학』이 자기의식의 자기분열과 자기매개 과정이라는 점을 계사와 매사 운동을 통해 정당화할 수 있다. 이 글의 목적은 사변적 자기의식은 사변명제의 계사와 매사 자체의 운동이며, 계사와 매사의 운동인 판단 연관과 추리 연관을 통해 헤겔 변증법이 진행된다는 점을 밝히는 것이다.

헤겔 『대논리학』의 변증법적 운동과 체계는 절대정신의 전개, 절대이념의 전개, 절대적 주관성 등, 여러 가지 방식으로 총괄할 수 있지만, 근대 독일의 비판적 관념론의 전개와 한계극복이라는 문맥에서 '사변적 자기의식의 전개와 확장'으로 집약할 수 있다. 이 주장을 뒷받침하기 위해 독일 비판적 관념론의 서장인 '칸트의 자기의식'과, 이것의 변증법적 구조를 미흡하게나마 선취한 '피히테의 절대적 자아와 자기의식의 관계'를 철학사적 문제흐름 속에서 연결끈으로 잡아내는 일이 필요하다.

그리고 나서 헤겔 『대논리학』의 개념론에서 자기의식의 변형물인 계사(ist)의 위치와 정당성을 논증하기 위해, 칸트와 피히테에게서 ist의 중요성과 강조점이 발견되는지를, 그리고 ist가 자기의식으로 드러나는지를 추적해야 한다. 다시 말하면 자기의식이 개념운동 속에서 사변명제로서 판단으로 드러나는 과정과, 이 판단을 ist를 통한 변증법적 모순구조로 펼쳐 나가는 과정을 논증하기 이전에, 칸트와 피히테에게도 사변명제의 ist가 자기의식의 활동과 관계로 다가온다는 전거를 마련해야 한다. 그런 다음에야 칸트와 피히테가 미해결 과제로 남겨 놓은 '자기의식의 정당성 정립'과 '자기의식의 체계적인 내용구조를 개념, 판단, 추리로 전개'하는 헤겔 『대논리학』의 개념론에 무게를 실어줄 수 있다. 자기의식의 무게가 실린 계사(ist)는 자신의 무게를 현시하기 위해, 자신 스스로 그 무거움을 번역하고 변형하면서 자신이 내용을 지닌 자기의식임을 정립하는 운동을 지속해야 한다. 계사가 내용을 지닌 '개념'29)으로 그리고 개념의 구별지의 중심, 즉 '매사'로 발전하는 과정을 통해 개념론은 판단에서 추리로 전개된다. 계사가 내용을 지니는 매사로 정립되는 추리에서 매사는 중개념이며 매사와 양 항의 관계를 통해 보편성, 특수성, 개별성의 총체적 통일이 점차적으로 개진된다. 개념의 세 계기들이 각각 총체성을 정초하는 과정이 추리의 전개이며 상이한 추리들 간의 상호 연관 속에서 중개념 자체는 **'추리 전체'로서 '자기의식 자체'의 운동**으로 드러난다.

헤겔 자신의 저작들 간에 자기의식을 둘러싼 논증뿐만 아니라, 독일 관념론사의 전개 속에서도 '자기의식'은 헤겔의 사변적 변증법의 기반이다. 헤겔은 그의 사변적 변증법을 통해서 이전 형이상학자와 논리학자들이 보여준 형식적 이성의 한계를 넘어서고, 그들이 남긴 자기의식의 문제를 존재 자체의 구조를 담지하는 '개념으로서 이성' 속에서 완수한다. 자기의식의 자기구별을 통한 근원적 동일성의 정립과 자기의식의 사변적 자기매개는 구별 외적으로 주어진 사후의 동일성이 아니라, 구별 자체가 자기의식의 근원적 동일성에서 발양되고 정립되는 동일성이다. 인식과 존재의 최종 근거인 절대적이고 무제약적인 원리를 자기의식으로 체계화하고 전개하는 헤겔의 구성적 변증법은 오성적 형이상학의 입장에 서 있던 이전 철학자들과 달리, 이성을 절대적 자기의식인 '절대정신'의 역할

---

29) G. W. F. Hegel, *Wissenschaft der Logik*, Ⅱ. *Theorie Werkausgabe*. Bd. 6. Frankfurt a. M.: Suhrkamp Verlag. 1986. S. 344(임석진 역. **대논리학**. 2-3권 참고. 서울: 벽호). 1812년 판 Bd. 5-6에 대한 인용은 WdL., Ⅰ, Ⅱ로 약칭한다.

에 상응시킨다. 외적 추리로서 이성이 아니라, '절대자 자체로서 이성' 내지는 '절대적 개념으로서 이성'이라는 헤겔의 이성관은, 존재와 인식의 객관적이고 통일적인 원리가 어떤 하나의 분절된 개념으로 설명될 수 있는 것이 아님을 우회적으로 보여준다.

그러므로 유기적이고 생동적인 원리가 '자기의식'이라는 개념 하나로 모두 드러난다기보다는 유기적 관계망 속의 정점에 자기의식이 있고, 그래서 자기의식을 건드리면 관계망들이 동시에 자기를 드러내고 전개하면서 존재와 인식의 본질적 연관을 근거짓는다. 이러한 생동적이고 유기적인 활동성의 연관 중의 어느 하나를 부각시키는 것은 생동성을 분절시켜, 죽어버린 파편을 제시하는 것이다. 그러나 그 연관을 반전시켜 서술한다면, 파편은 고정된 하나의 파편이 아니라, 관계망 속에 있는 유기적 생동성과 활동성을 동시에 맞물려 나오게 하면서 다양하고 총체적인 새로운 지평을 드러내는 파편이다. 이성 자체인 절대자, 절대자인 이성으로 안착하는 자기의식은 근대의 존재와 인식의 통일을 정초하는 절대적 원리이면서 유기적 관계망 속에 있다.

절대정신으로서 자기의식에 대한 논증과 정당화 속에서 존재와 인식의 다양한 구조는 사변명제의 운동으로, 결과적으로 스스로 자신 안에서 자기를 구별하고 통일시키는 추리연관과 추리구조를 모두 드러내는 '사변적 자기의식의 자기전개와 사변적 자기매개'로 안착한다.

독일 관념론의 비판적인 문제의식은 자기의식으로 압축되고 '헤겔의 사변적 자기의식'에서 정점을 이룬다. 칸트의 자기의식이 남겨놓은 이원론은 판단과 추리의 내적 연관을 설명하는 사변명제와 사변명제의 계사와 매사 운동을 통해, 즉 헤겔의 사변적 자기의식을 통해 지양된다.

제1장 독일 관념론의 전개와 사변적 자기의식의 생성

제1절 칸트의 선험적 자아와 형식적 자기의식

독일 관념론사에서 '자기의식'은 자기의식을 인식의 객관적 타당성과 주객 통일의 최종 근거로 삼는 칸트에게서 최초로 등장한다. 그러나 '생각하는 자아'의 자기의식 문제를 근대철학에서 최초로 견인해낸 철학자는 칸트 이전의 데카르트이다.[1] 칸트보다 150년 전에 데카르트는 확신을 보증하는 작용에서 자기의식의 탁월한 위치를 인식했다. 데카르트는 매일매일의 삶에서 가장 기초적인 신념들도 근거지워지지 않은 것으로 그리고 근거가 없는 것으로 간주될 수 있다는 것에 인상을 받았다.[2] 데카

---

[1] 더 엄밀하게 말하면, 인식에 있어서 '나'의 중요성과 위치를 간파하고, 자기의식의 단초를 마련한 사람은 고대의 '소크라테스'이다. 소피스트들에 의해서 주관이 절대적 원리로 정립되기 시작해서 "근대적 원리가 이 시기—펠로폰네소스 전쟁에 의한 그리스의 와해와 더불어 시작된 셈이다."(G. W. F. Hegel, VGP. I. S. 404). 그러나 소피스트의 자아는 자기 이외의 것을 폐기하기 때문에 객관적 측면이 소멸되는 '근대적 유형의 조악한 관념론'이다. 반면 소크라테스는 주관이 객관적—보편적일 수 있는 '보편적 자아'를 사상의 본질로 삼으며, 객관적 진리가 나에 의해 매개되고 주관의 사유로 환원되는 '무한한 주관성', '자기의식적 자유'를 개시한다(ebd. S. 441f 참고). 그러나 근대에 와서야 '철학이 자립적으로 이성으로부터 나와서, 자기의식이 참된 것의 본질적 계기임을 알게' 되는데, 이러한 근대의 원리의 정점은 '사유'이고 "이 원리는 데카르트에서 시작된다."(ebd. III. S. 120). 객관에 대한 주관의 우위와, 주관의 구성적 역할로서 자아가 전면에 등장하는 것은 근대이므로, '데카르트'에게서 그 시초를 찾을 수 있다.

[2] D. Henrich, "Kant und Hegel". in: *Selbstverhältnisse. Gedanken und Auslegungen zu den Grundlagen der klassischen deutschen Philosophie.*

르트는 마치 지독한 회의주의자처럼 대상의 가능성을 전적으로 의심한
다. 회의와 의심을 떨쳐 버리고 인식의 확신과 명증성을 보증하는 것이
절대적으로 요구되는데, 데카르트는 마침내 어떤 확실한 것을 인식하게
될 때까지, 혹은 다른 것은 못해도 적어도 확실한 것은 하나도 없다고
하는 것만은 확실한 것으로 인식하는3) 아르키메데스적 기점을 발견할
때까지 사유의 방황과 편력을 지속한다. 어떠한 회의주의자조차도 흔들
수 없는 지점을 정초하려고 방황한 끝에, 생각하는 자아의 '자기의식'을
발견한다. 모든 것을 의심하고, 심지어 자신의 존재까지도 의심하는 극단
적 태도에서도 거부할 수 없는 것, 즉 의심하는 활동인 사유 활동과 의
심을 하는 자기 자신을 발견한다. 의심하고 사유하는 자아의 자기확신을
통해서 의심을 떨쳐 버리면서 자기의식과 자기의식의 존재를 견인해 낸
다.4) 그래서 헤겔은 생각하는 자아인 코기토(cogito)를 확신하는 과정에
서 선험철학의 기초에 해당하는 자아로서 '자기의식'을 발견하는 데카르
트를 '탐험가'로 일컫는다.

그러나 데카르트의 자기의식은 '자기확신'을 보증하는 데 집중하고 있
다. 그리고 코기토는 철학의 제1원리임에도 불구하고, 절대적 원리라기보
다는 가장 확실한 인식 중의 '하나의 모델'에 국한된다. 베커는 코기토를
이러한 모델의 한 예에 해당되는 인식의 척도5)라고 하면서, 근대 이후

Stuttgart: Philipp Reclam Verlag. 1993. S. 176.
3) R. Descarts, **방법서설, 성찰, 데카르트 연구.** 최명관 역. 서울: 서광사. 1986.
「성찰」2부. 82쪽.
4) "그렇게 모든 것이 거짓이라고 생각하고 싶어하는 동안도, 그렇게 생각하는
나는 반드시 어떤 무엇이어야 한다는 것을 깨달았다. 그리고 나는 생각한다.
그러므로 나는 있다라는 이 진리는 아주 확고하고 확실하여 회의론자들이
제 아무리 터무니없는 상정들을 모두 합치더라도 이것을 흔들어 놓을 수 없
음을 주목하고서 나는 주저 없이 이것을 내가 찾고 있는 철학의 제1원리로
받아들일 수 있다고 판단하였다." R. Descarts, **방법서설, 성찰, 데카르트 연
구.** 최명관 역. 서울: 서광사. 1986. 「방법서설」4부. 30쪽.
5) W. Becker, *Hegels Begriff der Dialektik und das Prinzip des Idealismus.
"Zur systematischen Kritik der logischen und der phänomenologischen*

여러 세기를 지배하는 '선험철학'의 절대적 지반을 마련한 칸트의 자기의
식과는 거리를 둔다. 데카르트는 규칙 3에서 '나는 생각한다', '나는 존재
한다' 이외에도 수학의 공리들, 모순률과 같이 그 자체로 직관에 현전하
는 가장 단순한 진리를 여러 가지로 상정하고 있다. 그러므로 자기의식
의 발견자로서 데카르트의 코기토는 기하학적 논증 절차에서 절대적으로
전제되는 어떤 것, 또는 회의를 벗어나서 절대적 확신을 유일하게 지니
는 어떤 것이라기보다는 자기확신을 지닌 여러 모델 중의 '하나의 모델'
이다. 김상환은 데카르트의 제1원리는 관념생성의 파생순서에서 처음 오
는 진리가 아니며, 학문 전체를 담보할 수 있는 절대적 원리로 제시된
것도 아니라고 한다. 그것은 일단 의식에 떠오르는 가장 단순한 진리 하
나를 증명해 본다는 의미6)이기 때문에, 여러 가지 원리 중의 하나를 '발
견'한 것에 지나지 않는다는 것이다.

물론 생각하는 자아로서 자기의식은 그 뒤로 이어지는 인식의 정당성
과 대상의 존재 근거를 확증하며, 지식의 확장이 도달할 수 있는 최후
지점까지 헤엄쳐 나간다. 데카르트는 자기의식을 단지 '발견된 최초 근
거'로 상정하는 데에 자족하지 않고, 확장될 수 있는 최종적이고 절대적
인 귀착점에 이르기까지 자기의식의 회의를 거듭한다.

회의의 도정을 통해서 인식대상이 되는 모든 내용을 가장 풍부하게 인
식하고 확장하는 것은 그 무엇보다도 자아임이 드러난다. 데카르트의 자
기의식은 대상연관성을 가장 풍부하게 지니는 대상의식이다.

데카르트의 대상연관적 '의식'은 헤겔의 『정신현상학』에 나타나는 주관
－객관의 이중구조(자기관계와 타자관계 정립) 속에서 반성되는 오성적
단계의 의식이다.7) 대상의식의 대상성을 지양하면서 자기의식을 정초하

Dialektik". Stuttgart Berlin Köln Mainz: W. Kohlhammer Verlag. 1969. S. 67.
6) 김상환. "현명한 관념론과 우둔한 관념론－데카르트의 표상적 실재성 분석
  에 덧붙이는 소고". **세계와 인간 그리고 의식 지향성**. 철학과 현상연구 6집.
  서울: 서광사. 1992. 59쪽
7) 베르너 맑스는 헤겔의 『정신현상학』에 나타나는 의식이 데카르트에게서 발

는 헤겔에게는 자기의식 또한 '대상의식'과의 관련 속에서 가능하다. 데카르트에게도 대상의식은 자기의식의 내용을 전개하는 단초이다.

이와 반대로 대상의식을 그리고 대상의식이 언어의 구조로 표현되는 명제를 의미있게 하려면, 사유하는 것과의 직접적 관계를, 다시 말하면 "나는 생각한다(Ich denke)"와의 관계를 지녀야 하고, 자기의식의 사유와 보증이 있어야 한다. 즉 모든 대상의식은 정신 또는 자아에 대한 관계를 자신의 본질 규정으로 하고 있다. 모든 인식은 정신의 자기인식 속에서 인식을 규정하는 원리를 찾을 수밖에 없다. 따라서 대상에 대한 지식이 무엇인가를 묻는 방법론적 탐구는 정신 또는 자아의 본성에 대한 물음으로까지 소급해 들어가야 할 뿐만 아니라, 그 물음을 가장 먼저 해결해야 하는 것이다.[8] 비록 데카르트의 자아론이 '가장 확실한, 다양한 모델' 중의 '하나의 모델'에 불과하다고 해도, 코기토의 우위성을 주장하는 근거, 즉 모든 의식을 자아의 자기의식으로 수렴시키는 근거를 데카르트 사상에서 마련할 수 있다. 대상의식이 가능하려면, 자기의식과의 관계 속에 있어야 한다는 것은 자기의식의 우위성 내지 선행성을 주장하는 하나의 근거이다.

데카르트는 코기토의 발견을 단순한 지식확장에 목표를 두고 단행하는 것이 아니라, 애초부터 '이성을 잘 이끌어가고'[9] '내 이성을 계발'[10]하는 것을 목표로 삼아서 단행한다. 이것도 또 하나의 근거이다. 대상의식과

견된다고 주장한다. "근대 사상사에서 '의식'에 관해 처음 언급된 것은 데카르트가 자아를 res cogitans로 규정하고, 이 res의 작용방식들을 cogitationes 라고 한 이후이다." W. Marx, **헤겔의 정신현상학**. 장춘익 역. 서울: 서광사. 1991. 30쪽.

8) 김상환. "천재의 학문 – 데카르트의 학문 방법론에 대한 소고". **과학과 철학**. 제4집. 서울: 과학사상 연구회. 68-9쪽.

9) R. Descartes, *Rules for the Direction of the Mind*. translated by Laurence J. Lafleur. New York: The Bobbs-Merrill Company, Inc. 1986. 「방법서설」 1부. 11쪽.

10) 「방법서설」 3부. 26쪽.

자기의식의 관계 및 이성계발에 대한 목표는 여타의 모델에도 불구하고 자기의식이 우위성을 지니는 근거이고, 코기토가 데카르트에게서 방법론의 초점이 될 수밖에 없는 이유이다. 『정신지도의 규칙』에서도 규칙 1에서부터 '이성의 타고난 빛을 크게 하는 것'[11]이 중요한 관심거리로 등장한다는 것을 쉽게 목도할 수 있다.

데카르트의 사유도정은 자기의식을 중심에 둔다. 그리고 사유도정의 목표는, 자기의식이 대상연관성을 확장하면서, 의식의 근거를 확실하게 정초하는 것이다. 이것은 헤겔이 『정신현상학』에서 정초해 가는 '대상의식은 자기의식이다'라는 주장을 선취하고는 있다. 그러나 대상의식이 지닌 소여성과의 관계에서 드러나는 자기의식의 통일점(이것은 칸트에게서 분명하게 문제시된다.) 보다는, 그리고 자기의식이 대상의식과 관계되며 대상의식의 진리이긴 하지만, 대상의식의 대상성을 지양하는 것(이것은 헤겔에게서 시도된다.) 보다는, 자기의식의 '존재'(Ich bin)와 확신에 몰입하고 있는 개별적 의식이다.

그래서 자기의식을 발견하여 철학의 제1원리로 삼았음에도 불구하고, 데카르트에게 여전히 남는 문제가 있다. 즉 철학의 제1원리도 자기의식의 구성적 작업을 완수하는 최종 근거라는 역할과 보증을 자기의식 자체를 통해 전적으로 해결하지 못한다는 것이다. 인식의 정당성과 대상의 존재 여부를 확증하는 데카르트의 자기의식이 독일의 비판적 관념론을 겨냥한 것은 아니라고 하더라도 자아를 통해, 자기에 대한 자기의식을 통해 최종 근거를 구축하는 의미있는 기반이 되기는 한다. 그렇지만 자기의식의 명석판명성을 확증하는 '외적 근거'로 결과적으로 신을 도입하는 데서 자신의 철학 체계를 완결짓기 때문에, '근거지워지지 않은 것'이 '근거'가 되어 미지의 변수로 남게 된다. 데카르트에게는 "아주 명석하게

---

11) R. Descartes, *Rules for the Direction of the Mind*, translated by Laurence J. Lafleur, New York: The Bobbs-Merrill Company, Inc. 1961. p. 4. 이성의 확장과 계발에 대한 관심은 데카르트의 전 저작에 산재해 있다.

그리고 아주 판명하게 이해한 것은 모두 참되리라는 것도 오직 하느님이 있으며, 즉 현존하며, 그가 하나의 완전한 존재이며, 또 우리 속에 있는 모든 것이 그에게서 왔기 때문에만 확실한 것이 되기 때문이다."[12] 비록 생각하는 자아의 사유를 통해 도출되고 논증되기는 하지만, 신은 자기의식의 확신 자체까지도 정당화해 주는 외적 근거이다. 외적 근거인 신은 데카르트의 코기토가 갇혀 있는 주관성과 유아론을 극복하는 기제이다. 그러나 인식과 존재를 정당화하는 과정에서 재확인되는 자아의 유한성을 극복하여 무한성으로 고양시키는 데까지 이르지는 못한다.

칸트는 데카르트에게서 나타나는 자기의식을 인식을 비판하고 인식 근거를 정초하기 위해 이용한다. 서로 이질적인 것의 결합을 가능케 하는 칸트의 '통각의 통일로서 자기의식'은 데카르트의 '나는 생각한다'를 비판하는 데서 분명하게 드러나며, 대상의식을 넘어서서 존재와 사유의 동일성과 인식의 정당성을 정초하는 기반이 된다. 칸트의 자기의식은 대상의식을 근거짓기 때문에 대상의식과 분리되지 않는 것이면서도, 대상의식과는 전적으로 상이한 순수의식, 즉 순수 통각이다.[13] 칸트는 이러한 인식의 타당성과 근거를 신의 보증에 의존하지 않고, 선험적 범주연역을 단행한다. 칸트에게 인식이 일어나려면 감각경험의 소여성이 있어야 하고, 이를 법칙에 따라 규정하는 범주활동이 동시에 작용해야 한다. 그런데 경험을 규정하고 질서지우는 범주는 흄과 같은 경험의 연상작용을 통해서는 설명할 수 없는, 즉 경험에서 독립한 순수한 선천적 개념이다. "경험이 주는 출생증명서와 전혀 다른 출생증명서"(KdrV., B 119)를 제

---

12) R. Descartes, **방법서설, 성찰, 데카르트 연구**. 최명관 역. 서울: 서광사. 1986. 「성찰」 3부. 100쪽 이하 참고.
13) "내가 생각한다고 함은 나의 모든 표상에 수반될 수 있어야 한다……그런 표상은 감성에 속하는 것이라고 볼 수 없다. 나는 이 표상을 순수 통각이라고 불러서 경험적 통각과 구별하고 또 그것을 근원적 통각이라고 부른다. 그것은 자기 외의 것에서 끌어내질 수 없는 자기의식이기 때문이다."(KdrV. B 132).

시해야 하기 때문에, 칸트는 범주의 작용가능성과 객관적 타당성을 탐구하며 범주 자체의 기원과 정당성을 찾아 나가는 범주연역을 단행한다.

칸트는 일차적으로 오성을 범주능력으로 본다. 외부에서 소여되는 대상의 경험과 경험의 다양이 주어질 때, 다양을 종합하고 통일시키는 개념이 필요하므로 오성 작용이 동시에 일어난다. 오성 작용은 범주활동으로 나타난다. 범주는 경험에 기인하지는 않지만 경험의 다양을 종합하고 질서 지운다. 이러한 범주활동은 분량, 성질, 관계, 양상의 12범주(KdrV., B 106 참고)로 분류된다. 범주분류가 이렇게 12가지로 이루어지는 것은 왜일까? 그것은 경험의 직관이 일어날 때 사고가 작용하는데, 그 사고는 판단작용으로 환원할 수 있다. 그래서 판단을 고찰해 보니 (아리스토텔레스적인 판단 분류에 따르면) 12판단이 가능하며 12판단에서 범주의 근거가 도출된다. 12판단에서 12범주를 도출하는 칸트의 증명은 형이상학적 연역이다.

그러나 대상인식에 어떤 특정한 범주를 적용할 때, 이러한 범주적용이 하나의 단일한 인식으로서 타당성을 지닌다는 근거가 있는지, 다시 말하면 감각적 소여성에 기인하는 특정한 표상을 질서 지우기 위해 선천적 범주를 적용하는 것이 타당한지에 대한 권리증명이 형이상학적 연역으로는 해결되지 않는다. 12판단 이외의 판단들이 존재할 수 있다는 점과, 대상연관성이나 사유내용을 고려하지 않는 아리스토텔레스적 형식논리학(일반논리학)과 구분되는 선험논리학을 구상하는 칸트가 정작 범주의 근거는 아리스토텔레스의 12판단에 의존한다는 점이 한계로 남아있다.

그래서 범주가 경험대상들과 "선천적으로 상관할 수 있는 방식을 설명하는"(KdrV., B 147) 선험적 연역이 시도된다.[14] 선험적 연역에서 칸트

---

14) 범주에 의해서만 대상을 사고할 수 있다는 증명을 한다면, 이미 이것은 범주연역이다. 그러나 사고에 종사하는 것은 범주활동인 오성에만 국한되는 것은 아니다. 『순수이성비판』 초판에서는 범주가 경험가능성의 선천적 조건이 될 수 있는 객관적 타당성을 증명(선험적 연역)하면서 동시에 오성 이외에 경험의 선천적 기초가 되는 '주관적 원천'을 고찰한다. 경험의 수용

는 다양을 하나의 표상으로 결합하는 '동일한 하나의 의식'(KdrV., A 103)이 있어야 대상의식이 가능하기 때문에 모든 인식을 '동일한 하나의 의식'으로 종합하는 자기의식을, 통각의 근원적 통일로서 자기의식을 연역의 최종 근거로 제시한다.

모든 현상은 따라야 하는 규칙이 있고, 이 규칙은 표상들의 다양인 심성의 내감을 종합하고 통일시키는 개념(=범주)이다. 그러므로 규칙(개념)에 따른 종합(즉 범주의 객관적 통일)은 '통각의 통일을 가능케 하는 조건'(KdrV., A 105)이다. 그러나 규칙(개념)의 종합의 필연성은 경험현상(대상)의 종합 시 이 모든 것이 '하나의 의식'이라는 의식의 통일, 즉 '통각의 통일'로서 자기의식의 필연적 통일이라는 선험적 조건에 달려있다. 이 조건이 '선험적 통각'(KdrV., A 107)이다. "내적 지각에 있어서 우리의 상태가 규정됨에 의해서 생기는 자기의식은 경험적일 따름이요 항상 가변적이다. 내적 현상들의 이러한 흐름에 있어서는 항존적인 자아가 있을 수 없고, 이런 자기의식은 보통 내감이라고 하고 혹은 경험적 통각이라고 한다."(KdrV., A 107). 경험적 통각은 수적으로 하나의 동일한 것이라는 선험적 조건이 있어야 인식의 통일을 이루게 된다. '순수하고 근원적이며 불변적인 의식'인 선험적 통각이 없으면 개념 작용도 불가능하고 그와 동시에 대상인식도 불가능하다. '자기동일성', '자기활동의 동일성'이 없으면 '대상인식'도 '대상의 동일성'도 불가능한 근원적 의식에 해당되는 '나는 생각한다'라는 통일은 '자기의식의 선험적 통일'(KdrV., B 132)이다. "어떤 직관에 주어지는 다양한 표상들은 그것들의 전부가 하나의 자기의식에 속하지 않는다면, 그것들 모두가 나의 표상들이 되지는 않을 것이다."(KdrV., B 132).

인식을 가능케 하는 칸트의 자기의식은 경험적 의식이 범주와 선천적

시 표상을 주관이 종합하는 '자발성', 즉 직관의 각지의 종합, 구상력의 재생의 종합, 개념의 재인의 종합이 '주관적 원천'으로 동시에 작용해야 오성의 범주작용(사고)이 일어난다(KdrV. A 96 이하 참고).

으로 상관할 수 있는 필연성과 권리를 증명하기 때문에, 칸트의 자기의
식은 먼저 범주작용으로 드러난다. 이러한 범주의 선천성은 자기의식에
서 나오며, 자기의식의 작용과 활동은 범주활동에서 입증된다. 이렇게 경
험적 의식을 순수의식으로 근거지으면서 경험을 범주와 연관시키는 칸트
의 선험적 통각은 '개념으로서 자기의식'이라는 헤겔의 주체활동으로 확
장될 수 있는 단초이다. 인식가능성의 조건 중에서 최고 원리인 '선험적
통각'으로서 자기의식은 직관과 사유의 종합을 가능케 하는 원리이며, 헤
겔의 '개념'의 입지점이다.15) **칸트의 자기의식은 직관과 개념이라는 '이
종적인 것이 동시에 선천적이며, 절대적으로 동일하다'16)는 사변적 이념
을 '이미' 포함하고 있다.** 그리고 주관 자신의 구성이 객관의 산출이 되
는 헤겔의 실체의 원리로서 주체, 즉 '개념'이다.17) "헤겔에게 있어서는
포괄하고 통각작용을 하는 주체의 활동이 다름 아닌 개념 '자신'이다."18)

그러나 칸트는 주체로서 개념의 운동으로 발전할 수 있는 입지점을 마
련했음에도 불구하고, 그의 선천적 범주는 단지 주관적인 "자기의식으로
부터 유래된 규정에 지나지 않는다고 하는 심리학적 관념론을 근거
로"(WdL., Ⅱ, 261) 한다. 칸트에게는 범주활동 속에 투영된 자기의식의
작용은 사실상 인식 불가능하기 때문에, 자기의식은 범주에 의해 파악되
지 않는다. 칸트는 범주와 판단의 최종 근거이면서 절대적 원리인 자기
의식을 상정하고, 범주활동이 자기의식 활동과 동시에 작용한다고 주장

---

15) "헤겔의 개념은 칸트적 (어느 정도 엘레아적) '보편개념'의 의미를 지니는
   개념이라는 용어의 재해석이다." G. R. G. Mure, *A Study of Hegel's
   Logic.* Oxford: At the Clarendon Press. 1950. p. 153.
16) G. W. F. Hegel, GuW. S. 304.
17) 헤겔의 개념으로서 주체는 단순한 주관의 인식구조인 것만은 아니고, 칸트
   에게 결여된 존재 자체의 질서와 구조를 포착하는 개념이라서, 타자 속에
   서 자기직관과 자기산출이 가능한 개념, 주관의 실체화와 실체의 주관화가
   동시에 이루어진 개념이다. 이것은 칸트의 자기의식이 스피노자적 실체(존
   재)를 동시에 통일시키고 있는 형태이다.
18) W. Marx, **헤겔의 정신현상학.** 장춘익 역. 서울: 서광사. 1991. 23쪽.

하는데, 그러나 자기의식이 범주에 의해 규정될 수는 없다고 한다. 자기의식 자체는 인식 불가능하고 파악 불가능하다. 즉 술어인 범주들에 의해 파악될 수 없다. 그러면서도 자기의식은 여전히 범주활동의 근거로 작용한다. 이러한 심리학적 관념론에서 자기의식은 존재연관을 지니지 못 한다.

그러므로 칸트에게 '현상으로서 대상'은 물 자체이며 우리의 표상과는 다른 대상(객관)에 기인하지 않는, '한갓 우리 자신 안에만 있는 대상'(KdrV., A 129)이 된다. 모든 현상의 필연성과 통일은 우리 내부의 '동일한 자아의 규정'(KdrV., A 129)에 근거하고, 선험적 범주연역은 자아 안에 있는 현상에만 적용된다. 따라서 표상을 종합하고 통일시키지만, 존재 자체의 구조와 질서에 기인하지 않는 것이며, 단지 주관의 통일만이 가능하다. 칸트는 순수 통각으로서 자기의식의 통일작용에도 불구하고, 이 통일은 물 자체에 적용되지 않는, 대상 자체가 아닌 현상 영역의 통일이라고 스스로 한계를 짓는다. 자기의식은 '의식의 형식적 동일성'(KdrV., A 105)에 지나지 않는다.

범주가 있기 위해서는 통각의 통일이 있어야 하고, 범주는 자기의식의 통일, 즉 "다양하게 주어진 것의 통각의 통일에 대한 관계를 이미 포함"(KdrV., B 144 각주)하고 있다. 그러나 이와 반대로 자기의식의 작용은 범주를 통해서 이루어진다. 만약 이 범주가 선천적인지, 그리고 경험에 적용할만한 객관적 타당성을 지닌 것인지를 제대로 밝힌다면, 그리고 만약 자기의식의 활동을 내비치는 범주의 기원과 상호연관을 제대로 밝히는 '반성운동과 반성적 구조'를 체계적으로 전개한다면, 자기의식의 구조 자체에 대한 논의도 그리고 물 자체와의 관련도 개진할 수 있을 것이다. 그러나 칸트는 "우리의 오성이 왜 범주에 의해서만 또 범주의 이런 성질과 수에 의해서만 통각의 선천적 통일을 산출하는 특성을 갖느냐 하는 근거에 관해서는 이 이상 더 설명할 수 없다."(KdrV., B 145-6)는 말로 연역의 한계를 내비친다. 칸트의 범주는 이미 우리 마음 안에 근원적

인식원천으로 선천적으로 있는 것이기 때문에, 물 자체에 대한 반성구조를 통해서 새로운 범주와 범주연관을 정립해 나가는 헤겔의 자기의식적 구조로 나아갈 수 없다. 반성적 판단력을 통하여 범주의 역동적인 생성 및, 경험적 의식과 순수의식의 통일을 달성하는 자기의식의 반성구조에 대한 요구가 칸트에게서 피히테, 헤겔로 넘어갈 수밖에 없는 이유이다.

『순수이성비판』에서 대상인식의 형식을 '형식적 자기의식'에 의해 정초하면서 인식을 근거지우는 칸트의 생각은 선행 철학으로부터 구별되며 후속 철학에서도 막대한 영향력을 남기는 독일 비판철학, 비판적 관념론의 지반이 된다.[19] 물론 칸트에게서 '자기의식'에 대한 논의는 『순수이성비판』 재판의 첨가물이고,[20] 구명의 어려움을 낳는 흐릿함 때문에 그 실체를 움켜잡을 수는 없다. 칸트의 말처럼 '나는 생각한다'라는 통각의 통일로서 자기의식을 상정해도, 자기의식 '그대로의 자신을 인식할 수는 없기'(KdrV., B 159) 때문이다. 독일 관념론의 역사는 대상인식의 근거지움과 자기의식의 관계에서 바로 이 흐릿한 자기의식의 의미와 구조를 선명하게 하는 데 있다.

칸트는 자기의식의 '현존'에 몰입하는 데카르트가 '생각할 수 있는 모든 사유들'을 데카르트의 코기토와 연관시키고, 사유내용 모두를 '하나의 동일한 의식'으로 통일시킨다. 칸트에게 통각의 선험적 통일로서 자기의식은 이에 상응하는 '자아 표상'이 있고, '자아 표상'은 '모든 다른 표상들'을 가능케 하는데, 이 자아표상에 상응하는 생각하는 자아, 즉 '나는

---

19) "모든 것이 자기에 대해 있어야 했다고 하는 것은 인간, 자기의식이다. 그러나 인간 전체 일반으로서의 자기의식이다. 이러한 행위에 대한 의식, 추상적 방식은 칸트 철학이다. 이제 우리가 독일에서 출현하는 것을 본 개념, 자기 자신을 사유하는, 자기 안으로 가는 절대적 개념은 본질 전체가 자기의식에 속하는 것, 즉 관념론이다."(G. W. F. Hegel, VGP. Ⅲ. S. 333).
20) 독일 비판적 관념론사의 맥락에서 중요하게 다루어지는 자기의식은 칸트의 『순수이성비판』 재판의 특징이긴 하지만, **초판에서도 단초가 분명하게 나타난다.** A 107, 111, 113, 117 각주 등에서도 이미 선험적 통각으로서 자기의식의 통일에 대해 언급하고 있다.

생각한다'라는 하나의 동일한 의식은 가변적인 다양한 인식과 다양한 사유를 지니고 있는 자기의식이다. 그러므로 '나는 생각한다'라는 자기의식은 일회성에 그치는 것이 아니다. 대상연관성 때문에 생겨나는 대상의식을 모두 고려한다면, '다양한 대상의식'이 있고 이에 준해서 다양한 경우의 '자기의식', 즉 '무수한 나는 생각한다들'이 있다. 칸트의 최종 근거인 자기의식은 이 다양한 경우의 자기의식, 즉 '나는 생각한다들의 통일체'로서 하나의 동일한 자기의식이다.[21] 칸트는 이 '다양한 자기의식'이 '하나의 동일한 의식'이라는 차원에서 '자기의식의 동일성'을 지니는 '순수한 자기의식'을 상정한다. 바꾸어 말하면, 자기의식의 '동일성'이라는 칸트의 착상에는 (자기의식의 선험적 통일로서 선험적 통각 이면에) 다양한 대상의식과 관련된 다양한 경험적 통각의 종합이 상정된다. 따라서 자기의식은 어떤 차별화와 어떤 변화도 허용하지 않는 통일점으로 간주될 수 없다. 많은 경우의 '나는 생각한다'들은 특수한 방식으로 서로 결합된다. 왜냐하면 각 경우의 '나는 생각한다'에서 관계가 맺어지는 본질은 하나의 동일한 것이기 때문이다.[22]

그래서 '항존불변의 자아'로 등장하는 자기의식은 하나의 동일적 자기의식이기 때문에 분석적 통일이다. 이와 반대로 모든 인식 표상들은 '나는 생각한다라는 보편적 표현에 의해 총괄'(KdrV., B 198)되고 자기의식

---

21) 자기의식의 작용이 드러나는 것은 다양한 범주활동을 통해서이고, 다양한 범주활동은 곧 다양한 경험, 다양한 대상의식으로 번역될 수 있다.

22) D. Henrich, "Kant und Hegel". in: *Selbstverhältnisse. Gedanken und Auslegungen zu den Grundlagen der klassischen deutschen Philosophie.* Stuttgart: Philipp Reclam Verlag. 1993. S. 179-80. 헨리히에 따르면 칸트의 자기의식이, 비록 공허한 형식적 자기의식이지만, 다양한 경험적 통각들과의 관련 속에서 인식의 타당성과 통일성을 이루기 때문에 "단순한 자기의식"과 "다양한 자기의식, 즉 다양한 경우의 '나는 생각한다'들을 결합하는 규칙지들" 간의 통일이 필요하다. 그 규칙지는 '관계' 범주에 해당하는 "정언-실체성, 가언-인과성, 선언-상호작용"의 성격을 지닌다(ebd. S. 182-7 참고).

의 동일성에서 종합이 가능해진다. 그러므로 표상을 가능케 하는 자기의
식의 분석적 통일은 직관들의 다양에 기인하는 표상의 '종합적 통일을
전제'(KdrV., B 133)한다. 순수한 자기의식은 이렇게 '통각의 분석적 통
일'과 '통각의 종합적 통일'이라는 두 가지 방식으로 설명할 수 있다. 이
것은 순수한 자기의식을 사유하는 방식이며23) 동시에 자기의식의 작용
은 경험적 의식(의 종합)과 (자기관계로서) 순수한 자기의식의 관계로
환원된다.24) 자기의식의 동일성인 내가 하는 통각의 분석적 통일이 없으
면, "내가 의식하는 여러 표상을 가지는 그 정도에 비례하는 다색의 각
종 자아를 가지게 될 것이다."(KdrV., B 134). 그러나 종합적 통일, 직관
에 주어진 다양의 "종합이 없으면 자기의식의 시종일관된 동일성은 생각
될 수 없다."(KdrV., B 135). 자기의식의 다양성과 자기의식의 동일성의
합치는 경험적 직관의 대상연관성에 의해 영향을 받는다.

　여기에서 드러나는 자기의식의 구별과 동일성 간의 통일문제에 칸트가
좀 더 주의를 기울였다면, 독일 관념론사에서 성취하려고 했던 자기의식
의 반성적 구조와 통일을 견인해낼 수도 있었을 것이다. 그러나 대상의
식 내지 유한한 의식으로서 '다양한 자기의식'은 이를 통일시키는 하나의
동일한 순수한 자기의식 내지 무한한 의식을 상정할 뿐이지, 유한한 (다
양한) 대상의식을 지양하지는 못한다. 그리고 이에 상응하는 직관이 없
기 때문에 자기의식의 내용적 구조는 인식 불가능하며 단지 '형식적 자
기의식'에 그치게 된다. 칸트가 '대상연관적인 다양한 자기의식'을 '순수
하고 근원적인 동일적 자기의식'과 통일시키는 문제를 선험적 연역에서

---

23) K. Düsing, "Constitution and Structure of Self-identity: Kant's theory of
apperception and Hegel's Criticism". in: *G. W. F. Hegel, Critical
Assessments*, vol. Ⅲ. Edited by Robert Stern. London and New York.
1993. p. 500 참고.
24) 뒤징은 칸트가 자기의식 자체의 구조를 분석적 통일과 종합적 통일로 보고
있으면서도 이를 주관성 이론으로 전개하지는 못했다고 비판한다(ebd. p.
501 참고).

상정하기는 한다. 그러나 동일한 자기의식 자체의 자기직관과 자기구별이 불가능하기 때문에 칸트의 자기의식은 동일성과 구별을, 무한과 유한을 통일시키지는 못한다. 칸트가 말하길 "자기의식을 통해서 동시에 모든 다양이 주어지도록 하는 오성이 있다면, 그런 오성은 아마 직관하기도 하겠다."(KdrV., B 135). 그러나 유한한 인간 오성에게는 그런 능력이 없다.

칸트의 자기의식은 단지 주객 통일의 근원적 동일성으로 상정될 뿐이다. 칸트에게는 자기의식의 역할이 당연하게 받아들여지며, 자기의식 자체에 대한 자기 직관과 구체적 논증은 불가능하기 때문에 자기의식의 존재도 인식불가능하다. 자기의 '존재', 자기의 존재에 대한 '규정'은 자기 자신의 경험적 내감형식에 의해서만 주어지는 것이고, 경험적 통각에 상응하는 현상에 지나지 않는다. "나는 내가 존재하는 그대로의 나 자신에 관한 인식을 가지지 않고, 오직 내가 나 자신에 현상하는 그대로의 나 자신에 관한 인식을 가진다."(KdrV., B 158).

그러므로 자기의식에 상응하는 '자기인식'과 나의 '실체적 존재'를 적극적으로 주장하게 되면, '오류추리'에 빠지게 된다. 사람들은 자기의식에 대해 내감의 대상으로서 마음(영혼)과 외감의 대상으로서 신체와 같은 실체 범주를 적용하기도 한다. 칸트에게 이것은 모든 경험으로부터 독립해 있음에도 불구하고 순수한 '생각하는 자아'(나는 생각한다)로부터 추리되어 나온 잘못된 추리이다.

각종의 경험적 의식을 통일시키는 자기의식 자신에 대한 다양하고 가변적인 표상은 가능하지만, 이러한 경험적 자아를 동일한 의식으로 조건지우는 하나의 동일한 자기의식 자체에 대해서는 적극적 주장을 할 수 없다. 그러나 칸트가 보기에 현실적으로는 '궤변추리'임을 알면서도 '이성의 자연스런 본성'(KdrV., B 397)은 실체적 존재에 대해 이성추리(삼단논법)를 하고, 어떤 다양도 포함하지 않는 자기의식에게 경험표상에 상응하는 인식과 실체성을 적용하려 한다. 칸트는 자기의식이 형식적이라는 점을 자각하고 있지만, 인간 이성이 형식성을 벗어나서 '주관 자신의 절대적 통일체'를 추리해내는 선험적 오류추리를 단행하는 것을 근본적으로 저지하지는 못 한다. 자기의식이 경험으로부터 독립해 있음을 알지만 선험적 오류추리는 대상인식에 적용되는 표상을 자기의식에 적용하려 한다. 여기에서 순수한 자기의식은 내적인 의미에서 자신을 표현하는 심리적 자아가 아니라 논리적인 통일 일반의 원리[25]로 전개되어야 한다. 칸트는 이런 구분을 선험적 오류추리에서 명료하게 자각하지는 못 한다.

'이성의 본성'에 따라 궤변추리를 시도해도 칸트의 자기의식은 오성적 인식으로는 파악 불가능하기 때문에, 결국 형식적이고 공허한 그래서 흐릿한 상태로 남겨진다. 그 뒤로 이어지는 독일 관념론자들은 자기의식의 흐릿함을 벗겨내고, 자기의식의 근원적 합치에 관한 생산적 논증을 전개해 나간다. 그 과정은 피히테, 쉘링의 자기의식의 반성으로 이어지는 자기의식의 발생론적인 관념론의 역사이다. 칸트는 자기의식의 '실재성'과 '존재'가 결핍될 수밖에 없는 근대의 지평을 오류추리로 극단화시켰지만, 근대 철학자들은 오류추리를 구체적으로 제시하기보다는 실재성 결핍을 타개하려는 곤혹스런 행진을 계속할 수밖에 없다.[26] 칸트의 자기의식을

---

25) K. Düsing, "Constitution and Structure of Self-identity: Kant's theory of apperception and Hegel's Criticism". in: *G. W. F. Hegel, Critical Assessments*, vol. Ⅲ. Edited by Robert Stern. London and New York. 1993. p. 503.

26) 고대의 플라톤은 사유와 존재의 근거와 통일을 감각계에 대립하는 객관적 이념과 이념의 사유에 종속시킨다. 칸트는 사유와 존재의 근거와 통일을 세계에 대립하는 자아, 즉 자기 자신의 관념적 사유에 종속시킨다. 칸트가 고대의 **'논리적 이념'**과 **'논리적 자기의식'**을 **'자아의 자기의식'**으로 대치함으로써, 우리는 두 가지를 주장할 수 있다. 하나는, 자아를 자아가 아닌 모든 것과 대립시키고, 자아를 철학의 원리로 고양시킨 결정적이고도 통찰력 있는 인식은 칸트에 와서야 비로소 획득되었다는 점이다. 다른 하나는, 칸트 이후 자기의식의 반성적 구조 속에서 **고대와 같은 존재 및 형이상학을** 담지하려는 노력이 지속되고, **독일적 사변의 완성이 점점 더 존재론적으로 되어간다**는 점이다(R. Kroner, *Von Kant bis Hegel*. Tübingen: J. C. B.

극복하는 구조가 요구되며, 이것은 곧 자기의식의 실재성을 회복하는 도정이다. 칸트에게 '나는 생각한다'라는 자기의식은 가능하지만, 근원적 동일성과 합치를 논증하는 '자기인식'은 가능하지 않기 때문이다. 이 자기의식에 상응하는 경험도, 그리고 지성적 직관능력도 칸트는 인정하지 않는다. 최종 근거로 정립된 자기의식도 이에 대한 구체적인 인식을 할 수 없는 '공허한 형식적 자기의식'이 된다.[27] 그러므로 "나는 자신을 생각하는 자로서 의식함에 의해서 나 자신을 인식하는 것이 아니며"(KdrV., B 406) '자기의식'은 '자기인식'이 아니다. 자기의식적 순수지에 대한 적극적 주장을 펼치려 하면 순식간에 오류추리로 빠져든다. 칸트는 자기의식의 인식을 시도하는 경우에는 '심리적 자아에 적용되는 오류추리'에 빠지든지, 경험적 의식에게는 불가능한 '지성적 오성의 지성적 자기 직관' 능력을 지니든지 해야 한다고 본다. 이 중에서 『순수이성비판』의 오류추리장은 '나는 생각한다'의 의식상태를 규정할 때 생기는 난점에 대한 증거이기도 하다. 피히테는 이러한 난점을 그의 철학함의 중심에 놓는다.[28] 그러면서 자기의식을 지적 직관이 가능한 – 종국에는 실패한 – 절대적 자아로 고양시키려 한다.

그 난점을 대상의식과 자기의식 간의 관계로 번역한다면, 자기의식은 경험적 의식과 선험적(순수) 의식 간의, 경험적 자기의식과 순수한 자기

Paul Siebeck. 56-61쪽을 참고하라).

27) 자기인식을 가능케 하는 '감각적 소여'가 있지 않으며, 이를 위한 '지성적 직관'도 불가능하기 때문에, 칸트는 자기의식을 최종 근거로 발견하고 자기의식의 동일성을 주장하는 데서 그친다. 로저 가로디는 존재와 사유의 통일인 헤겔의 개념은 모든 현실과의 통일이고 "칸트가 꿈꾸는 지적 직관과 매우 유사하다."(R. Garaudy, 1965. *Gott ist tot. Das System und die Methode Hegels*. Frankfurt a. M.: Lizenzausgabe für die Europäische Verlagsanstalt. 1965. S. 347)고 주장한다.

28) R. F. Koch, *Fichtes Theorie des Selbstbewßtseins*. Würzburg: Königshausen & Neumann Verlag. 1989. S. 15. 칸트의 『순수이성비판』 재판 404, 421ff, 429도 참고하라.

의식 간의 매개를 중심과제로 남긴 셈이다. 페터 로스는 통일과 구별의
힘을 지닌 고대의 형식(Form: 형상)이 근대 관념론에서는 주관의 활동
성으로 전이되면서, 자아 자체가 꼴 지워진(산출된) 의식하는 자아(경험
적 자아)와 꼴을 지우는(산출하는) 형식의 자아(선험적 자아)로 구별된
다고 한다. 칸트 이후 관념론은 이러한 두 자아의 '동일과 차이를 매개'
하는 변증법적 사유과정을 지속해 나간다. 피히테, 쉘링은 두 자아의 구
별과 정립을 선명히 하고, 헤겔은 양자의 동일성과 매개를 완수한다. 로
스는 경험적 자아로서 의식의 주관은 헤겔의 『정신현상학』에, 순수 선험
적 자아로서 형식의 주관은 『대논리학』에 적용한다.[29]

제2절 피히테의 절대적 자아와 대립적 자기의식

2-1. 비판철학과 독단적 체계에 대한 피히테의 비판

자기의식을 통해 인식의 기원과 타당성을 정초하는 칸트의 비판철학의
지평에서 출발하면서도 칸트를 넘어서려 하는 피히테는 칸트의 '자기의
식'에서 드러난 다양성과 동일성 간의 근원적 합치, 경험적 의식과 순수
의식 간의 근원적 합치를 문제 삼는다. 그는 경험적 의식과 순수의식을
통일하면서도 오류추리에 빠지지 않기 위해 자기의식을 자기인식으로 고
양시키려고 한다. 그 작업은 결국 칸트의 자기의식을 유한성을 극복하여
무한자로 끌어올려서 자아를 절대자에 상응하는 '절대적 주체로서 절대

---

29) P. Rohs, *Form und Grund. Interpretation eines Kapitels der Hegelschen
Wissenschaft der Logik. Hegel-Studien/Beiheft.* Bd. 6. Bonn: Bouvier
Verlag. 1982. S. 21-3 참고. '피히테는 그의 전 체계를 자아의 원초적인 최
초의 사행에 근거하고'(ebd. S. 27) 있는데, 이러한 자아의 순수 활동성은
칸트의 자아의 자발성과 결합작용인 생산적 구상력과 연결되어 있다.

적 자아'로 파악하는 것이다. 절대적 자아는 '순수의식'이면서 자기 운동
성을 지니는 '순수 활동성'이다. 순수 활동성으로서 절대적 자아는 유한
과 무한을 교차시키면서 경험적 의식과 순수의식을 연출한다.

그러나 피히테의 절대적 자아는 궁극적으로 양자의 동일성을 실현하지
못하기 때문에 구별 또한 보존하지 못하는 한계를 노출한다. 즉 자기의
식의 내용적 구조를 완성하지 못 한다. 한계를 극복하려면 칸트의 자기
의식이 지닌 난점을 해소하는 작업을 동반해야 하는데, 피히테는 철학사
에 나타나는 다양한 이론을 언급하면서 모든 이론은 다양함에도 불구하
고 크게 비판철학과 독단적 체계로 나눌 수 있다고 하는 데서 출발한
다.30) 피히테는 칸트의 자기의식적 착상에 기초하고 있기 때문에 비판철
학의 입장에 경도되어 있다. 그러나 절대적 자아의 동일성을 달성하려는
목적 때문에 독단적 체계와의 융합문제가 지속적인 걸림돌로 남게 된다.
융합문제는 헤겔이 『대논리학』에서 자기의식의 사변적 전개의 전형적 모
습을 펼치는 '개념론'의 서두에서도 암묵적으로 드러난다. 그것은 헤겔이
'자기의식으로서 보편개념의 전개'를 통해 칸트, 피히테를 넘어서려고 하
는 걸림돌이기도 하다.

비판철학은 대표적으로 데카르트의 자아의식을 확장하여 사물을, 의식
의 모든 내용을 '자아'에 의해 정립하며, 자아보다도 상위의 어떤 것 또
는 자아에 대적할만한 대립항을 상정하지 않는다. 피히테에게서 "비판철
학의 본질은 바로 절대적 자아가 단적으로 무제약적이며, 어떠한 상위의
것에 의해서도 규정될 수 없는 것으로 설정된다는 데 있다. 그리고 그
철학이 이 원칙으로부터 전개되면 그것은 곧 지식론이 된다."31) 비판철
학에서 '자아의 무제약적이고 절대적인 원리'는 철학의 체계인 지식론을

---

30) J. G. Fichte, *Grundlage der gesammten Wissenschaftslehre als Handschrift
    für seine Zuhörer*, 1794/5. Berlin: Walter de Greuter & Co. Bd. 1. 한자경
    역. 전체 지식론의 기초. 서울: 서광사. S. 99-101/26-8, 119-123/46-51쪽 참고.
31) ebd. S. 119/47쪽.

가능케 한다.

그에 반해 독단적 체계는 자아가 오히려 사물 안에 정립되고, 모든 인식과 존재의 근거를 자아가 아닌, 자아를 넘어서 간 어떤 것으로 상정한다. 그래서 근거지워지지 않은 것을 근거의 위치로 밀어 올리는 것이다. 가령 자아를 넘어선 물 자체를 상정한다든지, 스피노자처럼 실체(존재)를 절대적 자아보다도 상위개념으로 두는 태도가 이에 해당된다.[32]

그러나 절대적 자아가 결과적으로 이원론을 극복하는 대안이 되지 못한다는 피히테 자신의 자각 그리고 피히테를 세인들이 무신론자라고 의심하는 것에 대한 피히테 자신의 변호를 위해서, 초기에 스피노자 철학을 독단적 체계라고 하던 비판은 후기로 오면서 달라지기는 한다. 그러나 실체(존재)에 대한 거부는 앞으로 전개될 '자아-비아'라는 자기의식적 대립'과 '절대적 자아' 간의 통일을 달성하지 못하는, 즉 피히테의 제3원칙에서 제1원칙으로 나아가지 못하는 비극적 결론을 암시하는 내용이기도 하다.

피히테는 자신의 초기 저작이 지닌 칸트적 성격과, 1798년에 간행된 「신적 세계지배에 관한 근거와 믿음에 대하여」라는 논문과 관련하여 무신론 논쟁에 휘말린다.[33] 그는 이러한 오해를 불식시키기 위해 '자기의식의 이론적 근거정초'라는 자신의 철학적 주요 목적을 – 무신론을 불식시키기 위해 – '인간적 자아보다도 무한자로서 신적 현실의 선행성을 강조'하는 작업과 하나로 수렴시킨다. 그래서 1800년의 『인간규정』, 특히 1801-2년의

---

32) 피히테는 자아 너머의 어떤 것을 상정하려고 하는 철학자들을 '독단론'이라고 비판한다. 이것을 논증하기 위해 그는 철학자들이 "왜 물 자체보다도 상위개념은 없는지? 물 자체는 전적으로 타당한 것인지? 스피노자가 말하는 의식의 통일성의 근거로 설정된 실체의 필연성의 근거를 포함하는 것은 대체 무엇인지?"와 같은 질문을 던지지 않는다고 비난한다(J. G. Fichte, ebd. S. 120-1/47-9쪽 참고).

33) W. Pannenberg, "Fichte und die Metaphysik des Unendlichen". *Zeitschrift für philosophische Forschung*. Bd. 46. 1992. Heft 3. S. 348 참고.

'지식론에 대한 새로운 서술과 저작들'을 통해서 그가 비판하던 스피노자에 가까워지고, 급기야는 독단론자가 취하는 실체(존재)개념을 자기철학의 근본개념으로 만든다.[34]

자아가 실체(존재)를 담지하는 자아로 될 수 있도록 유한한 지를 극복하는 '순수한 절대지'가 상정된다. 유한한 지로서 유한한 자아는 자유를 통해서 절대지로서 절대적 자아로 이행한다. 이 절대지는 유한한 지와 달리 의식하는 것과 의식되는 것의 분리를, 사유와 존재의 분리를 넘어서는 것이기 때문에, '자아' 속에서 동시에 '존재'를 포착한다. 존재포착은 자아를 넘어서는 실체를 상정한 스피노자에게 근접해 가는 것이며, 순수한 절대자로서 스피노자의 무한실체를 연상케 한다. 이것은 피히테가 자아의 대립을 동일성으로 '종합'하는 것, 다시 말하면 절대적 자아와 자기의식적 대립 간의 '종합'의 차원을 넘어서서 '통일'에 도달할 수 있는 길목이며, 비판철학과 독단철학을 발전적으로 융합할 수 있는 지반이기도 하다.

피히테는 선험적 항목들을 계속 발전시켜서 스피노자와의 관계를 교정하여, 사실상 17세기의 형이상학적 문제설정으로 복귀한다. 이와 더불어 피히테는, 쉘링이 그 길을 뒤쫓아 갔던 특수한 방향을 이미 1802년에 제한함에도 불구하고, 쉘링과 헤겔에게서 비판주의와 스피노자주의의 결합이 더욱 진행되도록 길을 닦아놓은[35] 셈이 된다. 그러므로 후기 저작까지 이어지는 피히테의 절대적 자아의 의미와 역할의 변화에 대해서는 고찰이 필요하다.

그러나 이 글의 목적을 위해서는 칸트의 자기의식에 대한 비판 가운데 순수 자아와 경험적 자아 간의 이원성, '절대적 자아와 자기의식' 간의

---

34) ebd. S. 355.
35) ebd. S. 357. 헤겔은 피히테가 실체(존재)개념을 절대적 자아와 연관시키고, 절대적 자아를 절대자로서 절대적 주체와 연관시킴에도 불구하고, 절대적 주체의 구별이 후기에도 절대자의 '현상'에 그치기 때문에 절대자 자체의 '계기'나 전개는 아니라고 비판한다.

이원성, '제1, 2, 3원칙들 간의 통일 불가능성'을 체계적으로 다루는 1794/5년의 『전체 지식론의 기초』[36]에 나타나는 논의 속에서 피히테가 독일 관념론의 맥락에서 칸트의 주장보다 확장된 모습을 어떻게 도출하는지에 대한 탐구가 우선적으로 더 요구된다.

칸트에게는 인식이 가능하려면 기본적으로 경험적 소여가 있어야 한다. 그런데 인식의 최종 근거인 자기의식에 대한 경험적 직관은 없기 때문에 인식이 불가능하다. 자기인식이 불가능한 칸트의 자기의식은 주·객 통일의 사변적 측면에도 불구하고 존재와 사유가, 사유와 인식이 분리되며, 자기의식에 대해 어떤 의미 있는 내용 구조도 드러내지 못하는 형식적 자기의식이다. 피히테는 칸트를 극복하기 위해 비판철학의 관점에서 '절대적 자아'를 칸트의 '자기의식'에 상응하는, 그리고 칸트의 '자기의식'을 넘어서는 체계적 사유의 절대적 원리로 상정한다.[37] 그러나 그 운동구조는 (순수의식에 해당되는 순수 자아이면서) '직접적 동일성을 지니는 절대적 자아'와, (경험적 의식이 연출되는 경험적 자아이면서) '자아-비아로 분열되는 자기의식적 대립' 간의 관계로 나타난다. 피히테는 칸트의 '자기의식'의 형식적 원리나 데카르트의 개별적 자아의 자기확신에 머물지 않고, 자기의식의 반성을 통하여 '자기의식이 산출하는 모순, 대립'과 이를 통일시키는 '절대적 자아의 직접적 근원적 동일성'[38]

---

36) 이 책 이외에도, 이 책에 첨부된 두 개의 '서론'과, 1795년의 『이론적 능력의 관점에서 지식론의 본래성 개관』에서도 자기의식의 반성구조를 서술한다.

37) "피히테에 따르면 칸트에게서 종합적 인식을 **가능케 하는** 원리의 기능에 제약되어 있는 자기의식은 사유와 직관의 차이가 그로부터 여전히 연역될 수 있는 **절대적 원리**의 계열로 고양되어야 한다. 1794년의 『지식학』은 앞서의 칸트-비판적 사유와 함께 주어진 프로그램에 대한 최초의 상술로 이해된다. 확실히 1794년의 『지식학』의 **절대적 자아**는 칸트적 자기의식개념에 대한 비판의 결과로서 재건되어야 하는 이론에 대한 질문들과 결합되어 있다." W. Becker, *Hegels Begriff der Dialektik und das Prinzip des Idealismus. "Zur systematischen Kritik der logischen und der phänomenologischen Dialektik"*. Stuttgart Berlin Köln Mainz: W. Kohlhammer Verlag. 1969. S. 68-9.

관계를 고려한다. 그래서 비록 결함은 있지만, 독일 관념론사에 나타나는 변증법적 구조의 단초를 마련한다.

피히테의 절대적 자아와 자기의식은 칸트의 자기의식의 두 계기와 관련시킬 수 있다. 칸트의 자기의식은 경험적 통각에 상응하는 '무수한 자기의식'과, 순수 통각에 상응하는 '순수한 자기의식'이라는 이중구조를 지닌다. 칸트는 이 다양성과 동일성을, 대상성과 자기성을 '근원적으로 합치'시키려 한다. 그러나 칸트는 순수 통각을 단지 '선천적 조건'으로만 처리하기 때문에 '유한한 자아'와 '절대적 자아'는 분리되는데 반해, 피히테는 두 측면간의 역동성을 포착한다.

피히테는 칸트의 자기의식의 이중구조를 '무한한 절대적 자아'와 '자아 –비아 분열 및 유한으로 빠져드는 자기의식'으로 전이시킨다. 그리고 나서 '자기의식적 대립'을 '절대적 자아'의 무한한 활동성을 통해서 종합하려 한다. 피히테에게서 '자기의식'은 사실상 자아–비아로 자기의 대립을 산출하는 활동성인 '자아의 자신에 대한 의식'이다. 이러한 자기의식적 대립을 통일시키는 동일성 내지 '직접적 근원적 동일성'으로서 '절대적 자아'를 논증하는 것이 독일 관념론의 과제이다. 피히테의 귀착점은 **대립하는 자기의식**을 '절대적 자아'로, 절대적 자아의 지적 직관으로 복귀하는, 그러나 통일을 달성하지 못하는 구조로 전개된다. 피히테에게서 이러한 과정이 잘 나타나는 것은 『전체 지식론의 기초』에 첨부되는 두 개의 '서론'[39]에서이다. 여기에서 '자기의식으로서 자아의 대립', '자아의 존재와 事行(Tathandlung: 실행행위)이 어떻게 해서 발양되는가가 문제시된

---

38) 헤겔의 자기의식의 자기매개적인 근원적 동일성과 같은 것이 아니기 때문에 결국 절대적 자아와 자기의식적 대립 간에는 통일이 성취되지는 않지만 대립, 분열과 이를 통일시키려는 착상은 피히테에게도 있다.

39) J. F. Fichte, "Erste Einleitung in die Wissenschaftslehre". "Zweite Einleitung in die Wissenschaftslehre", für Leser, die schon ein philosophisches System haben." 1797. *Fichtes Sämtliche Werke*. Bd. 1. Berlin: Veit und Comp Verlag. 1845.

다. 달리 말하면 이것은 궁극적으로는 유한한 자아로서 자기의식적 대립
이 절대적 자아의 파생어인가? 또는 어떻게 '절대적 자아'에 이르게 되는
가? 자기의식과 절대적 자아는 연속성을 지니는가?를 논의의 초점으로
삼는 것이다. 이러한 이중적 통일이 완성될 때 독일 관념론의 문제사도
종착점에 이를 수 있다.

피히테는 그의 노력에도 불구하고 절대적 자아를 자기의식과 통일시키
지 못 한다. 그러나 통일을 열망하면서 '자기의식의 반성적 구조'를 보여주
고 있다. 피히테는 칸트의 근본착상을 전적으로 받아들이면서 동시에 칸
트의 자기의식 안에 깃들어 있는 두 가지 계기들을 선명하게 분리해낸다.
한편으로는 하나의 동일한 **순수한 자기의식**, 즉 순수 통각의 측면이다. 이
것은 인식가능성의 배후로 갈 수 없는 조건으로서 **'절대적 계기'**이고, 피히
테의 순수의식인 **'절대적 자아'**, 즉 '지적 직관'에 상응한다. 다른 한편으로
경험적 통각에 상응하는 무수한 자기의식의 측면, 즉 **'대상 제약적 원리'**의
측면이다. 이것은 무한하고 절대적인 자아가 유한한 자아로 전락하면서
경험적 의식 및 자아-비아의 대립 구도로 등장하는 피히테의 자기의식에
상응한다. 피히테는 칸트의 자기의식에서 출발하면서도, 자기의식이 지닌
한계를 극복하기 위해 칸트의 자기의식에서 선취할 수 있는 두 계기를 포
착하고 이를 자기의 선험철학적 구상 속에서 발전시켜 나간다.

2-2. 1794/5년 『지식론』40)에 나타난 절대적 자아의 전개와 한계

피히테가 자기의식의 대립과 동일성 간의 근원적 합치를 설정하는 동
기는 칸트의 자기의식이 유한한 경험적 자아와 무한한 순수 자아라는 두

---

40) J. G. Fichte, *Grundlage der gesammten Wissenschaftslehre als Handschrift
für seine Zuhörer*, 1794/5. Berlin: Walter de Greuter & Co. Bd. 1. 한자경 역.
전체 지식론의 기초. 서울: 서광사. 앞으로의 인용은 GWL 또는 『지식론』으
로 약칭하고, 본문 안에 표시하겠다.

계기를 지니기는 하지만 형식성에 그친다는 데에 있다. 게다가 유한성에 매어 있는 한계를 넘어서서 무한에 도달하려고 하는 데에 있다. 경험적 의식과 순수의식의 대립항으로 나타나는 자아－비아적 자기의식을 절대적 자아와 종합하는 '자기의식의 반성' 속에서 유한성을 극복하려는 노력이 투영되어 나타난다.

『전체 지식론의 기초』의 두 개의 '서론'에서 피히테는 **'절대적 자아와 자기의식'** 간의 차이와 분리를 분명하게 드러낸다. 그러나 그 책의 본문에서는 **둘 사이를 뚜렷하게 구별하지 않고**(GWL., 97/22-3 참고)[41] 순수한 **'절대적 주체로서 절대적 자아'**(GWL., 97/22)**의 활동성 자체**가 제1, 2, 3원칙을 통하여 자기의식을 전개하고 통일시키는 것처럼 서술한다. 경험적 자아와 순수 자아의 통일, 구별과 동일성의 통일을 이루려면, 절대적 자아 자체의 활동성이 제1, 2, 3원칙의 전개과정을 낳고, 최종적으로 제3원칙이 다시 제1원칙으로까지 고양되어야, 즉 절대적 자아인 지적 직관으로 복귀해야 지식론의 체계가 완성된다.[42]

그러나 제1원칙은 절대적 자아의 활동성으로 나타나지만, 제2, 3원칙은 절대적 자아의 활동이 아니고 단지 자기의식적 대립으로 드러나며, 이때 대립하는 자기의식은 절대적 자아로 복귀하지 못 한다. 『지식론』의 서술 과정에서 '자기의식의 반성'은 '무한한 절대적 자아'로부터 전개되어 나가

---

41) "나는 1794년의 『지식론』에 대한 이러한 고려와 관계하지 않는데, 왜냐하면 피히테는 거기에서는 ‒ 이미 절대적 자아의 위치로부터 시작한다. ‒ 이러한 목적을 위해 견인된 "두 번째 서론", 즉 피히테가 **자기의식의 반성**의 사태로부터 지적 직관과 절대적 자아의 승인(가정)의 필연성을 연역하고자 하는 "두 번째 서론"보다도 더 현전하게 형식주의적으로 논증하기 때문이다." W. Becker, *Hegels Begriff der Dialektik und das Prinzip des Idealismus. "Zur systematischen Kritik der logischen und der phänomenologischen Dialektik"*. Stuttgart Berlin Köln Mainz: W. Kohlhammer Verlag, 1969. S. 74.

42) 물론 피히테에게 절대적 자아로의 복귀는 이론 영역에서는 불가능하고, 실천적 영역에서야 가능하다. 그러므로 피히테에게는 제1원칙으로까지 고양되지 못하면서 실체(존재)를 궁극적 근거로 상정하는 스피노자는 독단론이다.

는 것처럼 보인다. 그래서 '자아는 자아이다'라는 제1원칙에서 '무한한 절대적 자아'가 부각된다. 그러나 '자아는 비아이다'라는 제2원칙을 거쳐서 '절대적 자아'로서의 '제1원칙'으로 또 다시 복귀해야 하는 자아 – 비아 대립인 제3원칙으로 드러나는 자기의식은 '유한한 자아'의 모습이다.

궁극적으로 통일을 이루지 못함에도 불구하고, 피히테는 절대적 자아와 자기의식의 차이를 자각하지 못 한다. 피히테의 자아의 모습에는 유한과 무한의 관계가 불분명하게 혼재되어 있다. '자기의식과 절대적 자아'의 – 지양되어야 할 – 분명한 간극은 제1원칙으로 전개되는 최초의 절대적 자아에서는 피히테의 관심의 부면으로 떠오르지 못 한다. 그래서 '절대적 주체로서 자아'를 '자기의식'과 구분할 필요 없이 '자기의식'으로 대치하여 설명할 수 있다. 그리고 피히테가 자아 – 비아의 운동을 통해서 순수하고 절대적인 자아의 동일성을 이루려고 할 때, 출발점의 제1원칙의 절대적 자아는 (헤겔 초기의 『차이저작』에도 나타나듯이) 자기의식이다. 『지식론』의 제1원칙이 표현하는 자아의 자기정립은 피히테뿐만 아니라 헤겔에게도 '지적 직관, 자기자신의 순수사유, 순수한 자기의식'[43]이다. 그러나 피히테는 절대적 자아와 통일되는 이러한 '자기의식 자체'라는, '자기의식 자체의 대립과 통일'이라는 측면을 달성하지 못하므로, 앞에서 스피노자 비판에서 무한자로서 절대적 자아에 실체(존재)개념을 적용하기를 거부할 때와 같은 비극적 결말에 이른다.

피히테는 단순한 경험적 사실이 아니더라도 누구나 인정할 수 있는 명제로부터 지식론을 출발해야 하며, 이것을 통하여 전체 지식론의 근거가 되는 원칙을 끌어내야 한다고 본다. 그래서 그는 누구나 옳다고 인정하는 'A는 A이다'라는 명제에서 출발한다. 그러한 명제가 정립될 수 있는

---

43) G. W. F. Hegel, "Differenz des Fichteschen und Schellingschen Systems der Philosophie", 1801. *Theorie Werkausgabe*. Bd. 2. Frankfurt a. M.: Suhrkamp Verlag. 1986. 임석진 역. **피히테와 셸링철학 체계의 차이**. 서울: 지식산업사. S. 52/62쪽. 앞으로는 DFS 또는 『차이저작』으로 약칭하고 원서와 번역판 쪽수를 모두 표기하겠다.

타당성을 설명하다 보면 '자아는 자아이다'라는 제1원칙으로 귀착한다.

최초 명제 'A는 A이다'를 탐구해 보면, 주어 A와 술어 A는 단순한 동어반복이 아니다. 이 명제를 서술하려면 주어 A와 술어 A는 이미 '필연적 연관'을 지니고 있어야 한다. 우리는 이 '연관'을 '근거 없이 단적으로 정립된 것'으로 받아들이는데, 연관을 정립하는 것은 사실상 **판단하는 자**'(GWL., 93/19)인 '자아'이다. **자아는 최초 명제의 '필연적 연관'을 정립하고**, 이 연관이 주어와 술어를 관계시킨다. 명제의 타당성을 정립하는 과정에서 볼 때 "자아 안에 항상 같으며, 항상 하나이고 동일한 어떤 것이 있다는 것이 정립된다. 이 단적으로 정립된 것은 자아＝자아(자아는 자아이다)로 표현될 수 있다."(GWL., 94/20).[44]

이렇게 해서 **'자아는 자아이다'라는 제1원칙**이 성립된다. 누구나 수긍할 수 있는 최초 명제에서 시작하여 논증을 전개한 결과, 제1원칙으로서 자아는 이미 연관을 지니는, 그래서 이미 주어자아와 술어자아의 구별을 지니는 활동성으로 출현한다. 이러한 절대적 자아의 활동성, 그래서 주어－술어의 구별과 연관을 이미 지니는 활동성이 바로 피히테가 칸트와 달리 지니는 지평, 헤겔의 변증법적 지평으로 이어진다.

그러므로 우리는 여기에서 두 가지를 이미 포착하고 있다. 자아는 실행사태(Tatsache: 사실)가 아니라 '활동성'인 실행행위(Tathandlung: 事行)이다. 그리고 제1원칙을 정립하기까지 예증된 'A＝A'와 'A의 필연적 연관인 X'는 "경험적 의식의 사실이기 때문에 이 조작에 의해 우리는 이미 모르는 사이에 자아는 존재한다라는 명제 － 이것은 실행행위(사행)의 표현이 아니라 실행사태(사실)의 표현이다. － 에 도달했다."(GWL., 94/20). 피히테는 칸트의 자아에서는 뚜렷하게 나타나지 않는 활동성을

---

44) '자아＝자아'는 달리 말하면 하나의 필연적 연관을 지니는 판단행위를 하는 X로서의 자아가 주어－술어로 분열되어 나타나는 것이기 때문에, 자아는 X의 성격, 즉 A와 A를 연결하듯이, 자아와 자아를 연결하는 X이며, 달리 말하면 계사(＝)이다. 이런 맥락에서 피히테의 '자아'도 ist이고, '자기를 분할시키는 활동성'이다.

통해서 제1원칙의 정립을, 그리고 '자아의 존재'와 '자아의 활동성', 즉 '자아의 사실(실행사태)과 자아의 사행(실행행위)'을 동시에 논증한다. 피히테에게 자아는 외적으로 사유된 것이 아니라 '실행행위'(사행)로서 자아이며, '자아는 자아이다'로 나타나는 자아이다. 산출하는 것과 산출된 것의 활동성을 지니는 '절대적 주체로서의 자아'이다.

피히테의 **절대적 자아**는 자기 자신을 존재와 활동성으로 정립하는 것이면서 동시에 '자아가 자기 자신을 의식하는 자기의식'(GWL., 97/23 참고)에 해당된다. 그러므로 "자기의식이 없이는 자아도 인식도 없다."(GWL., 97/23). 이런 맥락에서 볼 때 '자기의식에 도달하기 전에 나는 무엇이었는가'라는 물음을 던지는 것은 절대적 '주체로서의 자아와 절대적 주체의 반성의 객체로서의 자아를 혼동'(GWL., 97/23)하는 것이다.

'절대적 주체로서 자아'는 '자기의식'적 자아 – 비아의 대립과 동일성으로 전개되어 나가는 출발점이다. 절대적 자아는 사유 자체의 외부에 존재가 놓여 있어서, 물 자체처럼 기껏해야 '사유된 것'이라고만 말해지는 자기의식이 아니라, **그 자체가 사유**이고 **활동**이 되는 자아에 대한 의식, **'자기의식'**이다.

그러나 실제로 피히테의 제1원칙인 '자아=자아'는 절대적 자아의 순수 의식에만 몰입해 있기 때문에, '자아 – 비아'로의 분열에서 드러나는 대상의식으로서 경험적 의식과는 분리된다. 절대적 자아의 순수한 "자기의식 이외에도 다양하고 경험적인 의식, 그리고 객관으로서 자아 이외에도 의식의 다양한 객체들이 있다."[45] 그러나 순수의식은 이것들과 대립한다. 이 의식들의 통일이 절대적 자아로서 지적 직관에서 성취되어야 하지만, 피히테에게는 실제로는 불가능하다.

여기에서 나타나는 활동성 자체에 대한 의식과 파악은 활동 자체가 아

---

45) DFS. S. 54/64쪽. 헤겔은 "자유로운 자기활동에 따른 절대적 행위가 철학적 지의 조건일 수는 있을지라도 이것은 아직도 철학 그 자체는 아니다."(ebd. S. 54/65쪽)라고 하면서 이러한 순수의식을 비판한다.

니라 파악 즉시 **'활동적인 것'**으로 전락한다. "나는 근원적으로 단지 행위(활동)일 뿐이다. 물론 사람들이 나를 활동적인 것으로만 사유한다면, 이미 경험적 나(자아)를 지니게 되고, 따라서 파생적 산물로서의 '나'를 지니게 된다."[46] 사행으로서 자아는 파악하는, 파악되는 순간에 활동적인 것으로, 사유된 것으로, 즉 비아로 전락한다. 그러므로 피히테의 제1원칙으로서 자아, 활동으로서 절대적 자아는 의식되는 순간, '이미 사유된 것', '비아'로 분열된다. 다시 말하면 (절대적 자아가 아닌) 경험적 자아로 등장한다. 그러므로 제1원칙에서 제2원칙으로의, 자아에서 비아로의 운동은 순수 자아에서 경험적 자아로의, 무한한 절대적 자아에서 유한한 대상의식으로서 자기의식으로의 이행과 분열이다. 피히테의 지식론에서 자아는 유한하게도 무한하게도 사유된다. 자아의 절대적 활동성과 관련해서는 무한하고, 자아가 비아의 정립을 통해서 제약되는 것과 관련해서는 유한하다.[47]

'자아는 비아이다'라는 제2원칙에서 드러나는 비아는 자아의 대립태이다. 비아는 자아와 대립되는 것이기 때문에 "비아가 정립되는 한 자아는 정립되지 않는다. 왜냐하면 비아에 의해 자아는 지양되기 때문이다."(GWL., 106/33). 그러나 비아는 자아가 없이는 비아로서 정립될 수 없다. 그러므로 "비아는 자아 안에 (동일한 의식 안에) 비아가 대립될 수 있을 자아가 정립되어 있는 한에서만 정립될 수 있다."(GWL., 106/33). 그렇다면 비아는 자아 안에 정립되어야 하면서도 자아 안에 정립되어서는 안 되는 문제가 생긴다.

이러한 대립되는 상황이 제3원칙에서 극명하게 드러나서, "자아는 자아가 아니며, 오히려 자아는 비아가 되고, 비아는 자아가 된다."(GWL.,

---

46) J. G. Fichte, "Zweite Einleitung in die Wissenschaftslehre, für Leser, die schon ein philosophisches System haben", *Fichtes Sämtliche Werke*. Bd. 1. Berlin: von Veit und Comp Verlag. 1845. S. 495.

47) W. Pannenberg, "Fichte und die Metaphysik des Unendlichen". *Zeitschrift für philosophische Forschung*. Bd. 46. 1992. Heft 3. S. 351.

107/34). 제3원칙의 모습48)은 제1, 제2원칙을 통해서 정립된 '자아는 자아이다'와 '자아는 비아이다'의 대립이다. 제3원칙에서는 '순수의식으로서 자아의 동일성'과 '경험적 의식으로서 자아의 구별'이 극명하게 대립하므로 '의식의 동일성'이 사라진다. 이럴 경우 지식의 타당한 체계를 형성할 수 없다.

그러므로 의식의 동일성을 지양하지 않으면서 제3원칙을 타당하게 하는 '매개하는 그런 어떤 X'(GWL., 107/34)가 필요하다. 이때 'X' 자체도 자아에 외적인 어떤 것이어서는 안 되므로, '자아의 근원적 행위의 산물' 이어야 한다. 이 산물이 생겨나는 힘은 자아와 비아가 서로를 제한하는 '한계'(GWL., 108/35)이다49). 한계는 달리 말하면 **자아와 비아를 동시에**

---

48) 제3원칙은 제1, 2원칙과 달리 증명 가능하다. "왜냐하면 그것은 제2원칙처럼 내용에 있어서가 아니라 오히려 그 형식에 있어서, 그리고 하나의 명제가 아니라 두 명제에 의해서 규정된 것이기 때문"(GWL. S. 105/33쪽)이다. 두 개의 명제를 대립시키고 증명하고 종합하는 과제가 제3원칙에서 문제시되는데, 이러한 두 개의 '명제' 또는 '판단'에 대한 발상은 헤겔의 추리 운동을 연상시킨다. 그러나 헤겔은 추리에서 처음에는 '매사'로 드러나는 추리의 중개념이 '자기의식' 자체의 자기분열과 통일이고, 추리 자체의 통일 연관이 자기의식의 자기전개이며, '이성으로서 절대자'임을 주장하는 데 반해, 피히테는 제3원칙에서 드러나는 두 명제의 결합의 힘을 '이성의 무제약적 힘'에 의거하지, "두 명제 자체에 의해 주어지지는 않는다."(S. 105/33쪽)라고 본다. 명제들의 한 항으로 등장하는 '매사'가 명제들 자체의 운동을 이끌고 통일시키며, 그래서 '매사' 자체가 통일의 중심이고, 모든 운동의 근원적 통일로 작용하기 때문에, 추리운동과 이성 자체의 활동이 분리되지 않는 헤겔과 달리, 피히테는 '추리연관'과 '이성'을 분리시키고 있다. '절대적 자아'와 '자기의식'을 분리시키고 있다.

49) 페터 로스는 자아의 활동이 형식 활동성이고, 이것이 곧 제한작용이라고 하는 피히테의 개념은 서양 형이상학의 가장 오래된 형식개념(필로라오스의 단편들과 플라토의 필레보스)을 취하는 것이며, 따라서 자아의 형식 활동성은 제한하는 활동성으로, 즉 외부의 어떤 것을 통한 자아의 제약처럼 물 자체를 통한 촉발태로 현상하며, 이때 현상은 물론 자아에 의한 현상이라고 주장한다(*Form und Grund. Interpretation eines Kapitels der Hegelschen Wissenschaft der Logik. Hegel-Studien/Beiheft.* Bd. 6. Bonn:

지니는 **통합의 힘**이다. 한계로 작용하는 X가 형성하는 제3원칙의 대립된 개념들은 제1, 제2원칙에 따른 것이지만, 두 원칙의 통합 요구는 절대적 자아의 동일성을 연출하는 제1원칙에 함축되어 있다.

그러나 통합 방식은 원칙들 안에 놓여 있지 않다. 오히려 통합은 우리 정신의 특수한 법칙에 의해 규정되며 그 법칙은 기본적으로 **분할가능성**(Teilbarkeit)(GWL., 108/36)이다. 분할가능성 개념이 바로 우리가 찾는 'X'(GWL., 109/36)이다. 분할 가능성으로 드러나는 X를 통해 절대적 자아와 자기의식의 분열과 매개 관계를 새롭게 짚고 넘어갈 계기가 마련된다. 절대적 자아는 제1원칙인 '자아＝자아'로 드러나기 때문에 다음과 같은 인용은 새로운 해석의 여지를 남긴다.

즉 "**분할가능성**을 매개로 하여 이제 비로소 우리는 **자아와 비아를 어떤 것**이라고 말할 수 있게 된다. 제1원칙에서의 **절대적 자아는 어떤 것이 아니었다.** (그것은 어떠한 술어도 가지지 않으며, 또 가질 수도 없었다.)"(GWL., 109/37: 필자 강조).

앞에서 제1원칙을 'A＝A'에서 도출하는 과정을 보면, 자아는 활동이고, 그래서 '자아＝자아'는 주어와 술어라는 자기 내 구별과 관계성을 지니는 것처럼 보인다. 김상봉은 이를 절대적 자아의 매개성을 적극 주장하는 데 활용한다.[50] 그러나 피히테의 절대적 자아는 **'직접적 동일성'**이

Bouvier Verlag. 1982. S. 49 참고).

50) 피히테의 '자아는 자아이다'에서도 주어와 술어의 '구별'과 '관계성', '구별과 구별의 동일성' 모두를 동시에 포괄한다고 해석할 수 있다. 자아＝자아를 논증하는 과정에서 **'자아는 명제 X와 동일하다'**로 드러나며, 이 **'자아는 관계이다', '자아는 양 항의 필연적 연관이다'**를 의미한다. 김상봉도 이와 관련하여 A＝A가 '매개성'을 지닌다고 주장한다. "A＝A란 바로 이런 근원적 머무름의 명제이다. 그것은 존재가 직접적 단일성이 아니라, 오직 매개로서만 발생한다는 것. A는 결코 단적인 A로서가 아니라 오직 A＝A라는 매개와 머무름의 근원 속에서만 정립된다는 것의 표현이다."(김상봉, "피히테와 '나'의 존재론". **철학과 현실**. 통권 30권. 가을호. 서울: 철학과 현실사. 1996. 115쪽). 그러나 이것은 재고의 여지가 있다.

지 '**매개적 동일성**'은 아니다. 피히테와 같은 단순한 반성에서는 '자아는 자아이다'는 '실재성 없는' 순수 자아라서 다양성을, 구별을 지니지 못하는 동일성이다.

피히테가 절대적 자아의 이중성을 생각하는 순간 자아는 자아가 아닌 비아로만 전락한다. '자아＝자아'에서 절대적 자아는 '자아 − 비아적 자기의식'이 아니다. 자아를 앞의 인용처럼 '**어떤 것**'이라고 말할 수 있게 되는 것은 '**비아**'가 출현할 때이다. 이렇게 자아의 활동성을 논하는 순간 자아는 동일성을 잃게 되고, 생경한 비아가 남게 된다. 이 비아는 다시 자아로 통일되지 못하는 것이다. 자아와 비아 사이의 분할가능성과 한계는 자아 자체의 산물처럼 보인다. 그러나 비아는 자아로 환수되지 않으며, 그래서 한계는 자아 외적인, 자아가 전제하는 제약일 뿐이다. 애초의 **절대적 자아는 '어떤 것'이 아니므로**, 자기의식적 대립으로 나아가지 못하고, 그 결과 절대적 자아는 '**비매개성**'이다. 피히테의 제1원칙은 매개성이 없는, 즉 비동일성이 고려되지 않은 동일성이다. 피히테의 제1원칙에서는 명백하게−비동일성이 도외시되는−동일성만이 언명된다.[51] 그러므로 헤겔이 피히테의 자아를 '형식성'이라고 비판한 전거를 GWL., 109/37에서 우회적으로 찾을 수 있다. 이런 맥락에서 보면 피히테의 자아가 매개성을 지닌다고 하면서 헤겔의 피히테 비판에 대한 반비판을 하는 김상봉의 주장은 과도한 해석이다. 비매개성에 대한 단적인 근거는 제3원칙이 제1원칙인 '절대적 자아'에 도달불가능, 그래서 파악불가능하다는 피히테의 결론에서도 찾을 수 있다.[52]

---

51) L. Siep, *Hegels Fichtekritik und die Wissenschaftslehre von 1804*. Symposion 33. Freiburg/München: Karl Alber Verlag. 1970. S. 25.

52) "자아는 자기 자신과 동일하여야 하며, 또 그럼에도 불구하고 자기 자신에 대립되어야 한다. 그러나 그것은 의식의 관점에서 보면 동일한 것이다. 의식은 하나의 것이다. 그리고 이 의식 안에 절대적 자아는 분할될 수 없는 것으로서 정립된다. 반면 비아가 그에 대립되는 자아는 분할가능한 것으로서 정립된다. 따라서 자아는 그것에 비아가 대립되는 한, 그 자체 절대자아

  피히테의 제3원칙은 제1원칙으로 통일되지 못하고 자기의식적 자아-
비아의 대립은 절대적 자아로 통일되지 못한다. 출발점에서 부각되었던
절대적 자아의 매개성과 근원적 동일성은 사라지고, **절대적 자아의 '직접
적 추상적 동일성'**만 남게 된다. 절대적 자아의 비매개성이 자기의식과
절대적 자아의 통일을 가로막기 때문에, 피히테의 절대적 자아는 헤겔의
비판처럼 절대적 자아의 형식성과 주관적 관념론을 넘어서지 못한다. 그
리고 하거가 헤겔 이전의 독일 관념론의 자기의식에 적용했던 '주관성'
이론 속의 '존재결핍'을 여전히 견지하고 있다. 피히테의 '절대적 자아'가
'자기의식의 활동'에 내재하지 못한다는 것을 경험적 의식과 관련시켜 보
면 존재결핍이 분명해진다.

  칸트는 '자기의식'과 '자기의식의 동일성'을 간취했지만, 순수한 자기의
식과 무수한 '나는 생각한다'들과의 내용적 동일성을 실제로는 정립하지
못하는, 그래서 자기인식은 불가능하다는 한계를 남겼다. 피히테는 이를
극복하려 함으로써 헤겔의 자기의식의 자기 매개로 넘어갈 수 있는 길을
닦아 놓는다. 피히테는 칸트의 자기의식에서 드러나는 이중적 측면을 자

에 대립된다."(GWL. S. 110/37쪽). 여기에서 대립된 자아와 비아를 분할가
능성 개념에 의해 통합하고, 이 통합의 형식에 주목한다면, '근거명제'를 얻
을 수 있다. '근거'는 '자아와 비아를, A와 -A를 매개하는 X'이다. 근거는
대립지를 연관시키면서 동시에 구분한다. 절대적 자아는 다른 모든 것의
근거가 된다. 그러나 다른 것에 의해 근거지워지는 것은 아니다. "자아와
비아가 종합에 의해 결합되는 한, 그 종합에 의해 결합된 자아와 비아 안
에 남겨진 대립된 특징을 찾아내야 하며, 그것을 하나의 새로운 연관근거
에 의해 다시 결합해야 하는데, 그 새로운 연관근거는 다시 또 모든 연관
근거 중 최고의 연관근거 안에 포함되어 있어야만 한다."(GWL. S.
115/42-3쪽). 이러한 과정 속에서 피히테가 생각하는 '절대적 자아'로의 복
귀가 이루어져야 한다. 제1, 2, 3원칙을 거쳐서 '단적으로 무제약적인 제1원
칙'으로까지, 애초에 '절대적 주체로서 자아'라고 일컬어지는 데까지 나아가
야 한다. 피히테에게는 이러한 절대적 자아로의 복귀는 이론영역에서는 성
취할 수 없다. 그러므로 "실천적 부분의 영역으로 넘어가게 되기까지 이러
한 과정을 계속해야만 한다."(GWL. S. 115/43쪽).

기의식의 반성과 발생론적 서술을 통해, 절대적 자아와 자기의식의 대립으로, 즉 '순수의식'과 '경험적 의식'의 대립으로 전이시킨다. 피히테에게서 제1원칙인 절대적 자아가 비아로 분열하면서 제2원칙인 자기의식적 자아 – 비아의 대립구도인 경험적 대상의식의 이원성이 드러나고, 순수의식과 경험적 의식이, 제1원칙과 제2원칙이 대립하는 제3원칙으로까지 전개된다. 그리고 다시 비아가 자아로 복귀하는, 즉 경험적 대상의식이 순수한 자기의식임이 드러나는, 제3원칙이 다시 제1원칙으로 복귀하는 운동이 일어난다.

그러나 피히테는 자아와 비아의 통일을, 자기의식과 대상의식의 통일을, 순수의식과 경험적 의식의 통일을, 제1원칙으로의 복귀를 달성하지는 못 한다. 피히테에게는 "순수의식으로서 자아=자아와 그 스스로가 그렇게 구성될 수 있는 온갖 형식을 지닌 경험의식으로서 자아=자아+비아가 대립을 유지하고 있다."[53] 자아에서 비아로의 운동은 절대적 자아를 자기의식으로 정립하는 것이어야 한다. 피히테에게서 '절대적 자아'는 자발적으로 자기를 야기하는 활동성이다. 그러나 활동 이후에 산출된 것과의 통일이어야 하는 '절대적 자아'는 '자기의식적 자아 – 비아 대립'이 도달하지 못하는, 그래서 실재성을 결하는 파악불가능한 절대적 이념으로만 남는다.

피히테의 자기의식이 절대적 자아의 직접적 동일성과 통합되지 못하는 이유는 자아의 생성과 운동과정에서 비아가 부차적인 것이기 때문이다. 자기의식의 근원적 동일성으로 통합되는 과정에서 비아의 낯설음이 여전히 남아있다. 절대적 자아의 순수한 활동성이 매개적 '자아-자아'와 '자아-비아' 운동을 가져오는 것처럼 보인다. 그러나 비아가 지니는 궁극적 소원성, 해결되지 않는 질료 문제 때문에 비아는 자기의식이 절대적 자아로, 근원적 동일성으로서 자기의식으로 되는 것을 방해한다. 쉘링이 자기의식을 질료적 문제로 남는 자연을 산출하는 근원적 동일성으로 논증하

---

53) DFS. S. 58/70쪽.

는 것과 달리 피히테는 질료적 문제를 해결하지 못 한다.

칸트의 자기의식은 주객 통일의 최종 근거이기 때문에, 피히테가 가르는 비판철학의 입장에 서있음에도 불구하고, 자아보다 앞서는 물 자체를 상정함으로써 자아 이전의 어떤 것을 상정하는 스피노자적 독단론과 유사해진다. 칸트는 자기의식에서 주객 통일로서 순수지를 상정함으로써 무한한 의식으로의 길을 열었으나, 물 자체가 칸트의 자기의식을 다시 유한으로 전락시킨다.

피히테는 절대적 주체로서 절대적 자아를 '근원적이고 무제약적인 원리'로 삼아서 칸트의 자기의식의 형식성과 유한성을 벗어나고자 한다.[54] 그러나 물 자체 문제를 해소하려고 해도, 절대적 자아를 무제약적 제1원칙, 무제약적 절대자로 고양시키려고 해도, 절대적 자아는 여전히 자기의식이 도달 불가능한 것이기 때문에 자기의식의 자아 – 비아 대립은 체계의 완결적 구조로 통일되지는 못 한다. 순수의식으로서 절대적 자아가 경험적 의식으로 드러나는 자기의식적 자아 – 비아 대립과 통일되고, 실재성을 지니는 자기의식이 되려면, 절대적 자아 자체가 자아 – 비아 대립을 취하면서 또 지양해야 한다.[55]

피히테가 초기에는 비판철학과 독단주의에 대한 비판을 지식론 형성의 지반으로 삼는다. 그래서 자아를 넘어선 실체(존재)를 상정하는 스피노자를 거부한다. 그러나 절대적 자아와 자기의식 간에 놓여 있는 건널 수 없는 간극을 해소하여 칸트의 자기의식의 형식성을 극복하려는 목적을

---

54) "피히테는 나를 이처럼 무제약적 절대자로 파악하는 것 속에서 나의 존재론을 완성을 추구했다." 김상봉, "피히테와 '나'의 존재론". **철학과 현실**. 통권 30권(가을호). 서울: 철학과 현실사. 1996. 107쪽.

55) 피히테도 순수 자아가 실재성을 담지하는 작용을 칸트처럼 '구상력의 능력'(GWL., S. 215/151쪽)에서 찾기는 한다. 그러나 '생산적 구상력의 절대적 정립'(ebd.)이 동일성과 차이의 근원적 합치를 성취하지는 못 한다. 근원적 합치가 불가능한 절대적 자아는 "어떤 실재성도 지니지 않은 한낱 사상일 뿐이며, 더군다나 텅빈 실재성에 대한 사상일 따름이다."(DFS. S. 59/70쪽).

지니기 때문에, 그리고 무신론이라는 세기의 비판으로부터 자신을 옹호하기 위해, 피히테가 후기에는 자아와 실체(존재)를 동시에 포착하는 절대적 통일로서 스피노자적 지평을 상정하기는 한다. 절대적 통일 속에서 자기 자신에 대한 지를 펼침으로써 칸트주의와 스피노자주의를 극복하는 새로운 통일 지반을 마련한다.

그러나 피히테는 궁극적으로 실체보다는 자아 쪽에 경도되어 있다. 그리고 자기의식적 자아 — 비아의 분열은 절대적 자아로서 지적 직관과 통일되고자 하는 희망에 사로잡혀 있을 뿐이다. 칸트의 형식적 자기의식을 극복하여 절대자로 상승하고자 꿈꾸는 피히테의 희망은 절대적 자아의 난점을, 즉 비매개적이고 파악불가능한 절대적 자아의 직접적 동일성을 극복하지 못 한다. 피히테는 모든 지속에서 자기와 동일적인, '자기의식의 선험적 통일'을 절대자로, 따라서 즉자적으로 구별을 지니지 않은 통일로 파악했다.[56]

---

56) L. Siep, *Hegels Fichtekritik und die Wissenschaftslehre von 1804.* Symposion 33. Freiburg/München: Karl Alber Verlag. 1970. S. 46. 그러므로 헤겔이 보기에 피히테에게서는 경험적 의식뿐만 아니라 경험적 의식으로부터 벗어나 있으면서 경험적 의식으로부터 오는 충격에 동요되는, 그러면서 동시에 공허할 뿐인 순수의식도 지양되어야 한다. 즉 자아 — 비아의 대립과 통일되지 못하는 절대적 자아의 순수성은 실재성 정립을 위해 지양되어야 한다(DFS. S. 59-60/71-2 참고).

제3절 헤겔의 절대적 주관성과 사변적 자기의식

3-1. 피히테의 절대적 자아에 대한 헤겔의 비판

헤겔 이전 철학자와 헤겔 간에는 관념론적 문제의식이 연결되어 있다. 헤겔 고유의 '학적인 체계적 작업'과 '사변적 변증법적 매개'도 독일 관념론사에서 드러나는 '자기의식'을 정립하고 한계를 극복한다는 맥락에서 접근하지 않으면, 달리 말해 헤겔의 변증법적 체계도 칸트적 자기의식과 자기의식의 전개 과정에서 분리한다면, 헤겔 고유의 지반을 제대로 부각시키기 힘들다.

독일 관념론 철학자들과의 연속성과 단절성을 모두 드러내는 헤겔의 전 체계는 '자기의식으로서 주체'의 전개이다. 헤겔의 사명은 칸트, 피히테 등의 철학사적 전개과정에서 지속적으로 등장하는 자기의식의 필연성과 내용적 구조를 밝히는 일이다. 그것은 자기의식의 구별과 동일성의 통일, 즉 동일성과 비동일성의 동일성을 정립하는 것이다. 독일 관념론사에 나타나는 순수 활동성으로서 자기의식은 자신을 분열시킨 자아-비아, 자아주관-자아객관, 즉자-대자와 같은 대립적 활동과, 이 대립을 하나의 동일한 것으로 통일시키려는 노력 속에서도 여전히 드러나는 간극을 해결하려는 데까지 나아가야 한다. 이 간극을 해소하려는 희구가 헤겔에게도 그대로 전이된다. 헤겔이 자기의식의 반성을 통해 경험적 의식과 순수의식을 통일하기 이전에는, 그리고 순수한 자기의식의 논리적 매개과정을 통해 자기의식의 자기전개와 자기매개의 필연성을 논증하기 이전에는, '자기의식 자체의 이중적 측면'을 통일시키지 못하기 때문이다.

형식적 동일성으로 마감한 칸트의 자기의식을 극복하려고 하는 피히테는 자기의식을 자기의식의 '절대적 계기인 절대적 자아'의 측면과, 자기의식의 '대상제약적 관계로 드러나는 대립적 자기의식'의 측면으로 이원화한다. 피히테는 자기의식의 반성을 통해 절대적 계기와 대상 제약적 계기라는 대립을 통일시키려고, 자기의식적 대립을 절대적 자아의 동일성으로 귀환시키려고 하지만, 이원성을 좁히지는 못한다.57) 피히테는 '동일성'에 대한 희구는 '절대적 자아'에만 적용하고, '대립'은 '자기의식'에만 적용한다. 대립을 드러내는 것과 통일을 드러내는 것의 **역할분담이 절대적으로 이루어져서** 절대자, 절대지는 동일성과 구별로부터 분리되어 서로 다른 외적인 것처럼 보인다. 절대적 자아(무한히 활동하는 직접적 동일성)와 자기의식의 이중적 측면(자아-비아의 대립) 간의 관계는 상호 외면적인 것으로 드러난다. 헤겔이 보기에 피히테의 『지식론』의 원리인 순수 자아는 늘상 한 부분의 절대적 정립을 의미한다.58) 게다가 피히테가 행하는 지속적인 연역과정 또한 대립과 동일성을 통일시키기보다는, 단지 추상화되고 절대적으로 대립되어 있는 한 부분에서 다른 부분으로의 이행이나 배열에 지나지 않는다. 피히테처럼 대립의 '한 측면'을 절대자로 정립한다면, 이원론에서 빠져 나올 수 없다.59)

피히테의 자아는 자기 **정립적 활동성** 자체이다. 그러나 자아-비아 운

---

57) "비록 이와 같은 자아＝자아에 대해서 비아는 절대적으로 대립된 것이긴 하지만, 이들의 통합은 필연적인 것이며, 또한 사변이 지니는 유일한 관심사이기도 하다. 그러나 대립자를 절대적으로 전제할 때 어떤 통합이 가능할 수 있겠는가? 분명히 말하건대 결코 어떤 가능성도 없다고 해야만 할 것이다."(DFS. S. 60/72).

58) L. Siep, *Hegels Fichtekritik und die Wissenschaftslehre von 1804.* Symposion 33. Freiburg/München: Karl Alber Verlag. 1970. S. 29. "만약 동일성과 분리작용이 각기 서로 대립되는 한 이들 양자는 모두가 절대적일 수밖에 없다."(DFS. S. 78).

59) 헤겔은 피히테가 절대적 대립을 실천능력에서 제거하려고 한 점에 대해 다음처럼 부정적으로 평가한다. "이제 여기서 입증돼야만 할 것은 사실은 이 실천적 능력에게도 역시 대립은 절대적이며 또한 실천적 능력에서조차도 자아는 그 스스로를 자아로서 정립하는 것이 아니라, 객관적 자아도 역시 하나의 자아＋비아를 이루고 실천적 능력은 자아＝자아로까지 침투하지 못한다는 것이다."(DFS. S. 61/73).

동을 살펴보면, 자아는 활동성임에도 불구하고, 활동의 내용을 위해서 외부에서 오는 충격을 필요로 한다. 자기의식적 대립의 출생지 자체가 자아에게는 소원한 외적 충격이다. 그래서 자아는 자기정립적 활동성에도 불구하고, 자기 제한적이고 자기 부정적인 활동이 아니라, 제한과 한계를 자기의 활동에 앞서 전제한다. 자아는 '외적 충격'을 통해서 비아로 되고, 자아 - 비아 간에는 한계와 제한작용이 전제된다. 자아의 활동성은 자기 직관, 자기 한계에서 분리되며, 이것에 기인하는 이원성은 제3원칙에서 제1원칙으로의 통일이 불가능함을 의미한다. 헤겔은 "피히테 관념론이 제시한 무한한 충격은 물론 물 자체를 근저에 두고 있는 것은 아니며, 다만 순수하게 자아 속에 터전을 둔 규정성임에는 틀림없다."(WdL., Ⅱ, 27)는 점을 인정한다. 그러나 물 자체를 상정하지 않더라도 자아의 규정성은 여전히 외면적 직접성을 지양하지 못하기 때문에 "자아의 자아에 대한 하나의 제약"(WdL., Ⅱ, 27)으로 남는다고 비판한다.

통일 불가능성을 해소하려고 하는 헤겔은 자기의식을 그 자체가 자기 직관능력을 지닌 사유활동이며, 외적 제한이 아니라 자기의 대립을 자기가 산출하고 자기가 매개하는 근원적 동일성으로서 절대자를 발전시킨다. 헤겔에게 절대자는 대립과 통일의 계기를 '자기의식'과 '절대적 자아'로 분리시키는 것이 아니라, '자기의식 자체의 대립과 구별'을 '자기의식 자체의 절대적 동일성' 속에서 통일하고 지양하는 변증법적 과정이다.

이러한 자기구별과 자기동일성의 동일성은 자기의식의 사변적 전개이며『정신현상학』의 전개를 통해 도달한 절대지가 작동하는『대논리학』의 시원, 즉 순수지로서 순수 존재가 근거지워 나가는 '개념의 운동'으로 작용한다. 더 나아가서 실체가 주체로 화한 자기의식으로서 개념의 대립과 통일은『대논리학』에서 자기의식의 사변 논리적 구조가 전형적으로 드러나고 주제화되는 '개념론'의 개념의 판단연관과 추리연관을 통해서 완결적으로 정립된다. 그래서 '개념논리의 사변적 구조'는 '자기의식의 사변적 구조'의 메타적 논리이며, '자기의식의 근원적 동일성'을 정립하는 구조이다. 자기의식이 자신의 대립을 산출하고 통일시키면서 근원적 동일성을 정초하는 메타적인 과정은 『대논리학』, 특히 '개념론'에서 전개된다.

이 글에서는 헤겔 체계와 『**대논리학**』 전체가 **자기의식의 전개**이며, 『대논리학』은 순수한 자기의식의 자기관계에서 출발하여 자기의식의 자기매개적 구조로 완결된다는 것을 주장한다.

물론 『대논리학』의 순수한 자기의식적 지평은 『대논리학』 자체나 '개념론' 자체의 논의만을 통해서 정초되지는 않는다. '대상연관적 의식을 자기의식과 연관시키고 순화하는 과정'과, '순수한 자기의식 자체의 논리적 구조와 개념적 파악을 가능케 하는 선행과정'이 필요하다. 왜냐하면 헤겔의 체계가 자기의식의 전개라고 할지라도, **헤겔에게 자기의식은 단적으로 먼저 주어지는 것이 아니기 때문이다.** 비록 자기의식이 단계단계마다에서 작용하면서 전 과정을 역동적으로 이끌어간다고 할지라도, 자기의식적 구조와 순수한 자기의식의 지평 자체는 끊임없는 '**의식경험**'과 '**대상의식의 순화과정**'을 통해서, 즉 『정신현상학』에서 자연적 의식을 지양하여 현상적 의식으로 고양되는 과정을 통해서 마련된다. 따라서 헤겔은 자기의식을 먼저 전면에 부각시키는 이전 철학자들과는 다르다.

피히테의 자기의식의 사행이 헤겔의 사변적 변증법의 '자기구별과 대립 그리고 통일'이라는 운동 구조와 유사하기 때문에, 피히테의 자기의식 운동을 헤겔 변증법과 등치시킬 수 있는 것처럼 보이기도 한다. 그러나 피히테에게는 자기의식의 지평 자체에 대한 논증이 없다. 자기의식의 지평 자체도 먼저 정립하고 정당화하는 헤겔의 자기의식과는 차이가 있다.

헤겔의 순수한 자기의식은 헤겔 이전의 독일 관념론 철학자와 헤겔을 구분하면서도 동시에 연결하는 작업을 수반한다. 자기의식을 발견하지만 공허한 형식성에 빠지는 칸트와 달리, 그리고 자기의식의 반성적 구조를 자아의 활동성을 통해 정초함에도 불구하고 경험적 의식에서 순수의식으로의 순화와 통일이 절대적 동일성인 절대적 주체와는 관련이 없게 되는 피히테와 달리, 헤겔은 대상의식의 대상성 극복을 통해서 자기의식이 정립되는 과정을 중요하게 다룬다. 자기의식은 『정신현상학』의 감성적 확신에서 출발하는 대상의식과의 관련 속에서 이 대상의식의 대상성을 지양함으로써 비로소 순수한 자기의식에 이른다. 자기의식은 대상의식의 진리이며, 대상의식에 대한 반성 속에서 정립된다. 『정신현상학』은 '자연적 의식'을 지양하고 '현상적 의식'으로 그리고 이를 '절대적 의식'으로 고양시키는 과정이며, 절대적 의식은 순수한 자기의식을 전개하는 『대논리학』의 순수지의 기반이 된다. 그러므로 각 단계의 진행과 고양뿐만 아니라 자기의식 자체의 지평을 마련하는 데 있어서도 『정신현상학』은 '필연적인'(PhdG., 31) 도정이다.

자기의식을 먼저 제시하지 않고 자기의식 자체의 지평도 의식의 반성을 통해 정초하는 헤겔의 체계 내적인 전개과정과 유사하게, 헤겔 이전의 독일 관념론자들의 자기의식에 대해 헤겔이 취하는 비판과 수용의 태도도 그러하다. 헤겔은 독일 관념론의 자기의식 이론을 '비판'하면서 동시에 헤겔 체계의 '한 부분'으로 정초하고 있다. 헤겔에게는 체계를 예비하는 **'비판'** 속에 **'비판적 서술'**이 녹아 있다. 비판이 동시에 체계의 '시초' 내지 '최초의 부분'이라는 것은 이러한 형태들의 필연적 수행 속에 놓여 있다.[60] 비판과 서술의 작업은 헤겔의 순수한 자기의식의 논리적 구조를 가능케 하는 기초 작업이면서, 논리적 구조와의 상관관계 속에서 이루어진다. 그러므로 대상의식 비판과 논리적인 체계연관적 전개는 서로 관련되어 있다.

비판적 서술의 작업은 칸트와 피히테의 자기의식을 비판하고 넘어서는 『정신현상학』에서 분명하게 드러난다. 헤겔은 특히 '이성 장'에서 칸트와 피히테 철학이 정신의 현상계기이며, '이성의 최초형태'라고 주장한다. 헤

---

60) L. Siep, *Hegels Fichtekritik und die Wissenschaftslehre von 1804.* Symposion 33. Freiburg/München: Karl Alber Verlag. 1970. S. 33. 헤겔은 대상의식을 지양하여 절대지에 도달하는 『정신현상학』의 과정을 학의 '예비'(PhdG. S. 31) 과정이면서 동시에 '학의 제1부'(PhdG. S. 31)라고 일컫는다. 여기에 '비판'은 동시에 '비판적 서술'이라는 발상을 적용해 볼 수 있다.

겔이 『정신현상학』에서 칸트와 피히테를 직접 거론하지는 않지만 '관념론'을 비판하는 가운데 그들을 암시하는 내용을 제시하고 있다. 『정신현상학』 '이성 장'의 서두, 특히 176-181쪽에서 '실재성 전체인 자기의식', '실재성 전체인 이성', '실재성인 자아', '자아는 자아이다', '범주', '자기의식의 단순한 통일' 등을 거론하면서 관념론에 대해 헤겔은 평가하고 비판한다. 이것은 칸트와 피히테에 대한 평가와 비판이기도 하다.

칸트와 피히테 철학에 대한 '비판'은 헤겔 체계를 위한 단순한 통과의례가 아니라 동시에 헤겔의 고유한 '체계의 일부분'인 '이성의 최초 형태'로 흡수된다. 칸트, 피히테의 자기의식과 생산적 구상력[61]이 비록 동일

---

61) 칸트는 『순수이성비판』 초판에서는 자기의식의 선천적 조건, 범주의 선천적 통일작용이 경험적 종합에 '선행'한다는 점을 더 강조(KdrV. A 125 참고)하지만, 재판에서는 — 비록 결국에는 현상의 영역임을 끊임없이 다시 확인하지만 — 물 자체가 던지는 경험의 그림자에 좀 더 비중을 둔다(특히 B 146 이하). 이에 상응하여 '구상력'의 역할을 살펴보자. 구상력은 '연상'작용과 유사한 하나의 '재생(기억)' 역할을 하지만, 단순히 재생에 그치는 것이 아니다. 구상력은 경험적 직관이 주어질 때, 경험의 영향을 받으면서도 "대상이 지금 있지 않건마는 대상을 표시하는 능력이다."(KdrV. B 151). 즉 **직관의 다양을 종합하여 감성적 측면을 담지하면서도, 경험적 다양과 연상을 벗어나서 "오성의 개념에 대응하는 직관을 오성의 개념에 줄 수 있는 주관적 조건"**(KdrV. B 151)이다. 경험에 준하면서도 경험을 벗어나서 개념과의 연결가능성을 확립한다. 그러므로 구상력은 대상과 주관의 간극을 메울 수 있는, 그래서 단순한 선천적, 주관적 지평을 넘어서서 새로운 범주 형성과 반성력을 보여주는 듯하다. 그러나 결국 구상력도 **"다양한 직관의 종합은 범주에 합치해서 행하여지기"**(KdrV. B 152/A 125도 참고) 때문에, 칸트가 선천적인 12범주를 상정한 그 상태를 벗어날 수 없다. 왜 12범주를 낳는 12판단만이 존재하는지를 더 이상 논할 수 없다(KdrV. B 146 참고). 그러나 경험 — 선천적 개념 사이에서 구상력이 지닌 이중가면이 결국에는 선천적 범주에 종속되고 선천적 범주의 영향력을 벗어나지 못하지만, 헤겔에게는 '이중가면' 자체가 존재와 사유를 연결하는 일말의 가능성으로 비춰진다. 헤겔은 『신앙과 지식』에서는 주객통일 작용으로서 '자기의식의 선험적 통일' 이외에 '생산적 구상력'을 중요하게 다룬다. 헤겔이 '이종적인 것의 근원적이고 절대적인 동일성'을 사변적 이념으로 파악할 때, 이런 측면을

과 구별의 근원적 합치를 달성하지는 못해도 '사변적 이념'을 포함하고 있기 때문이다. 특히 피히테 철학은 자아의 활동성이 '모든 실재성'을 담지하는 '관념론'의 모습을 지니고 있으며 헤겔『정신 현상학』의 '이성 장'이 그 근거가 되고 있다. 그러나 유사한 단계의 '자아', 즉 '실재성인 자아'라고 할지라도, 헤겔에게 자아는 피히테의 『지식론』에서처럼 체계의 서두에서 단적으로 주어지는 것이 아니라, 대상의식과 자기의식의 통일 과정과 반성 속에서 형성된 것이다. 게다가 피히테의 자기의식과 절대적 자아는 '자아의 활동성이 실재성 전체'가 되는 이성의 풍부한 의미를 통일적으로 전개하지 못하기 때문에, 동일성과 구별이 이원론적으로 분리되어 있다. 피히테는 자기의식의 형식들의 전개라는 사변적 절대적 체계에 이르지 못한다.

이런 측면이 결여된 피히테는 초기 저작뿐만 아니라, 초기의 『지식론』을 끊임없이 수정하고 보완한 후기 저작들에 이르기까지 '경험적 의식의 순화'와 '순수의식으로의 통일'이라는 궁극적 지평을 놓치게 된다. 그는 '절대적 자아의 동일성'과 '자기의식적 구별'의 '근원적 합치'를 이루는 절대적 원리를 정초하지 못한다. 그러나 피히테 옹호자들은 헤겔의 피히테 비판을 거부하면서 오히려 헤겔을 피히테의 제자처럼 취급하기도 한다. 루카스는 피히테를 옹호하는 주석가들의 논의를 모아서 한 논문에 집약시키고, 주석가들의 입을 통해 피히테의 명예회복을 노린다. 이것은 동시에 헤겔에 의해서 독일 관념론이 완성된다는 점을 반박하는 과정이다.[62]

───────────

틀어쥐고 있는 것으로 나타나는 것이 칸트의 자기의식, 생산적 구상력이다. "생산적 구상력은 감각적 직관형식과 직관 또는 경험을 개념적으로 파악하는 형식 속에서 하나의 참된 사변적 이념"(G. W. F. Hegel, GuW. S. 306)이다.

62) H-Christian Lucas, "Fichte versus Hegel, oder Hegel und das Erdmandel-Argument". *Hegel-Studien*. Bd. 27. Bonn: Bouvier Verlag. 1992. S. 131-2 참고. 여기에서 헤겔이 **독일 관념론의 연장선상**에 있다는 평가와, **독일 관념론의 핵심으로부터 단절**되었다는 대립되는 평가를 지적할 필요가 있다. 하거(ebd.)는 헤겔이 독일 관념론의 주관성을 믿고 나가면서도, 이전 철학

그러나 『지식론』을 여러 번 개작했음에도 불구하고, 피히테가 절대적 자아라는 절대적 이념의 지평에 '개념적인 언어'로는 도달할 수 없다고 고백하는 기점에서, 루카스는 개념적인 사유 불가능성과 파악 불가능성을 단지 직관된다는 것으로, 다시 말하면 지적 직관으로 포장한다.[63] 피히테 자신의 평가에 따라서도, 피히테의 『지식론』은 언어적으로 완성된, 즉 개념적으로 파악된 서술에 결코 도달하지 못한다. 단지 불똥이 튀듯이 순간적으로 나타났다 사라지는 '섬광'과 같은 '직관'이 한 순간 개입될 뿐이다. 피히테의 절대적 자아는 자기를 산출하면서 동시에 개념적으로 파악하는 절대적 체계를 이루지 못한다.

헤겔은 초기 저작인 『차이저작』, 『신앙과 지식』 등에서 피히테의 절대적 자아가 '자기산출적 순수 활동성'임에도 불구하고, 자기 구별을 산출하고 파악하는 지적 직관을, 다시 말하면 이종적인 것을 동시에 통일하는 지의 사변적 체계를, 사유와 직관이 동시에 이루어지는 자기의식을 전개하지 못한다는 점을 지속적으로 비판한다. 헤겔의 『차이저작』은 '자기의식'이 '절대자의 자기전개'로 정립되는 근간이다. 여기에서 드러나는 피히테비판의 근본은, 대립태로 나타나는 것들, 즉 자아와 자연, 순수한 자기의식과 경험적 자기의식, 인식과 존재, 자기 자신의 정립작용과 대립작용, 유한성과 무한성이 동시에 절대자 속에 정립된다는 것이다.[64] 그

자들이 해결하지 못한 주관성의 존재까지도 확립했기 때문에 독일 관념론의 정점이라고 본다. 그에 반해 베커(ebd.)는 자기의식 문제는 연장선상에 있으나, 헤겔이 관념적 대립개념을 반성적 대립과 유사한 대립으로 변형-해석했고, 자아대립과 경험적으로 파악된 개념내용들을 혼동하여 선취했다고 비판한다. 베커는 피히테와 쉘링을 결함을 지닌 관념론이라고 비판하는 헤겔을 오히려 비판하면서, 헤겔은 '독일 관념론'사의 관념론적 핵심을 탈취하고 약화시켰기 때문에 헤겔을 피히테와 쉘링에게서 이어지는 수미일관된 전개라고 말하는 것은 망상이라고 주장한다.

63) H-Christian Lucas, "Fichte versus Hegel, oder Hegel und das Erdmandel-Argument". *Hegel-Studien*. Bd. 27. Bonn: Bouvier Verlag. 1992. S. 150.
64) DFS. S. 95-7/118-120쪽 참고.

렇기 때문에 헤겔에게 절대자는 전체이다. 모든 대립은 '절대자의 자기산출'이며, '절대자 자신의 계기나 단계'가 된다. 피히테의 절대적 자아는 헤겔의 '절대자'에 상응하는 활동성과 대립구도를 제시할 수 있는 가능성을 비추기는 하지만, 『정신현상학』 '이성 장'의 출발점에서 드러나는 '관념론'의 차원을 극복하지는 못한다. 피히테가 상정한 대립태들은 절대적 주체인 절대적 자아로 통일되지 못한다. 후기에 가서 피히테가 절대적 체계의 결핍과 극복되지 않는 자신의 이원론을 자각하고 대립태들의 통일이 가능한 지식론을 시도하기는 했어도, 절대자 자체의 자기전개가 아니라 기껏해야 '절대자의 현상'을, 즉 절대적 주체의 '현상'을 설명한다.

『대논리학』에서도 '학의 시원'과 관련하여 피히테의 절대적 자아에 대한 비판이 나타난다. 피히테는 학의 시원을 '자아'에서 찾는다. 이 자아는 '추상적이며, 모든 내용규정들로부터 순화된 자아'이다. 그러나 피히테의 절대적 자아는 순수 자아에 도달하는 과정, 즉 **순수 자아로 고양되는 『정신현상학』의 과정**이나, **경험적 지와의 통일을 성취하는 과정**을 담지 못하는 자아이다. 헤겔은 경험적 대상의식의 순화과정으로 규정되는 『정신현상학』을 통해 주객 통일의 절대지에 도달하며, 순수한 자기의식을 정초한다. 『대논리학』의 순수지로서 순수한 자기의식[65]은 이러한 지평과 **'과정'**에 기초하고 있다. 순수지는 **내용연관**을 지니는, 즉 **존재연관**을 지니는 '순수존재'로서 순수지이며, 자기의식은 단순히 인식론적 지평인 것만은 아니고 '존재론적 지평'이기도 하다. 헤겔은 '학의 시원'에서 피히테 비판을 통해 피히테가 끝까지 통일시키지 못했던 실체(존재)를 동시에 포함하는 순수지라는 점을 보여준다. 『대논리학』의 출발점인 순수지에는 '자기의식의 순화'가 담겨 있고, 동시에 독일 관념론의 '주관성'을 벗어나서 주관성의 '존재'를 정립하려는 헤겔의 기획이 드러나 있다. 순수지 자

---

65) G. W. F. Hegel, *Wissenschaft der Logik, Die Lehre vom Sein, 1832, Gesammelte Werke,* Bd. 21, Hamburg: Felix Meiner Verlag, 1985, 1판 서설 S. 8, 서론 S. 33 참고.

체가 이미 순수존재를 배면에 지니기 때문에, 순수지는 무규정적이면서 동시에 순수한 존재를 학의 시원으로 정립한다.

그러므로 시원에서 펼쳐 나가는 운동은 순수 존재의 자기구별과 부정을 통한 생성이다. 이것은 달리 말하면 피히테의 절대적 자아 자체의 구별과 자기 부정이 결하고 있는 측면을 정당화하고 서술하는 과정이다. 헤겔은 절대지인 순수지, 순수지인 순수 존재가 바로 '절대적 자아의 동일성'과 '자기의식적 대립' 간의 간극 해소를 정당화하는 자기의식의 운동이라고 보며, 이를 『대논리학』의 전개과정 전체에서 정립한다. 비록 『**대논리학**』이 순수한 자기의식의 지평이고, 현상학의 전개를 통해서 정립된 지평이라고 **해도, 순수한 자기의식 자체의 구조와 내용 연관**, 즉 자기의식의 동일성과 구별의 대립극복과 통일은 『대논리학』의 **지속적인 전개과정을 통해서야** 비로소 정립된다. 시원의 순수존재는 절대자로서의 존재이고, 절대자는 자기의식으로서 절대자, 즉 개념이라는 것을 순수존재의 전진적 운동과정을 통해서 근거지워 나간다.[66]

그러므로 헤겔에게 피히테의 자아 – 비아의 대립과 종합활동은 절대적 자아의 순수한 자기관계이고 자기구별작용이어야 한다. 즉 자기의식 자체의 자기 구별과 자기 매개이어야 한다. 대상의식과 관련해서 볼 때도 피히테의 자아의 다양한 규정들의 연역은 절대적 자아 자체에서는 도외시된 경험적 자아, 경험적 대상의식일 뿐이다. 순수의식과 관련시켜 볼

---

66) 시원이 지닌 의미의 내용 충만성과 정당성은 시원 자체에서 확보된다기보다는 시원과 완성이라는 두 측면에서 이중적으로 바라보아야 한다. 시원 자체의 정립과 결단은 시원에서 이루어지면서도 후속하는 전진적 과정을 통해서 정립된다. 그러면서 시원 이후의 전진적 과정의 단초는 시원 자체에서 정립된다. 대논리학의 운동은 '전진적'이면서 동시에 '후진적'인 과정이다. 이미 근거이면서 동시에 근거를 근거지우는 과정이다. "전진적 행위는 근거로의, 즉 근원적인 것과 참된 것으로의 복귀(후진)이며, 학이 무엇에 의해 마련되는가는 이것에 의존하며, 사실상 이것에 의해 야기된다."(G. W. F. Hegel, *Wissenschaft der Logik, Die Lehre vom Sein 1832. Gesammelte Werke.* Bd. 21. Hamburg: Felix Meiner Verlag. 1985. S. 57).

때도 피히테의 자아는 자기 자신 안에서 가장 풍부한 것인, 따라서 전진적으로 사유형식들의 절대적 체계를 자기 정당화하는 개념의 의미를 지니는 절대자가 아니다. 피히테의 절대적 자아와 자기의식적 대립 간의 관계는, 헤겔이 『차이저작』에서 말했던 '주관적 주관 – 객관 – 관계'[67]를 벗어나지 못한 '주관적 관념론'이다.

3-2. 절대적 주관성과 '개념론'의 사변적 자기의식

피히테는 칸트의 형식적 자기의식이 지닌 한계를 극복하기 위해 자기의식의 '절대적 계기'와 '대상제약적 계기'의 통일을, 즉 절대적 자아와 자기의식의 통일을, 순수의식과 경험적 의식의 통일을 '자기의식의 반성'을 통해 정립하고자 한다. 이러한 노력은 자기의식의 실재성을 정립하려는 것이며, **피히테 후기철학**에 가서는 **비판철학과 독단철학의 비판 및 융합**을 통해 드러난다. 즉 칸트주의와 스피노자주의의 융합으로 드러난다.[68] 이러한 노력의 결실은 지와 존재의 통일을 절대지에서 달성하는 것이고, '절대자(피히테의 출발점으로 돌아가면 절대적 주체로서 절대적 자아)의 자기 전개'를 실현하는 것이다. 그러나 피히테는 『지식론』을 여러 번에 걸쳐 개작하고 변형시키면서까지 담지하려고 했던 스피노자적 실체(존재)를 '궁극적으로는' 거부하고, 모든 것을 끊임없이 자아 – 절대적 자아가 아닌 유한한 자아 – 로 환수하려 한다. 그래서 피히테의

---

67) DFS. S. 11, 94/10, 116쪽.
68) "1804년의 『지식론』도 헤겔과 마찬가지로 스피노자와 칸트를 매개하려는 시도를 취한다. 그것은 경악스러운 일인데, 왜냐하면 피히테는 1794년의 『지식론』 이래로 – 피히테가 가장 수미일관되게 '독단' 철학자라고 간주했던 – 스피노자를 지식론에 대한 본래적인 반대 극으로 통찰했기 때문이다."(L. Siep, *Hegels Fichtekritik und die Wissenschaftslehre von 1804*, Symposion 33. Freiburg/München: Karl Alber Verlag, 1970, S. 16).

절대적 자아의 동일성은 자기의식적 대립과 분리되고, 절대적 자아의 실재성이 상실된다. 피히테는 인식과 존재의 근거이면서 체계의 절대적 원리로 작용하는 자기의식 자체의 통일적이고 사변적인 자기전개와 자기매개를 달성하지 못하기 때문에, 이원론을 극복하지 못한다. 그는 자아의 활동성을 통해 체계를 형성하고 완수하려는 '당위'와 '희망'만을 내비칠 뿐이다.

헤겔은 피히테의 이런 태도를 사변적 자기의식의 지평 마련과 전개를 통해 극복하려 한다. 헤겔의 사변적 자기의식은 피히테를 거슬러 올라가서 독일 관념론의 장을 연 칸트의 자기의식과의 대비 속에서 분명하게 드러난다. 헤겔의 자기의식은 칸트의 자기의식이 통일시키지 못한 두 측면을 통일시키는 자기의식이다. 칸트는 소여성을 지니는 모든 대상의식(경험적 의식)의 종합을 통각의 통일인 자기의식의 분석적 통일에 의해 통일시킨다. 분석적 통일을 강조하는 칸트의 자기의식은 순수한 자아의 순수한 사유활동이긴 하지만, 자기의식의 자기관계 구조를 드러내지는 못한다. 왜냐하면 칸트가, 종합의 내용은 순수하지 못하다는 이유로 도외시하고, 자기의식의 분석적 통일은 자기의식의 대상제약적 계기에 해당되는 소여된 경험적 종합의 '조건'일 뿐이라고 보기 때문이다. 그러나 헤겔에게 자기의식은 경험적 종합의 조건일 뿐만 아니라. 반대로 '**소여된 경험적 의식의 종합**'도 자기의식이 자기를 사유하는 '**자기관계 구조**'와 **맞물려** 있기 때문에, 이 둘 간의 '동일성'을 이룰 때에야 비로소 '사변적 관념론'이 가능해진다. 헤겔의 사변적 자기의식은 '**통각의 분석적 통일**'이라는 동일성을 견지하면서도 '**통각의 종합적 통일**'이라는 구별과 종합의 측면을 살려내는 것이다. 칸트가 자기의식의 분석적 통일만을 순수하게 받아들였던 것에 반해, 헤겔은, 자기의식의 통일은 **종합적 통일**이 지닌 **대상관계성**을 포착하면서 동시에 종합적 통일의 **대상성을 지양**하는 순수한 자기관계로서 종합적 통일이라는 점을 강조한다. 대상의 종합적 통일과 자기의식의 종합적 통일은 하나의 동일성을 이루는 자기관계이다.[69]

다양과 통일을 지니는 자기의식이 헤겔의 사변적 자기의식이며, 자기의
식의 실재성을 지니는 자기의식이다.

헤겔은 이런 지평을 피히테 비판을 통해서 좀 더 명료하게 드러낸다.
헤겔의 철학적 작업 속에는 여러 가지 철학사적 논의에 대한 비판이 담
겨 있고, 비판의 내용은 헤겔의 전 저작에서 드러난다. 그러나 무엇보다
도 사변적 변증법, 구성적 변증법을 **'자기의식의 사변적 자기전개와 자기
매개'**로 정립하면서, 그것이 곧 칸트주의와 스피노자주의의 비판과 극복
임을 보여주는 정점은 바로 『대논리학』의 '개념론'이다. 헤겔이 칸트, 스
피노자, 피히테 등을 비판하면서 자신의 사변적 변증법을 토로하는 곳은
여러 군데이지만, 그들에 대한 비판을 거쳐 자기의식의 논리적인 구조와
전형을 보여주는 곳은 '개념론'의 개념, 판단, 추리이다. 사변명제로 작용
하는 절대지의 **사변적 논리학의 전형**이 **판단론**과 **추리론을 통해 주제화
된다.** 물론 『대논리학』의 '개념론'에서는 피히테에 대한 구체적 언급이
발견되지는 않는다. 그러나 '본질론'에서 '개념론'으로의 이행에서 '절대
자'가 주제화되는데, 절대자가 '개념'으로, 절대이념으로서 '절대적 개념'
으로 발전하는 근거는 절대자가 '필연성을 지양'하고 '자유롭게 자기를
전개'하는 '자기원인'으로서 자기의식으로 발전하는 데 있다. 이것은 피히
테가 끝까지 달성하지 못한, 자기의식의 즉자성, 즉 절대자의 실재성을
확보하면서 개념을 정립하는 것과 마찬가지의 상황이다. '개념론'으로의
전환은 실체가 주체로, 주체가 실체로 정립되는 운동이며, 피히테가 애써
통일시키려 했던 비판철학과 독단철학의 융합을 시도하는 곳이다. 스피

---

69) 뒤징은 이와 관련하여 다음처럼 말한다. 자기를 대상화하는 그리고 그것에
　　의해 자기를 아는 순수 자아는 주어진 다양한 표상에 의존하지 않는다. 반
　　대로 다양을 자기의 사유와 자기지(자기인식)의 내용으로 산출한다(K.
　　Düsing, "Constitution and Structure of Self-identity: Kant's theory of
　　apperception and Hegel's Criticism". in: *G. W. F. Hegel, Critical
　　Assessments*. vol. Ⅲ. Edited by Robert Stern. London and New York.
　　1993. p. 512).

노자적 실체 정립과 칸트의 자기의식이 통일되는 지점이다.

본질론 말미에 나타나는 절대자의 두 측면으로서 능동적 실체와 수동적 실체[70]에 대한 논의는 스피노자적 절대자에 상응하는 실체를 수용하면서 비판하는 곳이다. 두 실체의 통일은 자유로운 자기원인인 주체의 활동이며, 개념으로의 이행이다. 그렇기 때문에 '개념론'에서 나타나는 자유로운 자기원인인 주체로서 실체는 '능동적', '수동적'이라는 부등한 위치를 지니지 않는다. 그리고 이와 더불어 '개념론 서설'에서 헤겔이 극찬하고 있는 칸트의 '통각의 통일로서 자기의식'(WdL., Ⅱ, 254-5 참고)의 출현은 절대적 통일로서의 **스피노자적 실체**가 **자기의식**이어야 한다는 사실에 대한 단적인 증거이다. 실체는 자기 자신에 대한 지로서 실체, 즉 주체로서 실체이어야 한다.[71]

스피노자와 칸트의 지평을 비판하면서 통일시키는 헤겔 자신의 체계적 서술은 여기에서 '보편개념'으로 드러난다. 개념론의 지평은 칸트의 자기의식이 스피노자의 실체와 통일되어 정립된 '자기관계적이고 자기매개적인 자기의식'의 지평이며, 이러한 '자기의식의 사변적 전개'가 '개념의 운동'으로 등장한다. 이를 헤겔 이전의 주관적 관념론과 차이를 두어 **절대적 관념론**, **절대적 주관성**이라고 할 수 있다.[72]

---

70) '능동적 실체'는 스피노자의 유일 실체로서 신에, '수동적 실체'는 스피노자의 자연에 적용할 수 있다.

71) "헤겔 체계는 스피노자 체계를 넘어서 간다. 그것은 특히 실체개념을 넘어서 가기 때문이고, 주체성 개념을 자기의 원리로 삼기 때문이다."(P. O. Johnson, *The Critique of Thought. A re-examination of Hegel's Science of Logic.* Aldershot · Brookfield USA · Hong Kong · Singapore · Sydney: Published by Avebury. 1988. p. 157).

72) 헤겔에게는 칸트와 같은 자기의식이나, 절대적 동일성으로부터 구별되는 자기의식은 절대자에 대한 일면적인 측면일 뿐이다. 예나시기에 절대적 동일성을 담지하는 것은 스피노자적 유일실체였다. 그래서 헤겔은 절대적 동일성을 지니는 자기의식을 위해서 스피노자적 절대적 실체를 자기체계 속에 들여와서 '관념론적인 실체 형이상학'을 기획한다. 그러나 실체 형이상학의 난점을 자각하고서 실체 형이상학 대신 '절대적 주관성' 이론을 더 선

그러나 **독일 관념론과의 관계**를 고려한다면, 다른 용어보다는 '**자기의식의 사변적 자기매개**'에 좀 더 주목해야 한다. 물론 헤겔의 사변적 변증법의 체계를 이전 철학자들과 똑같이 '자기의식'이라고 일컫는다고 해도, 헤겔의 자기의식은 그들과 달리 스피노자적 실체 형이상학을 극복하고 흡수한 자기의식이다. '절대적 주관성', '자기의식의 사변적 자기매개'라는 표현은 이전 철학자들의 자기의식과 헤겔의 그것을 구별 짓기 위한 것이다. 이러한 의미를 지니는 개념으로서 자기의식은 자기 내적 구별과 부정성을 통해 보편, 특수, 개별의 구별지를 만들어 내고, 판단, 추리로 전개되어 나간다.

이때 드러나는 스피노자와 칸트에 대한 헤겔의 비판과 종합은 암묵적으로 '비판철학'과 '독단철학'의 융합을 시도한 피히테의 『지식론』에 대한 우회적인 비판이며, 피히테가 달성하지 못한 통일의 작업을 향한 발걸음이다. 피히테가 극복하지 못한 절대적 자아와 자기의식의 간극을 해소하여, 자기의식 속에 절대적 자아의 동일성을 내재화하고, 절대적 자아 자체의 매개성을, 달리 말하면 자기의식 자체의 구별과 통일성을 정립하는 것이다.

이런 측면을 쉘링의 작업에 대한 간략한 언급을 통해서 재조명해 보면, 헤겔의 다른 어느 곳이 아닌 『대논리학』의 '개념론'으로 눈을 돌리게 되고, 그리고 개념론을 사변적 자기의식의 전형으로 전개할 수 있는 혜안을 좀 더 갖게 된다. 쉘링은 피히테가 남겨 놓은 구도인 "절대적 자아와 자기의식"의 관계를 더욱 긴밀하게 연결하려고 노력한다. 무한한 활동성인 '절대적 자아'는 사유된 것과 사유하는 것의 '직접적 동일성'이며 선천적으로 취해진 자아이다. 그리고 '자기의식'은 '자아와 비아로의 분

호하게 된다(K. Düsing, "Constitution and Structure of Self-identity: Kant's theory of apperception and Hegel's Criticism", in: *G. W. F. Hegel, Critical Assessments*, vol. Ⅲ Edited by Robert Stern, London and New York, 1993, p. 510-1 참고).

열'을 가져오는 자기 분열 행위, 즉 차이 속에서 활동하는 자기의식이다. 이런 점은 피히테와 다르지 않다. 그러나 그 대립은 절대적 자아와 자기의식의 대립이 아니라 바로 '자기의식 자체'[73]의 대립이고, 이 자기의식은 피히테가 애초에 설정한 '절대적 자아'를 포섭한다. 즉 자아-주관과 자아-객관의 대립은 '절대적 자아'와 분리된 '자기의식'이 아니라 '자기의식 자체'만의 대립이고, 이 대립은 자기의식의 동일성을 지향한다. 동일성과 구별의 무제약적 동일성은 '자기의식의 자기지' 자체 속에서 제시된다.

따라서 쉘링은, 한계를 자아 외적인 전제로 남기는 피히테와 달리, 자발적이고 자기 활동적인 자아가 자기 한계지움과 한계를 넘어서 감을 동시에 수행하는 자기의식을 정초한다. 이것은 자아가 자기 제약적, 자기 직관적 활동성 자체이기 때문에 가능하다. 자기를 직관하는 자기 제약적 활동은 결국 무제약자의 재건이며, 자기의식의 순수한 자기 관계적인 '지적 직관'[74]이다.

---

73) 쉘링은 1800년의 『선험적 관념론의 체계』, 1796-7년의 『지식론의 관념론적 해명을 위한 논문들』에서 자기의식 문제를 다루고 있다. 쉘링의 자아개념도 피히테의 자아개념과 일치하는 경우도 있으나, 쉘링의 자기의식은 절대적 자아를 따로 상정하지 않는다. "만약 지 자체 속에 두 개의 근원적 일자가 있는 곳, 또는 존재와 표상의 가장 완전한 동일성이라는 곳의 한 지점이 지 자체 속에 있지 않다면, 표상과 대상이 어떻게 일치할 수 있는가는 단적으로 설명될 수 없다. 거기에서…과제는…주관과 객관이 무매개적으로 하나인 지점을 발견하는 것으로 충분히 규정된다…앞서의 주관과 객관의 무매개적 동일성은 **표상된 것**이 동시에 **표상하는 것**이기도 하고, **직관된 것**이 동시에 **직관하는 것**이기도 한 곳에서만 실존할 수 있다. 그러나 표상된 것과 표상하는 것의 이러한 동일성은 **자기의식** 속에만 있다. **따라서 추구된 지점은 자기의식 속에서 발견된다.**"(F. W. J. Schelling, *System des transzendentalen Idealismus*. Hrsg. von Walter Schulz. Hamburg: Felix Meiner Verlag. 1957. S. 32. 필자 강조).

74) F. W. J. Schelling, *System des transzendentalen Idealismus*. Hrsg. von Walter Schulz. Hamburg: Felix Meiner Verlag. 1957. S. 37.

쉘링이 최종적으로 제시하는 '지적 직관'은 피히테의 절대적 자아의 절대지에서 논의되는 '지적 직관'에 상응한다. 이를 더 거슬러 가면 칸트가 순수한 자기의식의 파악 가능성을 논할 때, 유한한 오성에게는 불가능한 지성적인 자기지, 즉 '지성적 오성'에 상응한다. 그러므로 비록 칸트가 자기의식 자체의 구조와 내용연관을 제대로 제시하지는 못했지만, 체계적 구조의 터전을 닦아 놓았기 때문에, 칸트의 선험적 자아에서 피히테의 절대적 자아로, 그리고 쉘링의 자기의식으로 확장시켜 나갈 수 있다.

독일 관념론의 이러한 도정 속에서 자기의식적 대립이 절대적 자아의 지적 직관에 도달하지 못하는 피히테의 이원론을 쉘링이 극복한다고 해도, 쉘링의 자기직관, 지적 직관은 관계항의 '무차별성' 때문에 '무매개적 동일성'75)이라고 비판받는다. 이때 '개념적으로 파악되지 않는' 동일성이기는 피히테의 그것과 마찬가지이다. 그래서 헤겔은 쉘링의 자기 직관적 활동을 밀고 나가 자기의식과 절대적 자아 간의 관계에서 여전히 미해결로 남겨진 무차별을 '매개적 동일성'으로 완결한다. 매개적 동일성으로서 자기의식은 자기를 직관하면서 자기를 구별하는 활동성이며, 자기를 근원적 동일성으로 매개하면서 개념적으로 파악하는 활동성이다. 동일성 속에서 자기 구별을 매개하는 매개적 동일성이다.

매개적 동일성을 이루는 헤겔의 자기의식은 독일 관념론이 지니는 자기의식의 난점을 극복하는 '사변적 관념론'이고, '사변적 자기의식'이다. 헤겔의 자기의식의 이러한 사변적 전개와 사변적 자기매개 구조는 '유한성을 극복하지 못하는 자아'로부터 '유한성을 지양하는 무한한 정신'으로 고양된 순수한 자기의식의 구조이다. 여기에는 '자아-주관과 자아-객관'의 대립구도와 동일성의 매개가 투영되어 있다.

그러므로 피히테와 쉘링으로부터 도입된, 자아와 비아의 대립, '주관'으로서 자아와 '객관'으로서 자아의 **대립**은 피히테와 쉘링의 관념론적 정리들 속에서 출현하는 대립관계의 모델뿐만 아니라, 헤겔의 논리적 범주들

---

75) ebd. S. 32.

의 '매개'에 대한 테제에서도 요구되는바, 그 대립개념의 모델76)이기도
하다. 대립을 매개로 정초하는 사변적 과정은 피히테와 쉘링의 자기의식
적 대립의 피안에서 두드러져 보이는 '절대적 자아'를 자기의식의 내재적
대립으로 스며들게 하는 것이다. 이것은 절대적 자아의 통일 작용과 동
일성을 거부하는 것이 아니라, 절대적 자아가 직접적 동일성으로부터 '대
립을 통한 매개적 동일성'으로 발전하여 사변적 자기의식으로 전진하는
것이다. 즉 자기의식의 동일성과 구별의 이원성을 극복하는 것이다.

　더 나아가서 헤겔은 순수한 자아의 구성적 역할을 순수한 자기의식으
로 변형시키면서, 독일 관념론이 놓치고 있는 실체(존재)의 측면을 그
속에서 동시에 포착한다. 그래서 헤겔의 개념으로서 자기의식은 사유와
존재의 통일, 주관논리학과 객관논리학의 통일이다.77) 단순히 주관의 측
면이 뚫고 올라오려 하면 이것을 실체와의 통일 속에서 균형을 맞추고,
또 그에 반해 실체(존재)가 즉자성과 분리성을 고수하면 고립성과 초월
성을 지양하여 실체의 반성적 구조를, 실체 자체의 자유로운 자기전개인
자발적 활동을 이끌어내는 것이다. 즉 실체를 주체화하고, 주체를 실체화
하는 작업 속에서 이루어진다. 사유의 구조와 전개가 바로 존재 자체의
구조와 전개가 되는 이런 지평은 자기의식의 사변적 자기매개의 지평이
며, 바로 헤겔의 절대자로서 개념이다. 다시 말하면 '개념론'에서 전형적
으로 전개되는 '자기의식'이다.

　헤겔은 대립관계들을 보다 높은 동일성으로 지양함으로써, 즉 대립을

---

76) W. Becker, *Hegels Begriff der Dialektik und das Prinzip des Idealismus.*
　　"Zur systematischen Kritik der logischen und der phänomenologischen
　　Dialektik". Stuttgart Berlin Köln Mainz: W. Kohlhammer Verlag. 1969. S. 77.
77) 로저 가로디는 실체의 활동이 필연성과 동시에 자유를 드러내는 개념은 바
　　로 주체의 활동이고 '현실적인 생동하는 정신'이라고 하면서 "헤겔의 사변
　　의 독특함은 바로 사변이 현실의 운동으로부터 발현된 사유를 현실 자체의
　　창조적 원리로 변화시키는 데 있다."(R. Garaudy, *Gott ist tot. Das System*
　　und die Methode Hegels. Frankfurt a. M.: Lizenzausgabe für die
　　Europäische Verlagsanstalt. 1965. S. 34-5)고 주장한다.

자기 산출적인 동일성으로 이해함으로써 통일을 달성한다. 이러한 구조
는 궁극적으로는 '**절대이념** 속에서 자신을 현시하는 **절대적 개념**'이다.
그래서 '개념론'은 판단, 추리가 주제화되는 '주관적 개념'을 넘어서서 순
수한 자기의식의 완결적 이념인 절대 이념으로까지 지속된다. '개념론'의
'**주관적 개념**' 편은 **순수한 자기의식의 자기관계적인 구조를 논리학의 내
용 및 구조와 관련시켜** 전형적으로 보여주고 있는 곳이다. 존재론과 형
이상학이 논리학과 통일되는 자기의식적 구조를 압축적으로 보여주는 곳
이다. 그리고 헤겔이 칸트를 다소 격렬하게 비판함에도 불구하고 통각의
통일 내지 순수한 주관성의 근본적이고 체계적인 중요성을 특수한 의미
에서 받아들이고[78] 있는 곳이다.

'개념론'의 **개념, 판단, 추리**에서는 **절대적 이념의 구조가 압축적으로
구조화되고** 있으며, 『대논리학』 전체를 관통하는 추리구조가 주제화된다.
이렇게 자기의식의 논리적 구조의 전형을 드러내는 과정은 논리학의 구
조와 기초, 법칙을 정당화하는 과정이기도 하다.

피히테와 쉘링은 자아의 활동성과 논리학의 형식 및 법칙 간에는 순환
의 어려움이 있다는 것을 알았다.[79] 그들은 자아의 활동이 논리학의 형식
과 법칙을 도출해 내지만, 실제로 자아가 활동하려면 논리학의 형식과 법

---

78) K. Düsing, "Constitution and Structure of Self-identity: Kant's theory of
   apperception and Hegel's Criticism". in: *G. W. F. Hegel, Critical
   Assessments*. vol. Ⅲ. Edited by Robert Stern. London and New York.
   1993. p. 515.

79) J. G. Fichte, Über den Begriff der Wissenschaftslehre oder der sogennanten
   Philosophie. *Gesammtausgabe*. Bd. 2. Hrsg. von R. Lauth und H. Jacob. S.
   144. 피히테와 쉘링에게서 자아의 근원적 활동은 논리학의 형식과 법칙들을
   도출해 낸다. 그러나 자아의 활동이 제대로 작동하려면 논리학의 형식과 법
   칙에 따라야 한다. 그러므로 피히테와 쉘링의 논리학과 자아(주관성) 이론
   간에는 순환이 야기될 수 있다. 그 순환 극복이 관건이다. 순환은 논리학과
   형이상학의 통일, 순수한 자기의식과 논리학의 통일에서 해소될 수 있다. 헤
   겔은 『대논리학』에서 논리학과 형이상학의 통일, 유한과 무한의 통일을 보여
   주면서 동시에 통일을 논증한다.

칙이 전제되어야 한다는 입장에 서 있다. 그래서 주관성과 논리학 간에 발생하는 선험적 구조, 또는 전제라는 난점이 생긴다. 그러나 헤겔은 '**자기의식으로서 절대적 주관성**'과 '**논리학**'의 **통일**을 주장하고, 이들 간에 어떤 것이 먼저 전제되거나 선행하는 것을 비판한다. 이러한 전형적인 모습을 '개념론'의 '주관적 개념'의 구조 속에서 정당화한다. 그러므로 '**주관적 개념**'은 '**사변적 자기의식**'과 '**사변적 논리학**'이 **통일**된 전형적 지평이다. 헤겔에게는 개념적으로 파악되는 순수한 주관성은 사변적이고 주관적인 논리의 충분히 체계적인 설명원리, 특히 개념적 규정들, 판단들, 추리들의 선천적인 형식들과 내용들의 충분히 체계적인 설명원리이다.[80]

헤겔의 자기의식적 매개는 피히테와 쉘링에게서 나타나는 자기의식적 대립을 절대적 동일성으로 해소하면서 그 논리적인 구조를 전형적으로 보여주고, 절대적 동일성의 실재성을 정립하는 과정이다. 이것은 곧 유한을 극복하고 무한과 통일되는 과정이다. 유한성의 지양과 무한과의 통일은 판단의 '계사'의 의미변화를 통해 판단에서 추리로 이행하며, 또 추리의 매사를 통해 상이한 추리들 간의 상호 연관 구조, 즉 원환의 원환구조로 나타난다. 추리들 간의 원환구조에서 궁극적으로 **절대적 개념**이 정립된다. **절대이념** 속에서 자신을 현시하는 '**절대적 개념**'이 압축적으로 구조화되는 곳이 '**추리**' 장의 원환구조이다. 추리의 원환구조는 자기의식의 자기구별과 자기매개 과정이며, 칸트에서 시작된 독일 관념론이 남긴 문제인 '자기의식의 동일성과 구별의 동일성'이라는 근원적 합치 문제를 '사변적 관념론'으로, '사변적 자기의식'으로 해소하는 과정이다.

---

80) K. Düsing, "Constitution and Structure of Seif-identity: Kant's theory of apperception and Hegel's Criticism", in: *G. W. F. Hegel, Critical Assessments.* vol. Ⅲ. Edited by Robert Stern. London and New York. 1993. p. 515.

제2장 '개념론'의 자기의식과 사변명제의 계사

제1절 『정신현상학』과 『대논리학』 간의
자기의식의 근거정초

인식과 존재의 최종 근거로 제시되는 자기의식을 존재 논리적 구조로 체계화시킨 헤겔의 지평은 한 마디로 '실체는 주체이다.'라고 할 수 있다. 철학사에서 실체는 존재와 사유의 구조를 밝히는 근거로 제시되어 왔지만, 이를 주체와의 연관 속에서 전개한 것은 헤겔이다. 실체가 자기를 부정하고 자기 안으로 복귀하는 절대적 부정성을 지니는 주체라는 점은 헤겔 변증법의 주축이다. 헤겔에게 주체의 운동은 사변명제로 작용한다. 독일 관념론사에서 '주체로서 실체'는 사변적 운동을 하는 헤겔의 개념으로서 자기의식, 즉 사변적 자기의식으로 완성된다. 헤겔『대논리학』은 순수한 자기의식의 사변 논리적 구조가 전개되며 이 구조의 전형은 '개념론'이다. 개념 운동이 판단, 추리로 완결되는 '개념론'의 위치와 의미를 고려할 때, 헤겔 철학의 본래적 중심은 『대논리학』이다.[1]

---

[1] D. Henrich, "Kant und Hegel" in: *Selbstverhältnisse. Gedanken und Auslegungen zu den Grundlagen der klassischen deutschen Philosophie.* Stuttgart: Philipp Reclam Verlag. 1993. S. 188. 하거는 "헤겔은 자아를 존재로 사유하는데, 반면에 그의 선행자들은 하나의 '존재'를 단지 하나의 자아로서만 사유할 수 있었다."(A. Hager, *Subjektivität und Sein.* Symposion 46. Freiburg/München: Karl Alber Verlag. 1974. S. 163)라고 주장하고, 이와 더불어 "우리는 이것을 논리학에서, 즉 주관성인 자신을 객관성과 매개시키는 고유한 내용으로서 '개념'에서 보았다. 이러한 사변적 사상은 처음에는 초기 저작들의 주관-객관-관계의 중심적 의미에서 출현한다. 이러한 사변적 사상은 앞서의 투명한 자기를-모든 것-과-관계시키는 행위 그리고 그에 고유한 상호-이행과 다르지 않은 것이다."(ebd. S. 164)라고 하면

『대논리학』은 『정신현상학』을 지배하는 경험적 대상의식을 그리고 경험적 자기의식의 대상성을 단계적으로 극복하여 정립하는 '순수지'가 순수존재와의 관계를 통해 개념규정과 개념의 순수한 본질성을 전개하는 '사변철학'(PhdG., 33)이다. 사변철학인 논리학의 본래 대상은 주객 대립을 지니는 의식의 경험 형태가 아니라, 의식의 대립을 지양한 논리적인 순수개념, 즉 '형식'이다. 이 형식은 주객 대립을 지양한 순수한 사유규정이며 그리고 절대적이기 때문에, 논리학은 '절대적 형식의 학'(WdL., II, 265)이다. 형식은 내용이 없는 공허한 범주도 아니고 주관으로부터 소원한 것도 아니다. 오히려 형식은 범주가 근대적 자아의 활동성으로 전이되어 자기의식의 통일을 전개하는 '개념'이며 '구별과 통일을 동시에 지니는 근거'이다. 대상관계성을 지니면서도 대상성을 지양한 것, 다시 말하면 경험적 의식을 지양하여 순수하게 자기를 전개하는 순수의식이면서 자기의 구별과 통일을 정립하는 개념이다.

『정신현상학』은 의식하는 자아가 경험적 의식을 지양하여 '순수 자아'와 '순수한 자기의식'으로 고양되는 필연적 단계이다.[2] 그러므로 『정신현상학』

서, 독일 관념론사에서 『대논리학』이 지니는 위상과 헤겔의 '개념'이 지니는 역할을 보여주고 있다.

2) 『정신현상학』의 구조와 위치에 대한 평가는 분분하다. '의식의 경험의 학'이라는 『정신현상학』의 부제를 둘러싸고 논쟁이 야기된다. 부제는 '이성 장'까지만 적용되며 『정신현상학』의 구조 자체가 단절성을 지닌다(푀겔러의 1973. "Die Komposition der Phänomenologie des Geistes" 참고)고 하는 주장과, 부제는 『정신현상학』 전체에 적용되며 경험적 대상의식의 지속적 극복을 통해서 체계 일관적으로 마지막 장인 '절대지'에 이른다(풀다의 1973. "Zur Logik der Phänomenologie" 참고)고 하는 주장이 대표적이다. 이것은 『대논리학』과 『정신현상학』의 관계설정에도 영향을 미친다. '이성 장'에서 『대논리학』으로 이행한다고 하면서 『대논리학』의 존재론, 본질론, 개념론을 의식, 자기의식, 이성과 결부시키는 입장이 있다. 그러나 '본질론'만 살펴보아도 그 구조와 범주들은 『정신현상학』의 '자기의식 장'보다는 '오성 장'에 가깝다. 그래서 이와 같은 대응은 적절치 못하다. 한 예로 볼파르트처럼 '감성적 확신 장'은 '존재론'에, '지각 장'부터 '종교 장'까지는 현상하는 정신으로

은 자기의식의 관계망 속에 있으면서도 순수한 자기의식의 내적 작용과 필
연성이 은폐되어 있는 단계이다. 의식과 자기의식의 이러한 관계는 『정신
현상학』에서 자기의식이 실재성 전체가 되는 '이성 장' 이후의 단계에도 적
용된다. 즉 '정신 장'과 '종교 장'에도 적용된다.3) 왜냐하면 『정신현상학』의
마지막 단계인 절대지에 이르기까지 '**의식의 대립**'이 여전히 잔존하기 때
문이다. 경험적 의식과 순수한 자기의식이 서로의 관계성을 '의식의 자기
관계'로 확인하면서도 마지막 단계까지 대립을 해소하지는 못하기 때문이
다. 『정신현상학』의 도처에서 드러나는 자기의식의 모습에도 불구하고 경
험적 자기의식과의 대립이 마지막 순간까지 나타난다. 그러므로 『정신현상
학』은 어느 단계이든지 관계없이 자기의식적 구조가 배후에 작용하면서

일컬으면서 '본질론'에 결부시킬 수도 있기 때문이다(G. Wohlfart, *Der
spekulative Satz. Bemerkungen zum Begriff der Spekulation bei Hegel.*
Berlin·New York: Walter de Gruyter Verlag. 1981. S. 83-4 참고). 헤겔은
『대논리학』에서 『정신현상학』의 마지막 단계(절대지)를 『대논리학』의 시원
의 순수지와 연결시킨다. 그러므로 『정신현상학』 자체의 구조의 일관성을
견지하고 대상의식의 극복을 위해서도 그리고 『대논리학』과의 대비를 위해
서도 풀다의 견해가 더 적절하다. 『정신현상학』과 『대논리학』의 관계를 '부
분적, 개별적' 상응에 국한시킨다면, 앞서의 주장들에 그다지 신경 쓸 필요
가 없다. 그리고 '개괄적' 비교와 상응을 문제 삼는다면 "체계 전체의 구성
과 관계하는 것이 아니라 논리적인 것의 주요 계기들과 관계"(H. F. Fulda,
Das Problem einer Einleitung in Hegels Wissenschaft der Logik. Frankfurt
a. M.: Vittorio Klostermann Verlag. 1975. S. 140-5 참고)하는 것으로 보아
야 한다.
3) K. Cramer, "Bemerkungen Hegels Begriff Vom Bewußtsein in der
Einleitung zur Phänomenologie des Geistes". Seminar: *Dialektik in der
Philosophie Hegels.* suhrkamp taschenbuch wissenschaft 234. Frankfurt a.
M.: Suhrkamp Verlag. 1978. S. 387, S. 392의 각주 22 참고. 크라머는 의식
과 자기의식의 관계를 의식의 대립 속에서 '의식의 자기관계'라고 일컬으며
그 구조를 『정신현상학』 전체에 관철시킨다. 이런 맥락에서 『정신현상학』은
의식 이론이라기보다는 자기의식 이론으로 해석해야 한다고 주장한다(ebd.
S. 392-3의 각주 23 참고).

의식의 대립을 지양하여 순수한 자기의식의 지평을 정초한다.

뒤징은 이를 자기의식의 발생론적 역사 내지 관념론적 역사와 연결시킨다. 그는 헤겔의 『정신현상학』은 '자기의식의 관념론적 역사'를 한층 더 상세하게 규정하는 의미를 지닌다고 본다.[4] 왜냐하면 『정신현상학』에는 피히테와 쉘링의 선험적 관념론과 자기의식적 반성이 적용되기 때문이다. 그리고 헤겔이 칸트와 피히테의 자기의식을 비판하면서도, 칸트와 피히테의 철학을 '이성의 최초 형태' 내지 '정신의 현상계기'라고 일컫는 대목에서는, 그들에 대한 비판이 동시에 헤겔 자신의 체계 서술의 한 계기이며, 자기의식의 한층 더 상세한 규정이라는 사실이 분명하게 드러나기 때문이다.

그러나 물론 헤겔의 자기의식은 이들의 이론과 동일한 것은 아니며, 근본적으로 다른 지평을 정초한다. 의식, 자기의식, 이성, 정신형태들의 점차적인 단계를 체계적으로 서술하는 현상학은 뒤징이 말한 것처럼 자기의식의 발생론적인 관념론적 역사이긴 하지만, 이에 그치지 않고 동시에 – 현상학적 지평이 아닌 – 순수한 자기의식을 전개하는 사변 논리학, 즉 『대논리학』의 절대적이고 체계적인 지평을 도입하기 때문이다.[5] 현상적 의식이긴 하지만 『정신현상학』은 자기의식의 논리적인 전개와 원환적으로 매개되고 이 속에서 헤겔의 근본 목적은 사변적 자기의식을 주제화하는 것이다.

『대논리학』은 『정신현상학』을 지배하는 대상의식적 표상의 한계와 의식의 대립을 지양하여 도달하는 '순수한 자기의식'의 지평이다. 『정신현상학』은 경험적 자아를 순화하고 순수 자아로 고양되는 과정이다. 달리 말하면 경험적 의식과 순수한 의식의 통일을 추진하는 과정이다. 이는

---

4) K. Düsing, "Hegels Phänomenologie und die idealistische Geschichte des Selbstbewußtseins", *Hegel-Studien*, Bd. 28. Bonn: Bouvier Verlag. 1993. S. 119. 필자 강조.

5) ebd. S. 119 참고.

피히테와 쉘링이 칸트의 형식적 자기의식을 극복하기 위해 자신들의 저작에서 '자기의식의 반성'을 통해 '자기의식의 발생론적이고 관념론적인 전개'를 추진하는 것과 같은 맥락에 있다. 그러나 『정신현상학』이 피히테와 유사하게 자기의식의 발생론적이고 관념론적인 도정을 지닌다고 해도, 궁극적으로는 피히테와 다른 종착점에, 즉 자기의식의 '동일성과 구별의 동일성'이 정립되는 '순수한 자기의식'에 도달한다. 그래서 헤겔은 칸트의 자기의식에서 경험적 직관과 '다른 지성적 직관'[6]으로 상정할 수 있는 '지성적 오성'을 절대적 자아의 지적 직관으로 단순하게 '요청'하는 피히테에게 머물지 않는다. 헤겔의 순수한 자기의식은 자기를 직관하는 자기의식이며, 자기의식의 동일성은 요청이 아니고 자기의식의 자기구별과 자기매개를 논증하는 동일성이다.

경험적 대상의식의 지양을 통해 도달한 『대논리학』의 논리적 개념규정과 자기의식의 논리적 전개는 단순히 요청되는 것이 아니고 정립되는 것이기 때문에, 『대논리학』의 전개 또한 경험적 의식의 도야과정을 내팽개치지 않고 오히려 『정신현상학』의 결과를 포착하면서 전개된다.[7] 『대논리학』은 『정신현상학』을 전제하는 데에 그치지 않고, 순수한 자기의식의 자기구조를 전개하는 과정을 통해 『정신현상학』의 반성구조를 실증한다. 즉 『대논리학』은 『정신현상학』의 반성적 단계들에 대한 논리적 필연성을 정초하는 과정이다.

그러므로 『정신현상학』은 『대논리학』의 전제이면서 동시에 『대논리학』

---

6) KdrV. B 308/312.

7) "『논리학』에서도 절대지가 단계적으로 발생하는 바, 그것이 출발점에 돌연히 나타나지는 않는다. 그렇지만 『논리학』은 다음과 같은 점에서 『현상학』과 구별된다. 즉 『논리학』은 절대지를 현상학적 방법의 고유한 특성인 이종적인 설명방식에 따라 전개하는 것이 아니라, 이를 오로지 의식의 대상에만 떠맡기기 때문에 여기에서는 『현상학』과 달리 각각의 대상에 상응하는 의식의 단계와의 관계가 배제되어 있으며, 따라서 오직 자기 전개하는 일련의 계기들에만 초점이 맞춰진다."(R. Kroner. **헤겔**. 유헌식 역. 서울: 청아 출판사. 311쪽).

의 전진을 통해 논증되는 결과이다. 양자는 서로를 전제하고 서로를 논증하는 원환구조를 지닌다. 『대논리학』의 순수지는 『정신현상학』의 목적이지만, 『정신현상학』을 논증하는 출발점이기도 하다.

『정신현상학』에도 '순수한 자기의식'이 '의식의 자기관계'로 작용하고 있지만 – 경험적 대상의식의 차원을 벗어나지 못하는 의식의 대립 때문에 – 은폐되어 있다. 이것은 곧 『대논리학』의 순수한 자기의식의 개념규정과 개념 운동이 『정신현상학』의 도야 운동의 필연성을 정초한다는 의미이다. 『대논리학』의 자기의식은 절대적 개념의 사변적 전개를 통해서, 개념의 논리적인 내용연관을 통해서 『정신현상학』의 자기의식적인 반성의 상이한 능력과 구조뿐만 아니라 경험적 의식과 도야의 필연성까지 정초하고 근거짓는다.

이렇듯 『대논리학』의 '학의 시원'에 적용되는 '전진적 근거지움'과 '후진적 근거지움'이라는 이중 운동이 두 저작들 간에도 적용된다. 『대논리학』의 순수한 자기의식의 지평을 마련하려면 **자기의식적 반성을 전개하는 현상적 의식**'인 『정신현상학』의 근거지움이 필요하다. 그리고 『대논리학』의 '순수한 자기의식의 논리적 개념연관'을 전개하는 것은 『정신현상학』적인 이행의 필연성을 정초하기 위해 필요하다. **『정신현상학』과 『대논리학』 간에는 전진적 – 후진적 근거지움의 구조가 작용한다.** 두 저작 간의 근거지움 관계는 서로서로 근거짓는 원환적이고 매개적인 구조이며, '경험적 대상의식'과 '순수한 자기의식'에도 원환적이고 매개적인 구조가 작용한다.

물론 이 글의 목적은 『정신현상학』과 『대논리학』의 이러한 관계성이 자기의식의 사변적 서술인 '사변명제'에 대한 논증을 통해 재확인되므로 사변명제의 운동을 진행하는 것이다. 『정신현상학』의 '절대지'는 '사변명제'의 형식으로 전개되고, 절대지에 상응하는 『대논리학』의 '순수지' 또한 사변명제 형식을 지닌다. 『대논리학』 전체는 사변명제의 사변적 서술형태를 지니는데, 특히 '개념론'의 '판단이론'에서 사변명제가 주제적으로 다뤄진다. '개념론'의 판단형식들은 하나하나의 경험적 내용보다는 논리

적 내용에 적용된다는 점에서는 『정신현상학』과 다르다.[8]

주관의 현상과 본질이 동등성을 이루는 『정신현상학』의 끝은 절대적 본질에 내재하는 순수 규정들이 그 속에서 동시에 작용하는 사변논리의 시초이다.[9] 이러한 『대논리학』은 **'존재기반**을 지니는 주객 통일의 형식'과 내용형식을 지니는 '무한한 개념의 인식'을 개시하는 **'순수한 자기의식'** 자체의 사변논리이다. 그러므로 『대논리학』은 현상학적인 경험적 의식 형태가 아니라 현실적인 것의 형식이며 형식관계들의 총체적 체계로서 하나의 범주론이다. 물론 『대논리학』은 현실적인 것의 근본규정이 아닌 것들도 범주로 지니는데, 그 이유는 『대논리학』이 **존재의 원리**뿐만 아니라 **인식하는 주관 자체의 형식**도 주제화하기 때문이다. 형식논리학이나 선험논리학과 달리 헤겔의 논리학은 형이상학과 논리학이 통일된 것이다.

칸트 이후 "비판철학이 이미 형이상학을 논리학으로 전환시켰고"[10] 논리적인 규정으로서 범주의 위치를 정초하기는 했다. 그러나 비판철학은 논리적인 범주들을 주관적인 것으로만 해석하기 때문에, 규정할 수 없는 물 자체를 칸트처럼 미지의 세계로 남기는 '주관적 관념론'을 벗어

---

8) 『대논리학』의 논리적 내용에는 『정신현상학』의 경험적 직관적 계기들이 지양된 채 남아있다. 이런 맥락에서 '개념론'의 판단은 공허하고 내용이 없는 판단은 아니다(J. van der Meulen, *Hegel. Die gebrochene Mitte*. Hamburg: Felix Meiner Verlag. 1958. S. 22 참고). 학의 계기로서 개념 형식들과 현상적 계기들 간에는 다음과 같은 연관성이 있다. 학의 "계기는 의식 내지 표상으로부터 자기의식으로, 그와 반대로 이리저리 넘어가는 운동으로 출현하는 것이 아니라, 의식 안에서의 자기의 현상으로부터 자유로워진 순수한 정신, 즉 순수한 개념으로 출현한다. 그런데 개념의 전진적 운동은 자기의 순수한 규정성에 매여 있다. 이와 반대로 학의 각각의 추상적 계기들에는 현상하는 정신 일반의 형태가 상응한다."(PhdG. S. 562).

9) K. Düsing, "Hegels Phänomenologie und die idealistische Geschichte des Selbstbewußtseins". *Hegel-Studien*. Bd. 28. Bonn: Bouvier Verlag. 1993. S. 123.

10) G. W. F. Hegel, 1985. *Wissenschaft der Logik, Die Lehre vom Sein. 1832. Gesammelte Werke*. Bd. 21. Hamburg: Felix Meiner Verlag. 1985. S. 35.

나지 못한다. 순수한 자기의식의 논리적 구조를 주제화하는 『대논리학』은 주관적인 범주론이 아니라, 자기의식의 형식으로서 범주들의 존재연관을 드러내는 '존재론' 내지 '형이상학'이며 동시에 인식과정 자체도 주제화하는 논리학이다. 이것은 헤겔이 '학의 시원'에 대한 논문에서 기술했던, '인식에 있어서 최초인 것'과 '원리에 있어서 최초인 것'이라는 말을 상기시킨다.[11] 절대지의 지평에서 자기를 전개하는 자기의식은 존재와 사유의, 존재와 인식의 통일이다. 존재와 인식이 통일된 헤겔 논리학의 사변논리적 구조는 유기적이고 동적인 운동과 관계를 체계의 기본 틀로 삼는 '원리'이면서 동시에 '과정'이다.

사변적 자기의식은 원리이면서 과정을 지니는 자기활동성이며, 활동성이 곧 자기의식의 자기관계를 정초한다. 이것은 주체로서 실체의, 실체로서 주체의 전개이다. 현실적인 자기활동성을 지니는 실체와 주체의 자기관계적이고 자기원인적인 자유로운 정립은 헤겔 논리학의 목적이며 '개념론'에서 본격적으로 주제화된다. 주체로서 실체는 '존재론'에서부터 근거를 마련해 나가지만 '개념'이 작동하는 '개념론'에서야, 존재와 반성의 타자성과 외면성이 지양된다. 『대논리학』의 과정 전체가 존재론이면서 동시에 인식하는 주관 자체의 형식도 주제화하는 개념운동 과정이지만, 두 측면의 통일이 완수되는 곳은 '개념론'이다. 자기의식의 자기관계는 판단, 추리 구조로 드러나고, 이 구조는 자기의식의 전개과정이다. 이제 사변적 자기의식의 전형이 전개된다. 이렇게 원리와 과정이 통일된 『대논리학』은 존재의 형식관계들의 체계와 주관의 사유구조 그리고 과정의 총체적인 작용을 통해서 진행된다.

헤겔은 자기의식을 통한 존재의 동일성을 그리고 '즉자존재'에 대한 탐

---

11) "만약 이전에는 추상적 사유가 처음에는 내용을 지닌 원리에만 관심을 갖지만, 그러나 다른 한편으로 도야의 전진 속에서 **인식**의 태도에 주목하게 된다면, 그 경우에 **주관적** 행위도 객관적 진리의 본질적 계기로 파악된다.…그래서 **원리** 또는 시원이고, 사유에 대해서 **최초인 것**은 사유의 **과정**에서도 **최초의 것**이어야 한다."(ebd. S. 53-4).

구와 이해가능성을 문제 삼는다. 칸트는 즉자존재인 '물 자체'의 인식 불
가능성을 주장한다. 그러나 헤겔은 즉자존재를 자기 자신에 대한 지 속
에서, 즉 주체를 통해 정초하는 새로운 존재론 속에서 개념적으로 파악
한다. 특히 헨리히는 이전 철학과 구별되는 헤겔의 **'새로운 존재론'**을 강
조하면서 칸트적인 '자연적 존재론에 대한 반대 기획'으로서 헤겔적인
'구성적 이론'12)의 존재론을 기획한다. 이러한 할당과제를 부여받고 있는
곳은 『대논리학』이며, 특히 **'개념논리'**13)가 이에 상응한다. 헨리히의 존
재론적 입장에 대해 풀다는 강력하게 반대한다. 헤겔은 기본적으로 존재
론적인 질문에 관심이 없으며, 특히 개념논리를 존재론 내지 현실적인
것의 이론이라고 말하는 것은 문제가 있다고 주장한다.14) 그러나 '칸트
의 통각의 통일로서 자기의식'을 '헤겔의 개념론'과 연결시키면서, 자기의
식의 자기매개적인 주관성 구조를 통해 자기의식의 객관성을 확립하는
뒤징의 주장에 따르면, 풀다의 견해를 쉽게 반박할 수 있다. 개념론은 헤
겔 체계의 그 어느 곳보다도 **존재론이고 형이상학**이며 동시에 **자기의식
의 사변적 논리학**이라는 점을 잘 보여주는 곳이다. 헤겔의 사변 논리학
은 참으로 형이상학이다. 더 정확하게 말하면 절대적 주관성의 존재론이
고 존재신학이다.15) 그러나 풀다가 헨리히를 비판하면서도, 일반적으로
사변적 사유 속에서 총괄적인 일자를 파악하는 것은 '특수한 천재성'이

---

12) D. Henrich, "Kant und Hegel". in: *Selbstverhältnisse. Gedanken und Auslegungen zu den Grundlagen der klassischen deutschen Philosophie*. Stuttgart: Philipp Reclam Verlag. 1993. S. 197.

13) ebd. S. 203. 필자 강조.

14) H. F. Fulda, "Spekulatives Denken und Selbstbewußtsein". in: *Theorie der Subjektivität*. suhrkamp taschenbuch wissenschaft 862. Frankfurt a. M.: Suhrkamp Verlag. 1990. S. 446-8 참고.

15) K. Düsing, "Constitution and Structure of Self-identity: Kant's theory of apperception and Hegel's Criticism". in: *G. W. F. Hegel. Critical Assessments*. vol. Ⅲ. Edited by Robert Stern. London and New York. 1993. p. 516. 헤겔 논리학이 존재론이면서 형이상학이라는 근거는 가령 Enz. §24와 같은 곳에서 쉽게 찾을 수 있다.

아니라, '사유질료에 즉해 있는 철학적 자기의식의 외화(표현)을 통해 서'16)라고 주장할 때는 풀다도 이미 헨리히, 뒤징과 같은 지평에 서 있 는 것처럼 보인다.

이들 모두는 기본적으로 헤겔의 철학적 사변의 기획은 **'사변적 개념'**의 **전개**이고, 사변적 개념의 전개는 **'사변적 자기의식'**을 통해서라는 점에서 는 일치한다. 그 자기의식의 출발점과 비판점은 칸트의 **'선험적 통각의 통일인 자기의식'**이고, 이 자기의식이 **존재론**의 개념형식과 결합되고, 개념 으로 확장됨으로써이다. 그래서 사변적 개념운동은 사변적 자기의식을 통 해서, 사변적 자기의식과의 통일을 통해서 이루어진다. **칸트에 대한 반대 기획으로서 헤겔의 새로운 존재론은 사변적 자기의식 이론이다.** 존재의 구조가 사유하는 주체인 자기의식의 활동과 분리되지 않는 『대논리학』은 개념의 사변적 자기 전개이고 사변적 자기의식의 운동이다. 『정신현상학』 의 의식의 대립을 지양하고 의식의 자기관계를 궁극적으로 도출한 주체 의 개념운동은 『대논리학』에서 '자기를 인식하는 자기의식' 자체의 구조 이며, 존재론과 통일된 논리학의 '사변적 자기의식의 자기구별과 자기매개 과정'이다.

그러므로 헤겔의 자기의식 이론은 독일 관념론의 중심과제를 해결하면 서 '자기의식의 사변적 자기매개'를 이루는 '새로운 존재론'이다. 이러한 자기의식은 철학사에서 존재의 최종 근거로 자리하던 실체가 주관의 구 성적 작용과 맞물려서 '주체로서 실체'로 그리고 '정신으로서 자기의식'으 로 전개된다. 헤겔의 자기의식과 정신은 주체 속에서 드러나는 존재의 구조이며, 존재의 내적 본질과 연관이 실현되는 과정이다. 존재연관을 드 러내는 과정 속에 있는 실체이다. 이 주체로서 실체는 대립, 구별, 타자 가 자기 자신의 구별이며, 자기 자신의 타자인 개념이다.17) 헤겔의 개념

---

16) H. F. Fulda, "Spekulatives Denken und Selbstbewußtsein. in: *Theorie der Subjektivität*. suhrkamp taschenbuch wissenschaft 862. Frankfurt a. M.: Suhrkamp Verlag. 1990. S. 455.

의 사변적 전개는 실체를 주체로 정립하여 자기의식의 자기 전개를 정당
화하는 것이다. 이렇게 헤겔이 펼치는 '자기의식'의 지평은 이전 철학자
들에 대한 비판이라는 우회적 방법을 통하면서도, 동시에 헤겔 자신의
고유한 지평을 마련하는 것이다. 헤겔 체계는 자신의 고유한 사상이 갖
는 **내재적 구조의 '서술'**에 그치는 것이 아니라 **이전 철학자들에 대한
'비판'**으로까지 나아간다. 헤겔의 '비판적 서술'의 관점은 사변적 자기의
식에서 분명하게 드러난다.

제2절 현상학의 사변명제 및 개념론의 판단으로
드러나는 자기의식

  헤겔의 변증법적 과정과 학적 체계를 '절대정신'의 자기전개, '절대이
념'의 정초라고 하는 것과 같은 위상에서, 헤겔 논리학은 '순수한 자기의
식의 전개'이다. 그러나 혹자는 자기의식을 축소하여 『정신현상학』에만
적용하기도 한다. 『정신현상학』은 '의식의 대립' 속에, '의식의 차원'에 머
물러 있기 때문에, 엄격하게 말하면 순수한 자기의식의 지평은 아니다.
개념적 파악이 가능한 『대논리학』에서야 자기의식의 사변적 전개를 순수
한 자기의식의 지평에서 논할 수 있다.
  베르너 맑스는 이와 관련하여 이중적 태도를 취한다. 『정신현상학』은
현상적 의식의 차원이기 때문에 개념적 사유를 전개하는 『대논리학』과는

---

17) "주체는 물론 인간적 혹은 개별적 인식작용을 말하는 것이 아니다. '주체'는
    자연의 여러 형태와 법칙 속에서 반영되는 질서이기도 하고 또 질서를 부여
    하는 인륜적 객관적 정신일 뿐만 아니라, 예술, 종교, 과학 등 질서 지워진
    형성물에서 자신을 표현하는 '절대 정신'이기도 하다. 인간의 인식은 이러한
    질서들을 모두 창조할 수는 없고 다만 개념적으로 파악하면서 추적해 간
    다."(W. Marx, **헤겔의 정신현상학.** 장춘익 역. 서울: 서광사. 1991. 25쪽).

분명한 차이가 있다고 한다. 그러면서도 『정신현상학』의 몇몇 구절[18]을 들어서 『정신현상학』도 개념적 사유, 사변적 서술로 읽어낼 수 있는 가능성[19]을 내비치고, 『정신현상학』을 '자기의식의 전개'[20]로 해석한다. 그러나 『정신현상학』은 분명하게 개념적 사유 자체는 아니므로, '사변적 서술'이 아니라 '현상학적 서술'이다. 자기의식이 진리 근거이며 순수한 자기의식의 전개라는 점이 현상학에는 은폐되어 있다. 현상학에는 경험적 의식이 전면에 대두하기 때문에 자연적 의식의 지양과 현상지의 서술이 전개의 근간이 된다. 현상지를 지양한 순수한 학적 지의 귀착점은 개념[21]이고, 『대논리학』으로의 이행이다.

『정신현상학』은 '순수한 자기의식'의 전개가 은폐되어 있는 경험적 자기의식의 전개과정이다. 바꾸어 말하면, 『정신현상학』에서 순수한 자기의식은 전면에 등장하지는 않는다. 그러나 의식의 자기관계로서 자기의식이 내밀하게 현상적 의식의 매 단계마다에 작용하고 있다. 그래서 헤겔은 『정신현상학』에서도 의식을 정의할 때, 칸트의 선험적 통각의 논리적

---

18) PhdG. S. 31-2, 558, 562 등을 참고하라.

19) 베르너 맑스는 『정신현상학』을 자연적 의식, 특별한 권리가 부여된 자연적 의식의 지(현상지)의 관점과 현상학자(우리 및 철학자)의 관점으로 나누어 설명한다(W. Marx, "Die Dialektik und die Rolle des Phänomenologen". *Hegel-Jahrbuch*. Köln: Pahl-Rugenstein Verlag. 1974. S. 381-2 참고). 흔히 현상학에는 자연적 의식과 현상지의 관점을 적용한다. 철학자의 관점은 개념적 사유를 하는 『대논리학』에 적용한다. 맑스는 '철학자'로서 현상학자의 능동적 역할이 『정신현상학』의 서설, 서론, 절대지 등에서 드러나고, 그것이 현상학을 논리학처럼 개념적 사변적 서술로 이끌어 갈 수 있는 여지를 남긴다고 주장한다(ebd. S. 383-4 참고).

20) "『정신현상학』의 '이념'은 자기의식의 '원리'로서, 이 원리는 『정신현상학』 전체에 통일성을 부여해 준다."(W. Marx, **헤겔의 정신현상학**. 장춘익 역. 서울: 서광사. 1991. 7쪽).

21) 『정신현상학』의 결말인 '절대지 장'에는 『정신현상학』이 『대논리학』의 개념, 순수한 자기의식의 지평을 정초했다는 것을 드러내는 설명들이 있다. '**개념**으로서의 정신'(PhdG. S. 556), "정신은…자기의식인 지의 순수한 보편성으로, **자기의식**으로, 즉 지의 단순한 통일로 출현한다."(PhdG. S. 555).

역할을 전적으로 받아들이고 있다.22) 현상학에서는 칸트적인 자기의식의
구조가 자기의식의 반성을 계속하면서 '형식적 작용자 역할'23)을 하고
있다. 이 역할은 절대지의 단계까지 반복되며, 『정신현상학』의 어느 단계
이든지 관계없이 경험적 의식과 순수의식이 마지막까지 분열되어 있다는
단적인 근거이기도 하다. 지속적인 분열과 반성 속에서 『정신현상학』은
동시에 순수한 자기의식을 정초하는 과정이기도 하다. 피히테와 쉘링이
자기의식의 반성을 통해 자기의식의 발생론적 전개를 시도했던 것과 같
은 작업이, 헤겔에게서는 『정신현상학』에서 새롭게 시도되고 있다.24)

　『정신현상학』을 통해 정립된 순수한 자기의식 자체의 구조, 즉 자기의
식의 자기관계의 논리적 구조 자체는 『대논리학』에서 탐구된다. 자기의
식은 『대논리학』에서는 『정신현상학』과 달리 '개념적으로' 재구성된다.
순수한 자기의식의 개념적 구조가 전개되는 『대논리학』, 즉 사변적 논리
학이 없으면 의식의 객관 관계와 자기 관계의 개념구조에 대한 질문에

---

22) K. Cramer, "Bemerkungen Hegels Begriff Vom Bewußtsein in der
　　Einleitung zur Phänomenologie des Geistes". Seminar: *Dialektik in der
　　Philosophie Hegels*. suhrkamp taschenbuch wissenschaft 234. Frankfurt a.
　　M.: Suhrkamp Verlag. 1978. S. 385.
23) ebd. S. 387.
24) "초기 피히테는 1794/5년 『지식론』의 인식 불가능한 독자적인 절대자의 지평
　　에서의 유한한 주관성 이론을 칸트의 범주들의 선험적 연역에서의 통각의 통
　　일에 따라서 형성했고, 『지식론』의 내용적 방법론적 문제들을 Wissens-
　　chaftlehre nova methodo(1797/9)에서 자신의 이론으로 발전시킨다. 피히테
　　는 지식론의 이러한 새로운 파악에서 자기의식의 관념론적 역사들을 항목별
　　로 이미 보편화한다. 청년 쉘링은 1797/9년의 책을 인지하지 않고도 그의 『선
　　험적 관념론의 체계』에서 이러한 프로그램을 관철시킨다.…헤겔은 이러한 항
　　목들을 무엇보다도 혁신적으로, 한편으로는 자기의식의 새로운 관념론적 역
　　사를 포함하는, 그리고…절대자의 사변적 지로 인도하는 1807년의 『정신현상
　　학』에서, 다른 한편으로는 그것의 범주론이 절대적 주관성의 자기 – 사유의 단
　　계적 전개인 사변 논리학에서 지속적으로 수행한다."(K. Düsing, "Hegels
　　Phänomenologie und die idealistische Geschichte des Selbstbewußtsein".
　　Hegel-Studien. Bd. 28. Bonn: Bouvier Verlag. 1993. S. 104-5).

만족할만한 설명을 제시하지 못 한다.25) 순수한 자기의식은 『정신현상학』의 산물이긴 하지만, 자기의식의 상이한 능력들의 통일적 구조와 발생의 필연성은 궁극적으로 『대논리학』의 논리적 규정과 근거지움을 통해서 이루어지기 때문이다. 『정신현상학』은 내적으로는 완결적 구조임에도 불구하고 『대논리학』의 개념적인 논리적 정당화에 힘입고 있다.

그러므로 자기의식의 사변적 전개를 논하려면 『대논리학』으로 초점을 돌려야 한다. 헤겔은 『대논리학』에서 통각의 종합적 통일을 사변적인 절대적 동일성으로 간주26)한다. 게다가 칸트의 형식적 자기의식과 대비되는, 즉 칸트의 통각의 분석적 통일과 대비되는 헤겔의 종합적 통일로서 사변적 자기의식은 개념의 운동인 『대논리학』에서 주제화된다. 『정신현상학』은 순수한 자기의식의 사변적 전개가 아니기 때문에 순수한 자기의식의 사변적 논리 구조를 파악하려면 『대논리학』으로 나아가야 한다. 사변적 자기의식은 사변적 - 논리적인 의미에서 순수한 주관성의 본질적인 부분, 즉 자기를 사유하는 개념의 본질적인 부분이다.27)

사변적 자기의식의 지평은 『대논리학』의 '판단 장'과 직결되는 '사변명제'에 초점을 맞추어야 한다. 헤겔이 『정신현상학』에서 자기의식의 발생론적이고 관념론적인 역사를 수행하여 도달한 지점은 '절대지'로서 순수한 자기의식이다. 절대지는 사변 철학인 『대논리학』의 '학의 시원'을 이루는 '순수지'로서 순수존재이다. 이러한 관계성을 지니는 '절대지'는 경험적 의식을 극복한 사변철학으로서 『**대논리학**』**의 순수한 자기의식**의 전개를 견

---

25) K. Cramer, "Bemerkungen Hegels Begriff Vom Bewußtsein in der Einleitung zur Phänomenologie des Geistes". Seminar: *Dialektik in der Philosophie Hegels*. suhrkamp taschenbuch wissenschaft 234. Frankfurt a. M.: Suhrkamp Verlag. 1978. S. 388-9.

26) K. Düsing, "Constitution and Structure of Self-identity: Kant's theory of apperception and Hegel's Criticism". in: *G. W. F. Hegel, Critical Assessments*. vol. Ⅲ. Edited by Robert Stern. London and New York. 1993. p. 511. 필자 강조.

27) ebd. S. 511.

인해 내고, 순수한 자기의식의 사변적 논리구조를 형성한다. 자기의식의 사변적이고 개념적인 구조로 전개되는 '절대지'는 **『정신현상학』의 서설에 나타나는 '주체로서 실체'**에 상응한다. 이 주체는 스스로 자기를 규정하면서 자기의 내용을 드러내는 '개념'(PhdG., 49)이다. 개념은 자신의 운동을 사변적으로 서술하며 '사변명제'로 정립한다. 사변명제의 운동은 주체의 운동이다(PhdG., 53 참고). 『정신현상학』의 '절대지'는 『대논리학』의 순수지의 운동인 '순수한 자기의식'의 전개에 상응하므로 『정신현상학』과 『대논리학』 간에 놓여 있는 자기의식을 둘러싼 긴장관계, 즉 경험적 대상의식과 순수한 자기의식의 통일과 매개는 사변명제의 운동을 통해서 다시 제기된다. 『대논리학』의 자기의식의 운동은 사변명제의 사변적 서술로 대치할 수 있다. 『대논리학』을 사변명제 운동으로 끌고 나가는 지반은 '학의 시원'에 나타나는 최초의 문장에서부터 드러난다.[28] 『대논리학』을 사변명제의 운동으로 해석하는 근거는 『정신현상학』의 '절대지'와의 긴밀한 내적 관계 때문이며, 『정신현상학』과 『대논리학』 간의 자기의식의 내적 긴장관계와 얽혀 있다.

그런데 자기의식 문제를 새롭게 제기하도록 하는 사변명제의 사변적 서술은 『대논리학』 전체를 관통하면서도, 더 적합하게는 '개념론'으로의, 특히 '주관적 개념'으로의 시선전환을 요구한다. 절대자가 자기를 전개하면서 개념적 파악을 가능케 하는 것은 추리이기 때문이다. '사변명제'에 관한 문제를 직접적으로 주제화하는 곳은 '개념론'의 '판단 장'[29]이다. 판

---

28) 이에 대해서는 다음 절에서 다룰 것이다.

29) 사변명제에 대한 중요성과 긴밀한 설명을 『정신현상학』 서설 48-54절에 특히 잘 나타나 있다. J. Heinrichs, *Die Logik der Phänomenologie des Geistes,* Bonn: Bouvier Verlag, 1974. H. Röttges, *Der Begriff der Methode in der Philosophie Hegels,* Meisenheim a. G.: Anton Hain Verlag, 1976. B. Liebrucks, *Sprache und Bewußtsein* Bd. S. Frankfurt a. M.: Akademische Verlagsgesellschaft, 1970 등도 사변명제에 대한 탐구를 이 부분을 중심으로 하여 전개하고 있다. 볼파르트는 『정신현상학』 서설의 사변명제를 『대논리학』의 판단론과 연관시키는 R. Heede("Die Dialektik des

단 장의 전개과정을 살펴보면, '절대지'의 운동, 즉 '순수한 자기의식'의 내적 구조와 연관의 완성은 '판단'에서 멈추지 않고 '판단의 진리', 즉 사변명제의 완결적 구조인 '추리'에서 가능해진다.

유한한 인간은 경험적 현상을 인식할 때 판단을 한다. 그러나 경험적 현상을 넘어서는 것에는 판단간의 관계를 활용하여 추리를 적용한다. 유한한 인식을 넘어서는 '무한한 인식'의 파악 가능성은 추리를 통해 형성되며 그래서 지식의 진리성이 문제가 되곤 한다. 헤겔은 이러한 난점을 어느 누구보다도 절실하게 깨닫지만, 인식의 한계를 정하고 그 한계를 유한에서 멀리 떨어져 있는 무한이나, 인식 불가능한 물 자체 내지 도달 불가능한 절대적 자아로 간주하는 이원론적인 존재관을 비판한다.

독단적 형이상학자들은 무한을 경험으로 완전히 환원할 수 있다고 본다. 또는 그들은 영혼, 세계, 신과 같은 형이상학적 대상들을 표상의 대상으로만, 술어적이고 문법적인 명제의 대상에 적용되는 판단형식으로만 서술하려고 하기도 한다(Enz., §28 이하 참고). 이외에도 형이상학적 대상과 무한을 표상의 단계 내지 판단명제의 형식으로 서술하지는 않으나, 무한을 사유와 경험으로부터 벗어난 그노시스적 전통에서 해명하려고 하는 신비주의적 전통도 있다. 이런 입장 모두는 무한을 유한으로부터 분리시킨다.

헤겔은 이와 달리 '무한은 근본적으로 유한과 분리되지 않은 것'이며,

---

spekulativen Satz". *Hegel-Jahrbuch* 1974)에게 주목(G. Wohlfart, *Der spekulative Satz. Bemerkungen zum Begriff der Spekulation bei Hegel.* Berlin · New York: Walter de Gruyter Verlag. 1981. S. 188)하면서 자기 이론을 전개한다. 개념의 사변적 사유작용인 명제에서 주어-술어 간의 관계와 내용구별이 대립 운동을 야기한다. 그래서 개념은 주어에서 술어로, 술어는 다시 주어로 복귀하려는 개념운동 속에서 하나의 고정된 명제와, 이 고정된 명제를 깨뜨리는 명제를 산출한다. 이것은 "명제 자체의 변증법적 운동이다. 명제의 변증법적 운동만이 현실적 사변적인 것이고, 사변적인 것의 언명작용은 사변적 서술이다."(PhdG. S. 53).

존재와 인식의 한계는 끊임없는 반성과정과 자기 부정작용을 통해 극복 가능함을 논증하고자 한다. 즉 유한과 분리되지 않은 무한, 무한과 통일된 유한을 단계적으로 정립하고자 한다. 유한과 무한의 통일은 경험적 자아가 지속적인 반성과 부정 그리고 부정의 부정을 통해 경험적 대상의식을 통일적으로 근거짓는 자기의식으로, 정신으로, 절대자로서 '자기의식으로 고양되는 과정'을 통해서야 가능하다. 즉 서로 이질적인 것이 통일되는 사변적 지평, 경험적 의식과 순수한 자기의식이 통일되는 지평을 통해서이고, 경험적 의식의 구조와 필연성을 정초하는 순수한 자기의식의 논리적이고 본질적인 내적 구조연관을 통해서이다. 그 연관은 존재와 통일된 사유, 존재와 통일된 범주의 내적 연관으로서 개념에 도달할 때 가능해진다. 이러한 개념은 절대자와 분리된 이성이 아니라, 절대자 자체의 자기전개로서 이성 자체의 운동을 전개하며, 그 운동의 정점이 바로 추리연관에서 달성된다.

  '개념론'의 '판단 장'은 추리로 이행하는 근거와 필연성을 정초하고 있다. 『정신현상학』의 '절대지'에서 논의되는 개념 전개인 사변명제 운동은 『대논리학』의 '개념론'에서 개념의 자기분할인 '판단'과 맥을 같이 한다. 사변논리적 구조의 전형인 사변명제를 서술하는 '판단 장'은 판단의 전개를 통해 상이한 판단들의 논리적이고 필연적인 이행을 정당화하고, 그 가운데 드러나는 판단의 한계를 지양하면서 추리로 이행하는 필연성을 보여준다. 자기 근거로 복귀하는 순수한 자기의식의 무한하고 사변적인 자기매개의 전형은 추리이다. 판단은 자기의식의 사변적 자기매개와 자기근거를 완수하지 못하는 유한성[30]이며, 궁극적으로는 추리를 도출하고 추리를 배면에 지니는 유한성이다. '추리'를 정초하지 못하고 판단에 머

---

30) "판단의 관점은 유한성이다. 사물들의 유한성은 그와 동일하게 사물들이 하나의 판단이라는 점 속에, 그것의 현존과 보편성 본성(그것의 육체와 영혼)은 화해되기는 한다는 것, 그렇지 않으면 사물들은 아무 것도 아닌 것 속에, 그러나 이러한 그것의 계기들은 이미 상이하며 대체로 분리가능하다는 것 속에 놓여 있다."(Enz. §168).

물면, 유한성을 극복하는 자기의식의 자기매개 구조를 완전하게 드러낼 수 없다.

헤겔은 『정신현상학』에서 '절대지'를 '사변명제' 운동으로 규정하며 추리보다는 무한판단과 연결시킨다. 가령 "신은 존재이다."(PhdG., 51)나 "자아의 존재는 하나의 사물이다."(PhdG., 551)와 같은 무한판단을 통해 '정신으로서 자기의식'의 무한성을 표현한다. 무한판단의 요점은 양자가 서로를 매개하는 총체성을 지니는 것이므로, 총체성을 실현하기 위해 '판단 장'의 개념판단으로, 개념판단이 다시 '추리'로 운동을 전개한다. 순수한 자기의식이 펼치는 추리 구조는 각 항이 각각 총체성을 띄는 각각의 추리로 전개되며 각각의 추리는 원환적인 상호 연관을 지니는 추리연관이다. 무한판단은 하나의 추리가 아니라 추리들의 원환으로 전개된다. 자기의식의 사변적 자기매개는 추리에 의해 완성된다.

제3절 사변명제의 전형으로서 '개념론'

지금까지 자기의식의 발생적 관념론적 이론을 자기의식의 사변적 구조와 내용연관으로 설명하고 『정신현상학』과 『대논리학』의 관계를 해석하는 데에 활용했다. 자기의식의 논리적 구조를 서술하는 것은 사변명제이고, 궁극적으로 추리연관으로 완결되는 '개념론'의 판단으로 구조화된다. 그러므로 『대논리학』이 순수한 자기의식의 전개임을 논증하는 판단과 추리의 논리구조를 구체적으로 펼쳐내야 한다.

앞의 논의들과 관련하여 『대논리학』 전체는 사변명제로 (궁극적으로는 추리로) 읽어낼 수 있다. 『대논리학』을 자기의식의 사변적 전개로 이해하려면, 전통 논리학 비판이 담겨있는 '사변명제'에 대한 이해가 선행되어야 한다. 헤겔은 일반명제의 형식을 비판하면서도 일반명제 속에 투영되어 있는 모순을 밝히면서 사변적 사유를 전개해 나간다. 빌란트는 헤겔이 논리학 안에서 언제나 명제 형식을 - 논리학의 시원의 유일한 예외를 제외하고 - 사용한다[31]고 강조한다. 헤겔은 『대논리학』의 첫째 권인 '존재론'의 서두에 『학의 시원은 무엇에 의해 마련되는가?』라는 소논문을 첨부하여 학의 논리적 시원을 설명하고 있다. 빌란트는 그 논문의 첫 부분에 자리하고 있는 **"존재, 순수 존재 - 일체의 더 나아간 규정이 없는"**[32]이라는 최초 명제는 결코 완전한 의미의 명제가 아니고 오격(誤格) 문장(Anakoluth)[33]이라고 강조한다. '시원'을 제외한 논리학 전체는 명제형식으로, 일반명제의 고정성 비판으로 해석될 수 있다.[34]

　그러나 헤겔은 오격 문장을 낳는 학의 시원인 '존재'에 대해 서술하고 술어화하려 한다. 순수존재의 서술은 바로 논리학의 전개이며 시원을 논증하는 과정이다. 헤겔이 순수존재를 학의 시원으로 삼는 이유는 논리적 시원은 '순수하고 무규정적 직접적인 것'으로 시작해야 하기 때문이다. 순수한 무규정성을 서술하려면 그것은 동시에 규정적으로 되어버리고 순수 존재의 특징이 즉시 파괴되는 술어적 규정이 나타난다. 그래서 켐퍼

---

31) W. Wieland, "Bemerkungen zum Anfang von Hegels Logik". Seminar: *Dialektik in der Philosophie Hegels.* Hrsg. von Rolf-Peter Horstmann. suhrkamp taschenbuch 234. Frankfurt a. M.: Suhrkamp Verlag. 1978. S. 204.

32) G. W. F. Hegel, *Wissenschaft der Logik, Die Lehre vom Sein* 1832. *Gesammelte Werke.* Bd. 21. Hamburg: Felix Meiner Verlag. 1985. S. 68.

33) W. Wieland, "Bemerkungen zum Anfang von Hegels Logik". Seminar: *Dialektik in der Philosophie Hegels.* Hrsg. von Rolf-Peter Horstmann. suhrkamp taschenbuch 234. Frankfurt a. M.: Suhrkamp Verlag. 1978. S. 195.

34) 헤겔의 예나 시대 저작에서 『대논리학』의 본질론에 해당하는 절의 범주들을 전개하면서, 이 범주들에게 '명제'라는 용어를 적용한다. 가령 '동일성명제', '모순명제', '근거명제'라고 칭한다. G. W. F. Hegel, *Jenaer Systementwürfe* II. *Gesammelte Werke.* Bd. 7. Hamburg: Felix Meiner Verlag. 1971. 이하 JS로 약칭하겠다.

는 빌란트보다도 더 철저하게 '학의 시원'의 첫 구절도 명제구조를 지니며, 『대논리학』 전체는 사변명제의 서술과정임을 밝힌다. 순수 존재의 순수성을 서술하는 하나의 명제 속에서 이러한 순수 존재의 순수성의 서술은 사변명제로 표현되어야 한다.[35] 그러나 순수 존재를 '계사'(Kopula)를 지닌 명제형태로 서술하려고 해도, '무규정적 직접성'[36]이라는 순수 존재의 본래 성격상 술어화 구조를 지닌 하나의 명제로 표명되지는 않는다. **"존재, 순수 존재 - 일체의 더 나아간 규정이 없는"**으로 시작하는 '학의 시원'의 첫 구절은 완전한 문장이 아니다. 첫 구절에서는 계사 'ist'가 결여되며, 명제의 주어는 하나의 횡선("-")을 통해서만 자기의 술어적 규정과 결합되었다.[37] 시원의 최초 명제는 '계사가 없는 오격 문장'이다.

그러나 비록 계사는 없어도, **'횡선'**이 **계사 역할**을 대신한다. 횡선을 통해 시원은 불완전하지만 하나의 명제 형식을 구현한다. 더 나아가 이러한 불완전성이 사변명제의 특징을 부각시킨다. 횡선은 무규정적 직접성인 순수 존재를 매개하고 동일화하는 계사 작용을 하며, 동시에 순수 존재의 무매개성 때문에 존재에 관한 최초 명제는 술어화 구조를 지닌 형태로 서술할 수 없다. 그래서 계사 대신 횡선이 사용될 수밖에 없다. 오격문장으로 쓰여진 최초 명제는 오히려 순수존재의 사변적 특징과 사변명제의 구조와 의미를 도출해 내는 '적합한' 지반이다. 이것은 논리학 전체를 사변명제로 해석하는 기반이 되며 이와 동시에 판단요소인 '계사'를 논리학 전체의 동일화작용으로 읽어내는 단초가 된다. '개념'에서 드러나

---

35) P. Kemper, *Dialektik und Darstellung. Eine Untersuchung zur spekulativen Methode in Hegels "Wissenschaft der Logik"*. Frankfurt a. M.: Rita G. Fischer Verlag. 1980. S. 244.

36) G. W. F. Hegel, *Wissenschaft der Logik, Die Lehre vom Sein* 1832. *Gesammelte Werke*. Bd. 21. Hamburg: Felix Meiner Verlag. 1985. S. 68.

37) P. Kemper, *Dialektik und Darstellung. Eine Untersuchung zur spekulativen Methode in Hegels "Wissenschaft der Logik"*. Frankfurt a. M.: Rita G. Fischer Verlag. 1980. S. 245.

는 계사의 자기의식적 역할이 '시원'에서는 '미분화된 존재'로 작동한다. 계사는 시원에서는 존재이며, 존재의 무존재이다.

시원의 계사는 존재로, 무로, 생성으로 전개될 수 있는 가능성을 지닌다. 이에 준하여 크로너는 다음처럼 주장한다. "존재는 정립하지 않으며 어떠한 '명제'도 구성하지 않는다. 따라서 '존재는 무이다'라는 명제는 엄격한 의미에서는 결코 명제도, 정립행위도 아니다. 오히려 이때의 '이다'(das Ist)는 분명히 존재의 **무존재**로 정립된 것이다. 즉 존재는 직접적으로 **무의 존재** 또는 무존재이다."[38] 이 무존재는 즉시 생성을 야기하며, 생성을 야기한 것은 궁극적으로는 'ist'이다.

'학의 시원'에서 최초로 나타난 '명제 아닌 명제'는, 즉 학의 시원에서부터 주어와 술어의 구별을 포함하는 명제 형식은 형식적 구별을 지양하면서 주어와 술어의 내용적 동일성을 정립해 나간다. 내용의 동일성은 사변명제의 자기 부정적인 성격상 또다시 파괴된다. 시원의 최초 명제를 통해 드러나는 존재와 무라는 양 항은 사변적 운동을 통해 새로운 범주로 전개되고, 새로운 모습으로 변화된다. 이러한 변화는 존재와 무를 연결하는 계사에도 적용된다. 물론 계사의 의미 변화는 판단 장에서 구체적으로 추적할 수 있다.

학의 시원인 순수 존재가 지니는 모순과 모순의 해소처럼, 『대논리학』 전체는 사변적 운동구조를 지니며, 존재론과 본질론에서 나타나는 모든 '범주들'도 ist를 통해 결합되고 파괴되는 사변적 명제형식을 통해 전개된다. 단지 주체로서 실체가 정립되어 범주들 간의 외적 관계와 타자성이 해소되는 '개념론'에서야 사변명제의 사변적 전개의 참다운 모습이 비로소 주제가 되는 것이다. 자기를 정립하는 활동과 타자에 의한 피정립성을 자기 속에서 통일하는 '**자기원인**'이 확립되는 '개념론'에서야 사변적 자기의식의 사변논리의 주제화가 가능하다.[39] 칸트의 자기의식에서는 지

---

38) R. Kroner. **헤겔**. 유헌식 역. 서울: 청아출판사. 328쪽.
39) 사변적 변증법의 전형적 구조는 개념론에서 제대로 드러난다. 『대논리학』

성적 오성 내지 지성적 직관의 파악능력으로 치부하거나, 실체성을 인식하지 못함에도 불구하고 심리적 자아의 오류추리를 낳는다고 간주하는 칸트의 형식성을 벗어나는 곳, 즉 '자기를 직관'하는 능력을 지닌 사유가 자기구별과 자기지양을 통해, '자기의 부정의 부정'으로서 절대적 부정성을 통해 '자기원인'을 정립하는 '개념으로서 자기의식'에서야 사변적 명제운동이 드러난다.

자기의식의 자기구별이 판단으로 주제화되는 개념론의 '판단 장'은 사변적 명제운동의 전형이다. '개념론'의 '판단 장'을 '사변명제의 전형'이라고 주장하지는 않지만, 판단논리의 위치를 새롭게 부각시킨 것은 토이니센이다. 토이니센에게 논리적인 것의 사변적 구조는 '보편적 의사소통'을 정초하는 개념논리의 명제관계에서야 드러난다. 개념론은 직접적으로 명제의 변증법적 운동론이며, 그러한 이론으로서 간접적으로만 보편적 의사소통론이다.40) 보편적 의사소통을 이끌어내는 '개념론'에서야 사변적 명제형식을 통한 사변적 전개의 전형이 드러나므로 사변명제를 이해하려면 토이니센처럼 '판단론'에서 명제를 주제화하는 것이 무엇보다도 중심을 차지41)한다. 게다가 '**판단 장**'은 논리적인 것 전체에서 '**메타이론적 지위**'42)를 지닌다. 사변적 명제운동이 판단에서 주제화되므로 토이니센의 주장은 유효하다.

전체가 자기의식의 전개이지만, 불투명하던 자기의식의 문제가 '개념론'에서 분명하게 거론되는 것도 이와 연관된다. 심지어 슈테켈러-바이트호퍼는 "G. Günter 또는 다른 사람들에게도 희미하게 어른거리듯이, '변증논리'는 기껏해야 개념논리의 테마일 것이며, 결코 그것의 방법일 수는 없다."(P. Stekeler-Weithofer, *Hegels Analytische Philosophie*. Paderborn, München, Wien, Zürich: Ferdinand Schöningh Verlag. 1992. S. 338)고까지 주장한다.

40) M. Theunissen, *Sein und Schein. Die kritische Funktion der Hegelschen Logik*. Frankfurt a. M.: Suhrkamp Verlag. 1978. S. 60.
41) ebd. S. 422.
42) ebd. S. 422. 필자 강조.

그러나 판단의 진리는 판단 장의 계사의 통일에 그치지 않고, '상이한 판단들로 전진'하면서 계사를 통해 판단의 이중구조와 통일을 정립하는 원환구조, 즉 '판단에서 개념이 재건'되는 '추리'에서 밝혀진다. 사변명제의 진리는 추리이다. 즉 계사의 동일화 작용에서 발생하는 모순과 모순을 지양하기 위해 판단들 간의 변증법적 운동이 진행되고 이를 통해 정립되는 '추리'이다. 게다가 판단의 전개 속에서 판단의 계사는 내용이 충족되어 제3의 새로운 개념인 (추리의) 매사로 발전하므로, 오히려 **추리가 사변논리의 메타적 지위**를 지닌다. 판단에서 추리로의 이행과 추리연관을 고려한다면, 토이니센은 헤겔에 의해 견지되는 명백한 견해, 즉 판단의 진리는 추리이며 결과적으로 개념규정들의 진리를 표현하는 논리적 작동은 판단이 아니라 오히려 추리라는 견해로부터 거리를 유지하고 있다. '개념론'은 사변명제의 전형이 주제화되며, 사변명제의 전형으로서 '메타이론적 지위'는 추리 구조이다.[43]

사변명제가 추리구조로 전개되는 측면을 다시 학의 시원으로 되돌아가 논증해 보자. 그러면 '개념론'에서 주제화되면서 『대논리학』의 근간을 이루는 추리가 메타적 구조임을 분명하게 드러낼 수 있다. 앞에서는 시원의 첫 구절을 하나의 명제로 판독했다. 하나의 명제인 "존재, 순수 존재 — 일체의 더 나아간 규정이 없는"이라는 첫 구절은 그 의미상 '존재는 무이다'라고 말할 수 있다. 존재는 무규정적이기 때문에 무와 같다. 그러

---

43) 논리학 전체를 판단, 사변명제 운동으로 주장하는 근거를 예나시대 저작에서 찾을 수 있다. 그러나 명제운동을 단계적으로 추적하면 『대논리학』은 판단구조보다는 추리구조임이 드러난다. '개념 장'의 운동을 통해 단적으로 근거지을 가능성 이외에도, 가령 존재론에서 '어떤 것'이 지닌 '한계'(어떤 것이 내적 규정과, 규정이 타자와의 관계에서 현시되는 어떤 것의 외적 성질로 이루어짐)를 통해 어떤 것과 타자의, 즉자존재와 대자존재의 통일을 논하는 데서도 나타난다. "어떤 것이 그 자체에 지니는 것은 두 가지(규정과 성질)를 결합하는 이러한 추리의 매사(중심)이다. 그러나 어떤 것—에 즉한—존재는 오히려 앞서의 두 개의 항으로 파괴되는 것처럼 보인다."

나 이렇게 주장하는 순간에도 존재가 무인 것은 아니다. '존재는 무이다'
라는 긍정명제는 이미 '존재는 무가 아니다'라는 부정명제를 동시에 지니
는 사변명제이다. 그렇다면 여기에는 이미 존재와 무의 동일성과 비동일
성이 작용하고 있다. 존재는 자신을 무로, 무는 자신을 존재로 판단하고
매개하기 때문에, 이 명제는 '전통 논리학에 따르면 이미 하나의 직접적
추리'[44]이다. 시원의 무매개적이고 미분화된 존재의 작용인 '존재는 무이
다'라는 명제에서 『대논리학』 전체의 논리적 구조를 읽어 낼 수 있는 단
초가 뚜렷하게 드러난다. 비록 그 단초를 단적으로 주제화하고 있지는
않지만, 존재, 무, 계사의 작용을 통해서 존재, 본질, 개념이 하나로 통일
되는 단초를 '학의 시원'이 담고 있다.

이렇게 개념의 운동구조가 추리로 드러나는 사변명제의 작용을 서술할
때, 동시에 용어의 의미차이를 간과해서는 안되는 측면이 있다. 일반적으
로 판단에 적용되는 '명제'라는 용어는 간혹 '사변명제에 상응하는 판단'
이라는 용어와 구분하여 사용해야 한다. '명제'는 일반적으로 주어가 하
나의 규정성과 관계를 지니는 오성적 단계이다. 명제는 달리 말하면 술
어가 그 문장의 주어의 속성 내지 성질에 해당하는 '술어적 명제' 또는
'문법적 명제'(WdL., Ⅱ, 305 참고)이다. 비록 헤겔이 사변명제의 의미를
판단 및 추리와 관련시켜 추적하고는 있지만, 흔히들 문법적인 "명제"라
고 하는 것과 헤겔의 "판단"은 구분해야 한다.[45]

---

44) R. Heede, "Dialektik des spekulativen Satzes". *Hegel-Jahrbuch*. Köln :
Pahl-Rugenstein Verlag. 1974. S. 286. ist를 통해 매개되는 양 항인 존재와
무의 동일성과 비동일성 때문에 양 항 자체가 이중성과 구체성을 지니게
된다. 그래서 "존재 - 무는 무 - 존재이다로 읽힐 수 있는데, 그 판단은 생성
이 매개로 출현함으로써 추리로 지양된다."(ebd.).

45) I. Soll은, 헤겔이 판단 장에서 다루고 있는 것은 "명제들 일반이 아니라, 그
의 이론에 따르면 명제들의 특수한 부류를 서술하는 판단들"(I. Soll,
"Sätze gegen Sätze : ein Aspekt der Hegelschen Dialektik". *Hegel-
Jahrbuch*. Köln : Pahl-Rugenstein Verlag. 1974. S. 40)이라는 사실을 망각
하고 있다고 비난하면서 다음의 말을 인용한다. "하나의 명제는 문법적 의

헤겔의 판단은 술어가 주어에 포섭되어 버리는 관계가, 그리고 외연과 포섭의 관계가 아니다. 주어와 술어는 자립성과 관계성이 동시에 보존되는 관계이며, 이와 함께 총체성을 지니는 관계이다. 헤겔에게 논리적인 것은 명제의 오성적 단계를 부정하고 자기 속에서 부정과 부정적 통일을 포착하는 것이다. 그래서 명제가 아닌 판단에서 주어와 술어의 관계는 임의적인 결합이 아니라, 내적 긴밀성을 지니는 보편과 개별의 관계이다. 사변적 자기의식의 논리적 구조를 드러내는 사변명제에 상응하는 판단은 '자기의 대립 속에서 통일'을, '자기의 통일 속에서 대립'을 지니는 것이라서 추리로 전개되는 것이다. 그러므로 "사변적인 것은 하나의 명제로 표현될 수 없다."(Enz., §82 각주). 자기 부정적인 운동 속에서 이질적인 것을 통일시키는 사변은 명제의 단계에서는 사변적 자기매개를 포괄하지 못 한다. 부정적 통일을 담지하는 추리로 전개되는 사변명제, 즉 사변명제로서 판단일 경우에야 사변적 운동이 드러난다.

그런데 볼파르트는 판단과 대비되는 명제뿐만 아니라, 사변명제로서 판단에 대해서도 의심한다. 왜냐하면 사변적 이념은 하나의 규정된 것도 아니고, 명제 속에 놓여 있는 일면성도 아니고, 유한하지도 않으며, 오히려 자기 자체 안에 절대적 부정태를, 자기 자신 속에 대립을 지니기[46] 때문에 사변적 진리를 사변명제로 드러내기에는 부적절하다는 것이다. 추리연관으로 나아가는 판단운동을 고려한다면, 사변명제가 사변적 진리를 드러내기에는 부적절하다. 그리고 '판단'은 그 자체로 유한성을 대변하기 때문에, 무한성과 절대성은 아니다. 그러나 사변명제로서 '판단'이

미에서 하나의 주어와 술어를 지니지만, 그러나 그 때문에 아직 판단은 아니라는 것이 이 기회에 상술될 수 있다. 개념규정들의 관계에 따르면 술어가 주어와 관계하고, 따라서 하나의 보편으로서 하나의 특수 내지 개별과 관계한다는 것이 판단에 속한다. 개별적 주어로부터 언명되는 바가 단지 개별적인 것만을 표현한다면 이것은 단순한 명제이다."(WdL. Ⅱ. 305).

46) G. Wohlfart, *Der spekulative Satz. Bemerkungen zum Begriff der Spekulation bei Hegel*. Berlin·New York: Walter de Gruyter Verlag. 1981. S. 73-4.

매어 있는 유한성에도 불구하고 『정신현상학』 서설의 내용까지 포함시키면서 사변명제의 긍정적 측면을 부각시키는 헤데의 주장에 주목해 볼 필요는 있다. 헤데는, 헤겔이 1806/7년의 학의 체계 서설에서, 절대자는 구체적 개념과 사변적 추리에서만 파악되는 것이 아니고 판단의 형식에서도 파악된다는 점을 체계적으로 개괄하려고 시도하는데, 그것은 바로 '사변명제의 착상'을 통해서[47]라고 한다.

헤겔은 처음에는 사변명제 운동을, 판단론의 내적 전개를 통해 추진하지만, 판단의 운동이 궁극적으로는 추리로 드러나는 자기의식의 구조를 정초한다. 자기의식의 사변적 자기매개는 상이한 추리들의 연관을 통해 전개되고 완결된다. 자기의식의 완결적 단계는 관계항들 간의 추리구조를 자유롭게 연출하는 사변적 추리들, 즉 '추리의 원환구조로서 원환의 원환'이다. 그것은 곧 사변명제의 진리가 추리이며 사변명제의 핵심은 자신을 추리구조로 논증하는 데 있다.

추리의 원환구조가 가능하려면 주어와 술어의 위치에 오는 실체와 주체 간의 관계 자체가 기본적으로 중층적 구조를 지니는 것이어야 한다. 주체로서 실체인 주어의 자기산출이 술어로 나타날 때, 술어가 단지 주어의 속성인 것은 아니다. 술어도 실체이며, 주체로서 실체적 의미를 지니는 것으로 정립되기 때문에, 술어도 '자기원인'(WdL., Ⅱ, 251)[48]으로서 자기가, 즉 주체가 된다. 『대논리학』에서 '자기원인'이라는 '주체로서 실체'의 지평은 '본질론'에서 '개념론'으로 이행할 때 분명하게 정립되고,

---

47) R. Heede, "Dialektik des spekulativen Satzes". *Hegel-Jahrbuch.* Köln: Pahl-Rugenstein Verlag. 1974. S. 282-3 참고.

48) '자기원인'이라는 말은 그 어느 곳도 아닌 바로 '개념론'이 사변적 전개의 전형임을 정당화하는 단적인 근거이다. 자기원인을 지닐 때에야, 개념은 필연성을 지양하고 자유, 즉 자유로운 자기전개에 이르게 된다. 자유로운 자기전개로서 개념에 이르러서야 사변적 자기운동으로서 자기의식의 본래적 모습이 드러난다. 자유로운 자기전개를 하는 **자기원인**으로서 **자기의식**은 '개념론'을 '존재론', '본질론'과 구분 짓는 요인이며, 『정신현상학』의 자기의식과 『대논리학』의 '개념으로서 자기의식'을 구분 짓는 근거이기도 하다.

개념론의 운동 속에서 사변적인 전개와 구조연관이 완수된다.

논리학은 '존재론'에서 타자로의 이행하는 일차부정과, '본질론'에서 타자 속의 자기 내 가현을 통한 부정의 부정이라는 이차부정에 의해 '절대적 부정성'을 지니는 '개념'을 정립한다. 이때 존재와 본질은 분리되거나 서로를 타자 속에서 가현하는 것이 아니다. "각각의 충족된 자립성과 상호규정에 도달한 실체적 관계의 진리"(WdL., Ⅱ, 269)인 개념에서 이들은 실체적 동일성을 이룬다. 개념은 존재와 본질의 반성이 통일된 이러한 "실체를 자기의 직접적 전제로 삼으며, 실체는 즉자적으로 개념이 현현된 것인바, 즉자적 개념"(WdL., Ⅱ, 246)이다. 더 이상 실체가 아니라 '보다 고차적인 것, 개념, 주체'(WdL., Ⅱ, 249)이다. 주체로서 개념은 자기원인이라서 자유롭게 자기 규정하는 자유를 지니며 자기 자신과 동등한 보편개념이다. 이 개념은 헤겔의 '개념의 개념으로서 자기의식'이다.

제4절 사변명제로서 '판단'의 '계사' 속에 투영된 자기의식

근대의 이원화된 구조를 극복하여 존재의 논리적 구조를 해명하고, 이를 학적 체계로 질서지우는 헤겔의 지평을 독특하게 특징짓는 것은 '실체는 주체이다'라는 주장이다. 존재와 사유의 구조를 밝히는 근거로 실체가 철학사에서 오랫동안 논의되어 왔지만, 이를 사유하는 주관과 연관시켜 '주체로서 실체'로 전개한 것은 헤겔의 사변적 변증법의 작업이다. 자기 운동하는 절대적 주관과 통일되는 실체, 자기 안에서 자기를 구별하여 모순을 산출하고 해소하는, 즉 자기 안에서 자기를 부정하고 자기 내 복귀하는 절대적 부정성은 헤겔 변증법의 기본축이다. 이러한 운동은 사변적 사유를 서술하는 사변적 명제운동에서 밝혀진다.[49] 사변적 운동을

---

49) 사변명제의 작용은 바로 개념의 추리연관이라는 점이 사변명제의 변증법적

하는 '주체로서 실체'가 헤겔에게는 '자기의식', '개념의 개념으로서 자기의식'이다. 헤겔의 『대논리학』은 순수한 자기의식의 사변논리적 구조가 전개되며, 이러한 구조의 전형은 '개념론'이다.

순수한 자기의식의 자기전개로 드러나는 『대논리학』의 논리적 구조는 크게 두 단계로 나눌 수 있다. 실체를 주체로 정립해 나가는 '객관논리'로서 '존재론'과 '본질론'은 순수한 자기의식의 전개이긴 하지만, '자기직관 – 사유적 자기의식'의 지평을 정립하는 과정이다. 실체가 주체화한 '주관논리'인 '개념론'은 '자기직관 – 구별하는 자기의식'의 사변적인 전개과정이다. 주체로서 실체인 자기의식의 사변적 전개는, 형식논리학에서 다뤄지는 개념들을 비판적으로 고찰하고 있는 '주관적 개념'에서 잘 드러난다.

자기의식의 전개는 자기를 구별하고 통일시키는 개념, 판단, 추리의 논리적 이행과 필연적 연관으로 이루어져 있다. 이것은 형식논리의 외피를 쓰고 있지만, 실제로는 '자기의식의 사변적 자기전개와 자기매개'의 모습이다. 사변적 자기의식의 운동은 '실체가 주체이다'와 더불어 '주체(주관)는 실체이다'도 정립하는 이중구조로 전개되는[50] 사변명제의 작용이며

운동의 골격이다. 그러므로 사변명제에서 추리를 이끌어내는 것이 중요하다. 그러나 먼저 언급해야 하는 것은 사변명제의 작용은 주체의 운동이라는 것이다. 사변명제의 변증법적 운동이 판단, 추리로 전개되는 것은 명제 자체가 주어, 더 엄격하게는 자기 자신을 산출하는 그리고 더 전진하면서 자기 내 복귀하는 '주체'(PhdG. S. 53)이기 때문이다. 따라서 사변명제의 전형인 개념론은 주체활동의 전형이다.

50) 사변논리는 "이전 형이상학"의 객관적 형태를 재구성하여 인식의 조건으로 검증함으로써, 실체를 주체로 규정하는 선험논리이다. 그러나 사변논리는 주체도 실체로 규정한다(H. Fink-Eitel, *Dialektik und Sozialethik, Kommentierende Untersuchung zu Hegels "Logik"*. "Meisenheim a. G: Anton Hain Verlag. 1978. S. 211). 헤겔은 『정신현상학』에서도 개념의 전개를 '주어와 술어' 간의 관계로 설명한다. 이때 주어가 술어로, 술어가 주어로 이행하는 운동이 가능한 것은, 실체인 주어는 내용구별을 지니며, 술어로 화하는 주체이다. 그리고 이 술어는 주어(주체)의 한갓 우연성이나, 주어의 술어인 것만은 아니고 실체이기 때문이다. 그래서 "내용은 더 이상 주어의 술어가 아니라 실

'개념론'의 '판단 장'에서 그 구조가 주제화되고 있다. 그리고 일반적으로 『대논리학』 전체를 순수한 자기의식의 전개라고 하지만, 지금까지 누차 강조했듯이 자기의식의 사변논리적 구조의 전형은 개념론의 판단, 추리이다.

그런데 헤겔은 '개념론'의 논리적 구조와 추진력의 근간을 '자기의식의 전개'라고 단적으로 말하기보다는 개념의 운동으로, 그리고 개념의 구별과 통일을 이루는 판단의 "계사 Ist"(Kopula) 내지 추리의 "매사"(Mitte)라는 색다른 옷을 통해서 드러낸다. 자기의식의 사변적 운동에서 자기의식으로서 보편개념의 자기구별은 '판단'으로 이행하고, 그리고 '상이한 판단들로의 판단의 전진'(WdL., Ⅱ, 302)을 통해 추리로 나아간다. 이것은 자기의식이 변형된 자기의식의 자기전개이며, 자기의식의 자기구별과 통일의 중심은 '계사'이다. 계사는 자기의식 자체가 변형된 모습이며, 사변명제 운동을 하는 자기의식의 근원적 동일성을 이루는 핵이다. '계사'를 이렇게 자기의식이 자기를 전개하는 역동적인 중심으로 해석하는 이유는 계사가 사변명제에 상응하는 판단의 '중심'이기 때문이다. 그러나 이것 이외에도 계사는 자기의식의 전개 속에서 개념의 '정립된 특수성'으로, 판단의 '동일화작용'으로, 추리의 중심인 '매사'로 전환되기 때문이다. 계사는 자기의식의 완결적 구조인 추리의 중개념(Mittelbegriff)으로 전환되고, 전환된 매사는 상이한 추리들 간의 추리의 전진을 통해, 보편, 특수, 개별이라는 개념의 세 규정을 매개하여 개념의 본질적 총체성으로 정립된다. 매사를 통해 개념의 총체성을 정초하는 자기의식은 추리 이전에 판단의 계사작용에서 통일의 핵을 정당화한다.[51]

체이다."(PhdG. S. 50). 이렇게 "술어가 실체가 됨으로써, 주어는 술어로 이행되고, 이와 더불어 지양된다."(PhdG. S. 50). 주어는 단순한 주어가 아니라 실체성을 지니는 '아는 자아'(PhdG. S. 50)이며 주체이다.

51) 이렇게 총체성 속에서 추리들이 연관되고 통일을 이루면 매사를 통한 추리가 지양된다. 추리의 완결적 구조 속에서 추리가 지양되고 개념의 객관성이 전개되지만, '객관적 개념'도 추리들의 체계라는 것이 필연적으로 뒤따

자기의식이 자기를 개념의 총체성으로 근거짓는 과정은 개념의 구별과 통일을 관계 속에서 정립하는 판단의 계사작용에서 잘 드러난다. 계사는, 자기의식의 전개인 사변명제에서 실체이면서 주체인 주어와 실체성을 지니는 술어 간의 외적 결합처럼 보이지만, 사변명제의 내적 모순을 통해 '근거'(WdL., Ⅱ, 350)로까지 전개된다. 헤겔은 'ist'에서도 하나의 운동을 담지한다.52) 『대논리학』은 자기의식의 운동이고, 자기의식의 변형체인 '계사'의 의미도 논리학의 전개를 따라서 변화하고 발전한다. 자기의식은 계사의 운동을 통해 전개되고, 계사 자체는 주체(주관)가 자기구별 속에서 자기동일성을 이루는 '근원적 동일성', '근원적 중심'으로 발전한다. 근거이면서 자신을 술어화하는 주어의 통일, 자기의식으로서 개념의 통일이 특히 '판단론'에 잘 나타나 있다.

앞에서 계속해서 헤겔의 사변적 자기의식을 독일 관념론사의 문제의식을 끌고나가는 중심이면서, 헤겔 이전의 철학적 지평을 극복하여 그들과의 차이를 드러내는 헤겔 철학의 정점으로 논증해 나갔다. 이러한 주장은 『대논리학』을 자기의식의 전개로 독해함으로써, 그리고 자기의식의 변형체인 계사의 의미변화가 자기의식의 근원적 동일성으로 나아가는 것을 추적함으로써 확고해진다. 이 목적을 위해 자기의식의 사변논리적 구조와 계사작용에 대한 탐구가 요구된다.

그러나 독일 관념론의 역사 속에서 사변적 자기의식을 견인해내던 앞서의 작업과 관련하여, 먼저 칸트가 인식의 객관적 타당성의 최종 근거를 통각의 통일로서 자기의식으로 정초하는 점과, 그 자기의식을 칸트, 피히테가 ist로 해석하는 전거를 찾아야 한다. 그리고 나서 이것을 헤겔의 자기의식과 연결시켜서, 자기의식의 사변적 전개의 핵이 되는 계사가

라 나온다. A. Trendelenburg, *Logische Untersuchungen*, Bd. 2, Leipzig: S. Hirzel Verlag, 1870, S. 381.

52) M. Theunissen, *Sein und Schein. Die kritische Funktion der Hegelschen Logik*, Frankfurt a. M.: Suhrkamp Verlag, 1978, S. 430.

개념, 판단, 추리에서 어떻게 나타나는지를 밝혀야 한다. 이를 위해 '개념론'의 개념, 판단, 추리를 쫓아가면서 행하는 상세한 분석이 필요하며, 결과적으로 『대논리학』 전체를 자기의식의 전개로, ist를 통한 논리구조로 읽어내는 증거를 제시해야 한다.

제5절 계사로 드러나는 칸트의 자기의식과 그 변형

헤겔의 자유로운 개념운동은 주체의 구성활동, 주관의 운동이다. 개념의 운동은 자기의식의 운동이며, 자아의 운동이다. 『대논리학』에서 "개념은 그 자체 자유로운 그러한 실존에 도달하는 한에서, 자아 또는 순수한 자기의식과 다르지 않다."(WdL., Ⅱ, 253).[53] 자기의식은 일차적으로 자신을 자유롭게 명제들의 체계로 전개한다. 주관의 자기운동은 자신을 명제들의 연쇄로서 '전체로 조직하는' 명제의 변증법적 운동과 다르지 않다.[54] 명제의 변증법적 운동은 자기의식의 사변적 운동이다.

자기의식에 대한 이러한 이해방식이 칸트에게서 나타나지는 않지만, 범주연역의 최종 근거로 자기의식을 제시하는 칸트의 선험적 연역에서

---

53) 개념의 변증법적 운동과 개념의 통일은 헤겔의 말처럼 '자기의식적 자아'의 통일로 파악될 수 있다. '개념'을 '자아'로 제시하는 경우를 이차문헌에서도 쉽게 발견할 수 있다. Kolb는 The Critique of Pure Modernity, Hegel, Heidegger and After(The University of Chicago Press, 1986)에서 "헤겔이 『대논리학』에서 자아를 그의 의미에서 보편의 예로 설명한다."(p. 64)고 하면서, 보편의 구체적 전개를 자아의 구체적 전개로 설명한다. 더 나아가 근대성을 설명하는 또 하나의 총체성 범주로서 '국가'(p. 65)라는 보편개념도 제시한다.

54) A. Schubert Der Strukturgedanke in Hegels "Wissenschaft der Logik". Zur Dekonstruktion des absoluten Subjekts. Diss. Königstein: Anton Hain Verlag. 1984. S. 269.

헤겔의 자기의식의 단초를 선취할 수는 있다. 그러므로 칸트의 통각의 통일로서 자기의식에 대한 헤겔의 비판과, 자기의식의 역할을 계사와 관련시키는 칸트의 발언은, 헤겔의 '자기의식의 의미', '자기의식과 계사의 관계'를 밝히는 데 도움이 된다.

칸트철학의 핵심은 자기의식의 형식과 기초로부터 인식형식들을 정당화하는 그의 태도이다.[55] '나는 생각한다'라는 자기의식은 모든 인식의 기초에 놓여 있고, 모든 인식의 객관적 타당성을 확립하는 근거이다. 소여되는 감각의 다양성에 오성의 범주가 작용하여 종합을 이룰 때, 그것은 '하나의 동일한 의식'이라는 '자기의식'이 동시에 작용해야 한다. "우리 자신이 [인식론적으로 먼저] 결합하는 일이 없으면, 아무것도 객관에서 결합된 것으로 표상할 수 없다.…이 결합의 표상은…주관 자신만이 할 수 있는 유일한 표상이다."(KdrV., B 130). 이 통일 표상은 '나는 생각한다'이며, 나의 모든 표상에 수반된다. "직관의 모든 다양은 그것이 발견되는바, 동일한 주관 안에 있어서 내가 생각하는 일과 반드시 상관"(KdrV., B 132)하며, "자기 외의 것에서 끌어낼 수 없는 자기의식"(ebd.)이다. 직관에 주어진 다양을 종합하고 통일시키기 위해서는 이렇게 '동일한 하나의 의식'이 필요하다. 즉 '동일한 하나의 의식'이라는 '자기의식', '자기의식의 동일성'이 필요하다.

그런데 자기의식의 동일성 자체도 종합작용을 가능케 하는 다양의 소여성과, 다양의 결합 가운데서 이루어지므로 자기를 인식하려면 자기에 대한 생각 이외에 자기에 대한 직관이 동시에 필요하다. 칸트의 통각의 통일로서 자기의식은 자기에 대한 사유는 가능하지만 자기 자신을 직관하지 못한다. 왜냐하면 칸트에게 "인간의 오성은 생각할 수만 있고, 직관은 감관에서 구해야"(KdrV., B 138)하기 때문이다. 칸트에게는 자기인식

---

55) D. Henrich, "Kant und Hegel" in: *Selbstverhältnisse. Gedanken und Auslegungen zu den Grundlagen der klassischen deutschen Philosophie.* Stuttgart: Philipp Reclam Verlag. 1993. S. 176.

을 가능케 하는 자기 자신에 대한 직관과 그에 대한 다양한 경험을 감관
에서 구할 수도 없고 오성 속에 지닐 수도 없으므로, 자기의식에 상응하
는 경험적 인식도 경험적 직관과 다른 비감성적 직관 내지 지성적 오성
도 불가능하다.[56] "자기의식을 통해서 동시에 모든 다양이 주어지도록
하는 오성이 있다면, 그런 오성은 아마도 직관하기도 하겠다."(KdrV., B
138). 자기의식 자체가 이런 직관능력을 지닌 지성적 직관 내지 지성적
오성이라면, 소여성에 의한 인식이 필요하지 않으며, 존재와 인식의 분리
가 일어나지 않을 것이다. 그러나 유한한 인간에게는 생각하는 자아와
자기 자신을 직관하는 자아 간의 차이가 있다. 유한한 인간 오성은 자기
를 직관하지 못한다. 그래서 통각의 통일로서 '나는 생각한다'라는 자기
의식은 가능하지만 자기인식은 불가능하다. 칸트에게 "자기의식은 도저
히 자기인식은 아니다."(KdrV., B 158). 자기인식에 상응하는 지적 직관
이 칸트에게는 불가능하다.

칸트의 자기의식은 인식이 불가능하긴 하지만, 바로 헤겔의 '개념'이며,
『대논리학』의 개념운동의 지반이 된다. 통각의 선험적 통일은 헤겔의 잘
알려진 '개념', 즉시 주관논리의 주요 범주와 같다.[57] 그러나 칸트의 자
기의식은 자기직관이 불가능하며, 내용이 결여된 형식으로 남아 있다. 이
에 반해 헤겔은 실체의 주체화와, 주체의 실체화의 지평을 마련하는 반
성 속에서 형성한 개념으로서 자기의식을 전개한다. 그러므로 '자기를 직
관하는 작용'이면서 '자기를 구별하는 작용'이 자기의식을 개념론의 지평

---

56) '존재'는 칸트에게는 언제나 감성적 지각을 통해서 파악되는 현실이지, 결
코 '단순히 사유된 현실'은 아니다. '정신으로 파악된 것이 아니라 단지 손
으로만 포착된' 존재는 '본질적으로 내적 눈으로가 아니라 본질적으로 외적
눈으로 보이는 것으로 현전해야 한다'는 점이 헤겔이 그의 입장에서 칸트
에 대해 제기한 비난이다. A. Hager, *Subjektivität und Sein*. Symposion
46. Freiburg/München: Karl Alber Verlag. 1974. S. 153.
57) E. J. Fleischmann, "Hegels Umgestaltung der Kantischen Logik". *Hegel-
Studien*. Bd. 3. Bonn: Bouvier Verlag. 1965. S. 197.

으로 삼는다. '자기를 직관'하는 자기의식은 외부의 소여성에 의해 촉발되지 않고 '자기촉발능력', 즉 '자기의 부정적 자기활동성'에 의해 전개된다. 자기의식은 객관적 총체성을 파악하는 지적 직관이며, 실재성과 통일을 이루는 개념이다.

헤겔의 개념과 연결되는 칸트의 자기의식은 '이질적인 것을 통일시키는 사변적 이념'을 포함하고 있기 때문에 헤겔은 칸트의 자기의식을 찬사와 비판의 출발점으로 삼는다. 칸트의 자기의식은 이질적인 직관과 범주를 연결하고 통일시켜서 필연성과 객관적 타당성을 확증한다. 칸트는 인식을 할 때는 항상 판단이 일어난다고 주장한다. 직관을 촉발하는 감각 대상은 주어이며, 직관 내용을 개념화하는 범주는 술어에 해당된다. 이때 인식의 객관적 타당성과 필연적 통일을 수행하는 것은 자기의식이다. 주어인 직관은 ist를 통해 술어인 범주와 통일되는데, 여기에서 주어와 술어를 통일시키는 'ist의 통일작용'을 칸트 또한 '자기의식'과 등치시킨다.

이때 "판단이란 주어진 인식들을 통각의 객관적 통일에 이르게 하는 방식임에 틀림없음을 발견한다. 인식에 있어서 연어 − 이다(ist) − 는 바로 객관적 통일을 노리는 것이요, 이것은 주어진 표상들[주어와 술어]의 객관적 통일을 주관적 통일과 구별하고자 쓰인다. 왜냐하면 연어는 근원적 통각에 대한 표상들의 관계를 의미하고, 주어진 표상들의 필연적 통일을 의미하기에 말이다."(KdrV., B 141-2).

칸트에게 연어(ist)는 범주표, 판단표에서 '양상'의 측면으로 드러난다. 이것은 다양의 결합을 통하여 판단을 가능케 하는 결합관계와 결합상태를 보여준다. 그러나 ist의 역할은 더 나아가서 근원적 통각에 대한 표상들의 관계를 의미하기 때문에, '계사' 자체가 통각의 통일로서 '자기의식'의 역할에 상응한다. 표상들의 객관적 관계는 '통각의 선험적 통일원칙'인 자기의식에서 나오며, 이러한 관계에서 "하나의 판단이 생긴다."(KdrV., B 142). 바꿔 말하면 칸트의 자기의식은 사유작용인 판단작용이며, 판단에서 계사 역할을 한다. 자기의식의 역할은 계사 속에 투영되어 있다. '자기의식'은 인간의 사유활동, 판단활동 속에서 소여성과 범주를 연결하는 '계사' 역할을 한다. 직관의 소여성과 다양을 범주와 통일시키는 '종합적 통일'은 동시에 '통각의 근원적 통일', 즉 '자기의식의 근원적 통일'이며, 이것은 '주객 동일성인 판단으로 현상'58) 한다.

계사로 작용하는 자기의식은 표상들의 종합을 단행하는 범주의 객관적 통일을 가능케 하는 필연적 통일이다. 계사로 현상하는 자기의식의 필연적 통일은 '선천적 종합판단은 가능한가?'를 통해서 표현되는 이성이념, 즉 궁극적으로 직관과 사유, 직관과 개념이라는 '이종적인 것들의 근원적 동일성'이라는 '사변적 이념'을 (칸트 자신은 깊이 자각하진 못했지만) 표현하고 있다.

물론 헤겔에게는 근본적으로 이성이념을 포착하는 자기의식의 근원적 통일은 '판단'이 아니라 '추리'이기 때문에, 칸트의 자기의식은 곧이어 한계를 노정한다.59) 칸트는 판단의 차원을 넘어서지 못하고 있다. 그래서 헤겔의 판단형식들 중에서는 추리로의 전진을 확립하는 '개념판단'의 작업이 중요하다. 개념판단은 '계사의 가치만을'(WdL., Ⅱ, 344) 문제 삼는 양상판단이다. 계사가 판단의 전개를 통해 '내용이 충족된 개념'으로 된 개념판단에서는 '충족된 개념으로서 계사'가 중심이 된다. 추리로의 전진

---

58) G. W. F. Hegel, GuW. S. 306.

59) 헤겔에게 판단은 사변명제의 단초이지만, 그러나 유한성에 매어있다. 판단은 '개념' 내지 '추리'와 달리 '사변적인 것과 진리'를 담지 못한다. 왜냐하면 개념은 주-객 분리 이전의 자기의 절대성 자체 속에 있는 논리를 언명하는 것이고, 추리는 절대정신 속에서 논리적 이념과 실재성의 완전한 일치를 특징짓기 때문이다. 이에 반해 "판단은 주관적인 것과 객관적인 것의 차이를, 즉 이념이 아직은 이념으로서 실재성을 지니지 못하는, 실재세계와 논리적인 것 간의 관계를 특징짓는" 유한성의 단계이다. 그러므로 '판단'으로 출현하는 칸트의 자기의식은 무한으로 고양되지 못하는 유한이다. 칸트의 선천적 종합판단의 근거인 자기의식은 유한성의 대변자이다. R. Heede, "Dialektik des spekula- tiven Satzes". *Hegel-Jahrbuch*. Köln: Pahl-Rugenstein Verlag. 1974. S. 280-1 참고.

은 동시에 내용을 지니는 계사 자체에 대한 천착이다. 그래서 계사의 의미가 자기의식의 변형체이며, 사변적 운동의 중심이라는 점이 확립된다. 칸트의 '양상'에서는 이런 측면이 전개되지 못하기 때문에 추리로의 전진도 계사의 내용충만성도 없다. 그러나 칸트의 자기의식은 미진하긴 하지만 판단의 통일작용인 '계사'로 작용하며 '계사'에 투영되어 있음을 보여주는 데에 의미가 있다.[60]

계사가 자기의식의 활동이고, 계사 자체가 자기의식의 전개임이 분명하게 드러나는 것은 헤겔에게서이다. 계사는 보편개념으로서 자기의식이 전개되는 개념, 판단, 추리 과정을 따라서 (보편, 특수, 개별의 세 계기를 지니는) 개념의 '특수성'으로, 판단의 '계사'로, 추리의 '매사'로 전개된다. 계사는 '주관적 개념'의 전개 속에서 개념의 자기 분열, 주어의 자기 분열을 동일화하는 작용이다. 개념의 분열 속에서 드러나는 주어와 술어를 '관계시키는' 작용이다. 판단 장에서 계사 자체는 주어와 술어의 '관계 자체'이며, 주어의 술어적 규정으로서의 '주어 – 근거'이다. 그러므로 계사의 활동은 주어와 술어의 '매개된 동일성'을 정립하며, 그 결과 '충족된 계사' 및 '계사 – 근거'로, 내용을 지니는 매사로 되어 추리운동을 추진한다. 자기의식으로서 보편개념의 운동은 계사운동을 통해 드러나고, 계사운동은 자기의식 자체의 전개이다.

피히테에게서도 계사를 자아와 연관시킬 수 있는 단초가 드러난다.[61]

---

60) "칸트는 선천적 종합판단이 어떻게 가능한가라는 자기의 질문을 참으로 그렇게 해결했다. 그 질문은 이종적인 것들의 근원적이고 절대적인 동일성에 의해서 가능한데, 판단형식이 분리되어 현상하는 주어와 술어, 특수자와 보편자들 각각의 양자 자체는 처음에는 무제약적인 것이며 근원적 절대적인 동일성으로부터 분리되어 있다. 이성적인 것 또는 칸트가 표현했던 바, 이러한 판단의 선천적인 것, 매개개념인 절대적 통일성은 그러나 판단 속에서가 아니라 추리 속에서 서술된다. 판단 속에서 절대적 동일성은 단지 ist라는 계사일 뿐이며, 하나의 몰의식적인 것이다. 그리고 판단 자체는 압도적인 차이의 현상일 뿐이다." G. W. F. Hegel, GuW. S. 307.

61) 피히테에게서도 '계사 ist'는 자아의 운동으로 드러난다. 피히테의 글을 통

피히테는 제1원칙으로서 절대적 자아를 내세울 때 자아의 동일성으로서
'자아＝자아' 이전에 누구나 인정할 수 있는 'A는 A이다'로부터 출발한
다. 이때 A는 주어 A와 술어 A가 동일하면서도 차이가 있다는 것을 보
여주며, 이것은 A와 A를 묶어주는 '필연적 연관'이다. 피히테는 이를 'X'
라 한다. X를 정립하는 것은 사실은 '자아'이다. 자아는 '판단하는 자',
'법칙으로서 X에 따라 판단하는 자'[62]이다. 그런데 이 판단하는 자로서
자아인 X는 언제나 '하나이며 동일한 것'이다. 그러므로 X는 '자아는 자
아이다'(자아＝자아)로 표현할 수 있다. 그 결과 여기에서 '연관인 X'는
'A＝A'에서 'ist(＝)의 역할'이면서, 달리 번역하면 '자아는 자아이다'로
드러나는 자아이다. 피히테에게 "이 X는 '자아는 자아이다'라는 명제와
같으므로, 이 명제 역시 단적으로 정립된 것이다."[63] 피히테의 자아 – 비
아의 대립구도가 궁극적으로는 절대적 자아의 동일성으로 통일되지는 않
지만 '필연적 연관' 역할을 하는 X가, 즉 명제의 ist가 이미 자아의 구별
과 연관을 산출하는 작용으로서 '자아' 자체로 나타난다.

해 설명해 보자. 모든 명제의 논리적 형식에 따라서 "명제 A＝A 안에서
첫 번째 A는 자아 안에 자아 자체처럼 단적으로 정립되거나 모든 규정된
비아처럼 다른 어떤 근거로부터 정립된 것이다. 이 작업에서 자아는 절대
적 주체로서 관계하며, 따라서 우리는 그 첫 번째 A를 주어라고 부른다.
두 번째 A에 의해 지시되는 것은 자기 자신을 반성의 객체로 만드는 자아
가 자신 안에 정립된 것으로서 발견하는 그런 것인데, 이는 자아가 자신을
우선 자신 안에 정립했기 때문이다. 판단하는 자아는 본래 A에 대해서가
아니라, 오히려 자기 자신에 대해 어떤 것을 술어화한다. 즉 자아가 자신
안에서 A를 발견한다고 판단하는 것이다. 그렇기 때문에 두 번째 A를 술
어라고 부른다. 따라서 명제 A＝B에서 A는 지금 정립되는 것을 의미하고
B는 이미 정립되었던 것으로서 발견되는 것을 의미한다. 그리고 이다(ist)
는 **정립으로부터 그 정립된 것에 대한 반성**으로의 **자아의 이행**을 의미한
다." J. G. Fichte, *Grundlage der gesammten Wissenschaftslehre als
Handschrift für seine Zuhörer*, 1794/5. Berlin: Walter de Greuter & Co.
Bd. 1. 한자경 역. **전체 지식론의 기초**. 서울: 서광사. S. 22/97쪽.

62) ebd. S. 93/19쪽.
63) ebd. S. 94/20쪽.

칸트, 피히테의 자기의식은 동일성과 구별의 근원적 합치를 추진하면서, 즉 이질적인 것의 통일을 추진하면서 동시에 '판단의 ist'로 작용한다. 헤겔에게서도 자기의식이 ist로 드러나고, 그리고 ist가 자기의식의 역할을 한다. 이러한 측면은 '판단 장'과 '추리 장'에 대한 분석적인 탐구과정을 통해서 입증할 수 있다. 그러므로 사변적 자기의식의 사변논리적 구조가 주제화되는 '개념론'의 '판단 장', '추리 장'에 대한 분석을 통하여 '자기의식과 계사'의 관계를 밝힐 필요가 있다. 개념, 판단, 추리의 분석에 들어가지 않더라도 헤겔 자신이 '계사(ist)는 자아이다'[64]라고 직접적으로 언명한 곳도 있기는 하다.

헤겔은 학의 시원에 관한 논문의 첫 문장에서부터 오격문장 논쟁을 야기하는 횡선 내지 계사를 통해 논리학을 사변명제의 철저한 적용으로 밀고나갈 수 있는 여지를, 즉 계사 자체가 자기의식의 전개라고 주장할 수 있는 여지를 남겨 놓았다. 게다가 계사 자체를 자아라고 직접 언명하는 전거들을 적극 활용한다면 헤겔의 사변논리는 계사의 전개이며 사변적 자기의식의 전개라는 주장에 분명하게 힘을 실어줄 수 있다.

---

64) G. W. F. Hegel, *Jenaer Systementwürfe* Ⅲ. *Gesammelte Werke*. Bd. 8. Hamburg: Felix Meiner Verlag. 1976. S. 197. 계사는 동일성과 마찬가지로 구별도 포함하는 자아이다. 동일성과 구별의 측면에서 보자면 존재의 공허한 형식으로 남아있다.

제3장 자기의식의 판단과 '계사'(Kopula) 운동

제1절 개념의 세 계기(보편성 – 특수성 – 개별성)와
계사의 연관

개념은 개념 이전의 존재범주들과 반성범주들의 근거이며 '자기원인'을 지닌다. 자기원인적인 개념은 자유롭게 자기를 전개하는 '순수한 자기관계'이면서 동시에 필연성을 지닌다. 그러므로 개념은 자기관계의 원인이 되는 부정성을 그리고 '부정성의 자기 자신과의 무한한 통일'을 지니는 절대적 부정성이다. 절대적 부정성을 지니는 보편개념은 자기를 구별하고 자기와 매개하기 때문에, 구별 가운데서 나타나는 모순과 모순을 지양하는 운동을 계속해 나간다. 실체로서 주체로 정립되는 개념론의 보편개념은 '자기의식의 자기모순과 모순의 지양'이라는 사변적 운동을 전개한다. 자기의식으로서 보편개념은 자기를 구별하면서 동시에 자기구별 속에서도 여전히 보편을 유지하는 '절대적 부정성'이며 '자신을 형성하고 창조하는 것'(WdL., Ⅱ, 277)이다.

개념의 세 계기는 보편성, 특수성, 개별성이다. 보편개념은 특수성과 개별성으로 전개되며, 구별 속에서도 보편성을 지닌다. 특수성과 개별성은 보편개념의 구별지이다. 이와 동시에 보편개념도 특수성과 개별성이라는 규정 없이는 언명될 수 없다.[1]

---

1) 로저 가로디는 개념 운동을 자아와 관련시키면서 다음처럼 주장한다. "존재와 사유의 절대적 동일성이 표현하는 개념은 종합적이고 창조적인 활동성인데, 그 활동성은 일반자로부터 특수자와 개별자로 이행한다. 이 세 계기들은 서로 병렬적으로 설정되는 것이 아니라 일정 정도 자아의 '운율을 따른다.' 일반자는 특수자를 '포섭'하는 것이 아니라 그것을 야기한다." R. Garaudy,

개념이 세 계기로 구별되면서도 이렇게 개념의 동일성이 견지되는 이유는 무엇인가? 『대논리학』은 존재와 인식의 최종적인 근거지움과 체계 연관을 이루는 변증법적 운동을 추진해 나가며, 이로 인해 '개념론'에서는 칸트의 자기의식과 스피노자적 실체가 통일되기 때문이다. 그래서 개념은 단지 필연성에만 좌우되는 것이 아니라 '자기원인'을 지니며 '자유롭게 자기를 전개'하기 때문이다. '본질론'에서 '개념론'으로 이행함으로써 절대자의 자기원인과 자기운동이 확립되며, 즉 실체가 주체인 개념이 확립된다. 주체로서 실체에는 '생명, 자아, 정신, 절대적 개념'(WdL., Ⅱ, 279)이 상응한다. 그래서 보편개념으로서 자기의식에서 개념의 계기들은 '보편보다 낮은 단계의 유'나 '추상적 유'로 머무는 것이 아니라 '보편 자신의 부정적인 자기동일성'이다. 계기들은 유가 자신 안에서 스스로 정립한 구체적 개념이다. 보편개념은 자기의 구별지 속에서도 보편을 유지한다. 보편개념의 전개는 자기의 특수성을 정립하는 가운데 자기를 풍부하게 하므로 개념의 "자기 창조이며, 자기 창조 속에서 자기 자신을 직관하는 무한하고 투명한 실재성이다."(WdL., Ⅱ, 279).

개념으로서 자기의식의 전개는 자기구별 작용이다. 자기구별이라는 개념의 내적 관계 때문에 개념은 그 자체 '판단'이고, 사변적 명제형식을 지닌다. 개념론의 '주관성 편'의 판단과 추리는 형식논리학과 달리 개념과 분리된 것이 아니다. 개념의 세 계기인 보편성, 특수성, 개별성이 관계항을 이루면서 분할되고, 분할을 지양하는 운동 속에서 세 계기 각각이 총체성과 통일성을 정립하는 원환구조이다. 그러나 '개념 장'의 개념의 세 계기는 각각이 절대적인 총체성을 정립하지 못하고, 판단에서 정립되는 내적 **구별을 직접적으로 보여주는 데** 그친다. 개념의 자기구별과, 구별 속에서 개념의 동일성의 재건은 '판단과 추리 장'에서야 가능하다. 구별들의 관계는 자신의 유한성을 드러내고, 판단으로 구조화된다.2)

Gott ist tot. Das System und die Methode Hegels. Frankfurt a. M.: Lizenzausgabe für die Europäische Verlagsanstalt. 1965. S. 348.

판단으로 구조화되기 이전에 자기의식의 자기구별과 전개 속에서 직접적으로 출현하는 **개념의 규정성**은 '**보편 자신의 내재적 계기**'인 특수성이다. 보편이 자신을 규정한 특수는 "보편 그 자체이지만, 보편의 구별이다."(WdL., Ⅱ, 281). 따라서 보편개념은 "보편 자체이면서 그 반대, 즉 보편 자체가 재차 자기의 정립된 규정성인 바이다."(WdL., Ⅱ, 281). 이러한 특수라는 규정적 개념을 자기의 규정으로 지니는 보편은 '규정적 보편'이다. 반대로 말하면 구별은 보편의 특수이므로, 특수는 보편으로서 특수이다. 특수는 보편 자신의 특수, 보편 자신의 규정성이다.

특수는 보편 자신의 내재적 구별이며, 특수와 보편이 내적 관계를 지닌다는 것은 판단에서 정립된다. 내적 관계가 정립되지 않은 상황이라면 보편의 구별은 '보편 자체'와 '특수'가 되며 이 둘 간의 대립은 병행적이다. 그러면 보편과 특수 둘 다 '특수가 되어 동위에 놓인다.'(WdL., Ⅱ, 281). 특수가 자기관계적인 구별이어야만, 보편은 '규정적 보편'이 된다. '규정적 보편'은 자기구별하면서 스스로 자신과 관계하는 자기규정성이며 절대적으로 자기 내 복귀를 한다. 보편개념의 '절대적 자기 내 복귀'는 개별성이다. 그래서 보편은 자기 자신과 관계하는 규정성이며, 보편이 자기구별 속에서 자기 내 복귀한 개별성이다.

그러나 개별은 자기규정적이므로 '정립된 자기 자신을 상실'(WdL., Ⅱ, 288)하는 개념의 자기분할이다. 분할에 의해 판단론이 전개된다. 판단론으로 진행하는 것은 보편개념이 자기를 분할하기 때문이다. 판단의 출발선에서 볼 때 판단을 처음 견인해 내는 것은 개별성이다. "개념의 자기복귀는 개념의 절대적이고 근원적 분할이다. 이것은 개념의 정립된 특수성이다. 따라서 개별성으로서 개념은 판단으로 정립된다."(WdL., Ⅱ, 301)[3].

---

2) 유한을 대변하는 판단운동은 결과적으로 유한 속에서 무한과의 관계를 재정립하는 사변명제 운동으로 드러난다. 사변명제는 판단논리이다. 판단은 사변적인 것을 표현하는, 즉 각 계기들의 총체성을 정립하는 판단의 전개를 야기하지만, 유한하다. 판단의 내적 모순과 부정을 통해 유한극복을 위한 상이한 단계들을 펼친다.

핑크-아이텔은 개별성은 '개념'으로부터 '판단'으로의 전진을 조건지우며, 개념논리의 시초는 개별성과의 관계에서 생성된다[4])고 한다. 개별성의 자기분할인 판단은 개념 자체의 자기구별인 규정적 개념을 정립하는 것이고 보편개념으로서 자기의식을 규정하는 자기규정성이다. 그러나 개별성의 자기분할은 달리 말하면 보편이 지닌 특수성을 살리는 것이다.[5]) 체계의 완결적 구조를 생각하면 개별성이, 즉 보편개념의 절대적 자기 내 복귀가 부각되어야 한다. 그러나 개념은 자기를 구별하면서 전개되므로 완결적 구조 자체에서 구별이 견지되는 것이다. 그런 맥락에서 특수성은 개별성에서처럼 통일과 분할을 지닌다.

구별을 특징짓는 특수성을 부각시키는 이유는 양 항을 통일시키는 ist의 역할을 고려할 때 좀 더 분명해진다. 판단에서 특수성도 물론 관계항 중의 하나로 작용하긴 하지만, 최초 판단에서 주어-술어 관계는 '개별성-보편성' 관계로 대변된다. 이 둘은 ist를 통해 결합된다. ist는 양 항을 결합시키기는 하지만 처음에는 공허한 것이다. 그러나 사실은 개별성과 보편성을 통일시키는 특수성, 즉 또 하나의 개념이다. ist가 특수성

---

3) 여기에서 개별을 『대논리학』의 운동단계를 통해 비교 서술하면, '개념 장'의 개별의 지평이 분명해진다. '존재론'에서 개별은 낮은 단계의 직접성으로서 '질적 일자' 또는 '이것'에 상응하는 '대자존재자'이다. 즉 다른 개별(타자)을 배척하면서 동시에 전제하는 것이다. 이때 보편 또는 다른 개별과의 관계는 단지 공통적 요소일 뿐이다. '본질론'에서 개별은 '다른 개별'을 배척하지만 동시에 '다른 것을 통하여 자기를 반성하는, 즉 다른 것으로부터 정립된 것'이다. 이에 반해 '개념론'은 개별 자신이 자기를 구별하는 보편이다. 개별의 타자는 보편이다. 개별 자체가 보편인 이런 차원에서는 개별은 애초의 개념이 자기를 구별하고 자기 내 복귀한 것이지만, 사실상 개별에서 '개념'인 바의 차원은 지양된다. 즉 개념의 상실로서 판단이 정립된다.

4) H. Fink-Eitel, *Dialektik und Sozialethik. Kommentierende Untersuchung zu Hegels "Logik"*. Meisenheim a. Glan: Anton Hain Verlag. 1978. S. 196.

5) 이와 관련하여 회슬레는 본질론의 말미에서 특수성을 '개별성과 보편성의 단순한 동일성'(WdL. Ⅱ. S. 240)이라고 하는 부분에 주목한다. V. Hösle, *Hegels System*. Bd. Ⅰ. Hamburg: Felix Meiner Verlag. 1988. S. 235.

이라는 또 하나의 개념으로, 즉 나중에 가면 추리의 매사로 드러나기까지에는 판단 장의 상이한 판단들로의 판단의 전개과정을 거쳐야 하고, 이 과정 속에서 '계사의 내용의 충실성'을 확보하게 된다.

규정적 보편으로서 개별은 판단으로 드러나면서, 동시에 판단의 ist의 **관계와 특수성을 정립**하는 것이다. '개념의 정립된 특수성은 판단'(Enz., §165 각주)이다. 정립된 '특수성'은 판단의 한 항이면서 판단을 통일시키는 역할을 한다. 특수성에 상응하는 '**계사**'는 판단을 통일시키면서 '한 항으로서 개념'이다. '판단 장'에서 개념의 계기들은 판단을 통해 결합되고, 총체적 통일을 이루는데, 이러한 과정에서 계사가 충족된 개념으로, 그래서 추리의 매사(중심)로 된다. 추리의 중심인 중개념은 추리의 전개를 통해 추리연관 자체인 추리 전체로까지 나아간다. 그러나 특수성이 행하는 추리연관과 매개 역할이 '개념 장'의 특수성에서는 은폐되어 있다. 그래서 특수성은 정립을 통해 구별되는 것으로 정립되지는 않은 "**직접적 통일**이다. 이런 형식에서 **특수성**은 형식적 추리의 **매사(중심)**를 형성하게 된다."(WdL., Ⅱ, 298).[6] 자기의식의 전개에서 개별성과 통일된 '**특수성**'은 '판단'과 '추리'로 전진하는 힘일 뿐만 아니라 통일하는 힘이며, 판단의 **계사**는 정립된 특수성의 통일을 담지한다. 판단의 계사가 충족된 통일을 이루게 되면, 계사는 추리의 매사로, 상이한 추리들의 추리연관으로 전개된다. 최초 추리에서 매사는 특수성으로 재등장한다. 특수성은 추리에서 '매사'(WdL., Ⅱ, 355)가 되며 '개념 전체'로 발전한다.

개념의 자기 내 반성인 개별성에서 개념의 계기들은 '자립성'과 동시에 '관계'를 지닌다. 즉 관계 때문에 개념의 통일을 이룬다. 관계의 통일을

---

6) 모든 사물은 하나의 판단에서 추리로 나아간다. 판단은 "주관적인 의미에서는 한갓 자기의식적 사유에서 나타난다. 하나의 작용과 형식으로 간주된다. 그러나 논리적인 것에서는 이 구별이 아직은 현전하지 않기 때문에, 판단은 전적으로 보편적이며, 모든 사물들은 하나의 판단이다. 즉 모든 사물들은 하나의 보편성 또는 내적 본성을 자신 안에 지니는 개념이다."(Enz. §167). 그러나 뒤에 가서는 '모든 사물은 추리'(WdL. Ⅱ. S. 350)임이 정립된다.

이루는 규정작용은 판단이다. "판단은 처음에는 주어와 술어로 불리는 두 가지 자립적인 것을 포함한다."(WdL., Ⅱ, 302). 그러나 자립적 주어와 술어의 규정들은 그 자체로 규정되는 것이 아니다. 둘 간의 관계에서 더 보편적인 것과 더 규정된 것이라는 대립적 지위를 지니며, 이러한 관계가 주어와 술어에서 '개별 대 보편', '특수 대 보편', '개별 대 특수'로 드러나면서 판단이 형성된다. 판단의 관계항은 개념의 계기인 보편성, 특수성, 개별성이다. 개념의 목표는 개념의 계기들이 각각 총체성을 이루면서 통일되는 것이다. 그러나 '개념 장'과 '판단 장'의 시초에서는 아직 그렇지 못 하다. 상이한 판단들로의 전진 속에서야, 판단에서 개념이 재건된 추리작용에서야 '계기들 각각의 총체성'과 '개념의 근원적 동일성'이 정립된다. 그러므로 판단작용은 '개념작용과는 다른 하나의 기능이고, 더 나아가서 개념의 다른 기능'(WdL., Ⅱ, 301)이므로 '상이한 판단들로의 판단의 전진'(WdL., Ⅱ, 302)은 개념작용과 맞물려 있는 판단작용이다.

판단의 관계항인 주어와 술어 각각은 자립적이므로, 판단에서 개념의 통일은 '자립적 양자의 외적 관계'로 보인다. 그러나 단어 '판단'을 분석하면, Ur-teil로서 '근원적 일자의 근원적 분할'(WdL., Ⅱ, 304)이다. 판단에서 관계항의 자립성이 부각되는 것은 판단과 개념의 관계가 아직은 통일된 형태로 정립되지 못해서이다. 주어와 술어는 판단작용을 통해 주어에 술어를 부가하는 것으로 간주할 수 있다. 그러나 이러한 부가가 가능한 것은 '주어에 부가되는 술어가 주어에 속하기도 하는 것, 즉 즉자대자적으로 주어와 동일한 것'(WdL., Ⅱ, 305)이기 때문이다. 주어와 술어를 결합하는 계사(ist)는 단순히 주어와 술어의 외적 결합이 아니다. 오히려 "계사는, 술어가 주어의 존재에 속하지 단지 외적으로 주어와 결합된 것은 아님"(WdL., Ⅱ, 305)을 보여준다. 판단을 두 가지 개념들의 임의적 결합이라거나, 이때 작용하는 계사가 두 개념을 단순히 결합하는 제3의 것이라는 식으로 받아들여서는 안 된다.

제2절 판단의 전개와 계사의 의미전환

개념의 세 계기들은 개념의 분할인 판단에서 주어와 술어로 작용한다. 세 계기는 개념의 참된 구별이지만, "개념의 내재적 구별과 반성 자체는 판단에서 정립된다."(Enz., §165). 개념의 계기들은 각자가 지닌 자립성과, 최초 판단에서 드러나는 자립성과 분리를 '상이한 판단들로의 판단의 전진'을 통해 지속적으로 지양해 나간다.

주어와 술어의 구별(비동일성)을 지니는 일반명제의 '형식의 동일성'은 주어와 술어의 '내용의 동일성' 문제 때문에 파괴된다. 즉 하나의 명제형식은 '주어와 술어의 동일성과 비동일성' 때문에 파괴되며 '새로운 명제'가 등장한다. 그래서 두 개의 대립되는 명제들 중 하나는 주어와 술어의 동일성을 내용으로 삼고, 다른 하나는 주어와 술어의 비동일성을 내용으로 삼는다. 볼파르트는 상이한 판단들로의 판단의 이행이 지속적으로 발생하는 이유를 사변명제와 관련하여 다음처럼 주장한다. "사변명제가 표현한다고 하는 이러한 현실적 사변적인 것은 사실상 하나의 명제형식에서는 표현될 수 없다."[7]

판단들의 전진에서 등장하는 최초 판단의 주어는 개별이며, 술어는 보편이다. 그러나 주어와 술어의 위치는 서로 "뒤바뀔 수 있는 것처럼 무

---

7) G. Wohlfart, *Der spekulative Satz. Bemerkungen zum Begriff der Spekulation bei Hegel.* Berlin · New York: Walter de Gruyter Verlag. 1981. S. 212. 볼파르트는 그 뒤로 이어지는 내용에서 "판단의 양 항들의 절대적 매개 내지 총체적으로 수행된 적합(일치)이 사변명제에서 '완성된 것'으로 주장된다는 말은 오해이다. 더 엄격하게 말하면 주어와 술어의 절대적 동일성은 어떤 하나의 명제 속에서 완수되기보다는 자유로운 것으로서 개념의 사변적 통일이 판단 내지 개념의 본성의 파괴를 통해서 재건됨으로써, 개념의 계속적(전진적) 규정 속에서 지속적으로 완수된다."고 한다. 판단론에서 구체적으로 문제시되는 사변적 '변증법적 운동은 명제들을 자기의 부분들 내지는 요소(터전)들로 삼는 것'(PhdG. S. 53)을 여실히 보여준다.

관심하다."(WdL., Ⅱ, 306). 무관심에도 불구하고 주어와 술어의 관계를 통해 전개되는 판단은 주어와 술어의 구별 때문에 형식과 내용 간의 모순을 야기한다. 모순을 해소하기 위해서 판단의 개별로서 주어는 보편으로 고양되고, 술어로서 보편은 개별인 현존재로 하강한다. 즉 주어와 술어의 상호 이행과 자기 내 반성 운동이 발생한다. 그 결과 주어와 술어는 각기 총체성을 지니면서 자립적이다.

그러나 주어와 술어의 동일성 관계를 비교하면, 주어가 개별이면서 자립적인 것으로 드러나는 최초 판단들에서 주어와 술어의 동일성은 "주어에서만 자기의 존립을 지닌다는 관계를 갖는다. 술어는 주어에 내속한다(inhärieren)."(WdL., Ⅱ, 308). 주어 자체는 다양한 규정성들의 총체성, 보편이고, 술어는 주어의 단 하나의 개별화된 규정성이다. 그러나 판단에서 본래적으로는 "술어가 자립적 보편성이고, 이와 반대로 주어가 술어의 단 하나의 규정이다. 그런 한에서 술어는 주어를 포섭한다(subsumieren)."(WdL., Ⅱ, 308).

최초 판단에서 나타나는 내속과 포섭의 관계는 주어와 술어가 아직은 각각의 총체성을 정립하지 못한 것이다. 그래서 주어와 술어 간에 형식과 내용의 모순이 발생한다. 이 모순을 지양하는 운동은 내속판단에서는 술어의 전환을, 포섭판단에서는 주어의 전환을 야기하면서 상호정립을 추진한다.[8] 내속과 포섭운동을 거치면서 발생하는 판단들의 전진은 "처음의 추상적 감성적 보편성이 전체성, 즉 유와 종으로, 전개된 개념 − 보편성으로"(Enz., §171) 확장되어 나가는 규정행위이다.

---

8) 내속판단과 포섭판단의 지양은 주어와 술어의 무제약적 전도 가능성을 통해서 실현되는데, 헤데는 다음과 같은 경우에는 고전논리에서도 이러한 전도가 가능하다고 본다. "만약 술어가 주어의 모든 본질적인 속성들 내지는 attributum proprium을 포함한다면, 또는 만약 술어가 하나의 conceptus singulatis이고, 따라서 추상적 보편개념이 아니라, 개체의, 주어의 개념인 경우에도." R. Heede, "Dialektik des spekulativen Satzes". *Hegel-Jahrbuch*. 1974. Köln: Pahl-Rugenstein Verlag. 1974. S. 283-4.

주어와 술어의 총체적인 상호정립은 사변명제가 사변적으로 전개되는 모습이다. 대립하는 양 항의 자립성과 관계성 가운데서 모순이 드러나고, 양 항 각각이 총체성을 지니기 위해 각각이 중층적으로 구조를 정립하면서 근원적 통일을 실현한다. 주어와 술어의 총체적인 상호 정립이 가능하려면 주어와 술어는 단순히 '사물과 속성'이라는 문법적 명제가 아니며 서로 실체적 관계를 지녀야 한다. 여기에서 헤겔은 실체형이상학도 극복하고 또 칸트적인 형식성도 극복하기 위해 실체의 역동성을 중요시한다. 그래서 그는 주어와 술어를 실체-속성이라는 관계를 벗어나서 각각이 실체이면서 관계성을 지니는 것, 즉 '유기적 관계개념'을 정초한다. 주어와 술어는 각각 실체이면서 동시에 유기적인 관계를 그리고 동적인 부정성을 지니는 '주체'로 드러난다.

이러한 관계를 완전히 정립하기 이전에는 개념규정인 보편, 특수, 개별의 총체적 관계는 완결되지 못한다. 최초 판단에서 마지막 판단으로 이어지는 판단의 전개를 통해 총체적 관계, 즉 양 항의 중층적 관계는 조금씩 형성되어 간다. 판단의 '계사'는 바로 관계이며, '근원적 동일성'을 투영한다. 그러므로 "판단 자체는 주어와 술어의 관계이며, 계사는 주어가 술어라는 것을 표현한다."(WdL., Ⅱ, 308). 처음에는 양 항의 자립성이 부각될 뿐이며 "이러한 동일성이 아직은 정립되어 있지 않고"(WdL., Ⅱ, 309) 주어와 술어 양 항을 결합하는 계사의 역할도 여전히 무규정적이다.

최초 판단에서 주어와 술어의 무관심에도 불구하고 내용적 동일성 문제 때문에 발생하는 모순을 해소하기 위해 새로운 판단이 등장하듯이, 최초 판단의 계사도 무규정성을 지양하는 운동을 전개한다. 개념의 분할인 판단에서 '하나의 모순'의 현전과 모순의 해소는 계사의 충족과정이다. 헤겔은 계사 'ist'의 동일화하는, 동시에 규정하는 기능을 **'충족된 계사'**로의 계사 자신의 사유로, 즉 사변적 파악으로 전이시킨다.9) 판단운동

---

9) P. Kemper, *Dialektik und Darstellung. Eine Untersuchung zur spekulativen*

은 계사의 충족을 이루는 것이다. 그런데 계사가 충족되면 계사는 내용을 지니는 '개념'이 된다. 계사가 개념이 되면 양 항이 세 개의 항으로 되며 세 항을 관계지우는 두 개의 판단들의 관계, 즉 추리가 정립되며, 계사는 추리의 매개인 매사로 전개되어 '주어와 술어의 상호 중층적 규정을 정립'한다. 계사가 충족되는 과정은 '판단의 전진'과 '판단들 간의 통일'이며 '추리로의 운동'이다. "**계사 Ist가** 이미 주어와 술어의 규정되고 충족된 통일로, 그것의 개념으로 정립되어 있다면, 그것은 이미 **추리일 것이다.**"(WdL., II, 309). 추리로 이행하는 계사의 의미는 판단의 마지막 단계인 개념판단의 필연판단에서 완전하게 정립된다. 여기에서 보편, 특수, 개별의 통일로의 계사의 충족과 더불어 개념이 실재성에 상응하여 '근거'로, 추리의 '매사(중심)'로 전개되기 때문이다. 이러한 진행 개념은 자기의식의 근원적 동일성을 정립해 나간다.

　개념으로 전개되는 **자기의식이 계사의 옷을 입고서 추진해 나가는 판단들 간의 변증법적 운동은** 자기의식의 사변적 자기매개를 달성해 나가는 **과정**이고, 추리의 매사(중심)의 매개성을 정초하는 과정이다. 이것은 독일 관념론사의 전개에서 칸트의 자기의식이 남긴 형식성, 피히테의 도달불가능한 절대적 자아가 지닌 직접적 동일성을 극복하는 과정이다. 칸트, 피히테에게서 주객 동일성을 이루는 **자기의식은 ist의 활동으로 번역될 수 있고, 추리의 정당화로 이행하지 못하는 판단으로 환원될 수 있다.** 그러므로 **헤겔에게서도 ist의 작용을 펼치면서 독일 관념론사의 연결과 극복고리를 보여주는 판단에 주목하여 자기의식의 논리적 구조를 정초할 수 있다.** 헤겔의 판단에서 생동적으로 의미를 전환하는 ist의 운동과 상이한 판단들의 변증법적 관계는 칸트의 자기의식에는 결여되어 있는 측면이다. 선험적 통각으로서 자기의식이 범주를 도출할 때, 이를 경험적 통각에 적용시키면서 판단론을 전개하고 범주론을 상술[10]해야 하는데,

---

Methode in Hegels "Wissenschaft der Logik". Frankfurt a. M.: Rita G. Fischer Verlag. 1980. S. 246. 필자 강조.

칸트는 판단연관을 전개하지는 않는다.

헤겔의 판단형식들은 본질적으로 칸트에게 정향되어 있다.[11] 그러나 칸트가 단순히 긁어모은 판단형식들을 가지고서 헤겔은 주어와 술어의, 개별자와 보편자의 일치가 점점 커지게 하는 과정[12]을 ist의 역할과 의미를 변화시키고 내용 규정을 첨가하는 것과 더불어 동시에 변증법적으로 전개한다. 그래서 칸트와의 불일치가 발생할 수밖에 없다. 헤겔이 판단형식을 전개하는 순서는 칸트의 판단분류 순서와 다르다.

가령 칸트의 판단 분류에서는 양적 판단이 질적 판단보다 먼저 온다.[13] 헤겔은 뉘른베르크 시기에는 칸트의 판단 분류에 의존한다. 그러나 『철학강요』에서는 양 판단보다 질 판단을 서두에 두고, 『대논리학』에서는 질 판단을 '현존재판단'으로, 양 판단을 '반성판단'으로 바꾼다. 헤겔이 판단의 순서와 명칭을 이렇게 변화시키는 것은 판단들 간의 논리적 내용 연관과 모순 그리고 내적 필연성을 동시에 문제 삼기 때문이다.

게다가 헤겔의 판단형식의 전개과정은 내용규정을 지니는 형식을 확립하는 과정이다. 즉 최초 판단형식들인 현존재판단은 공허한 형식적 판단이기 때문에 판단형식의 전개과정을 통해 형식적 판단을 극복하고 내용규정을 정초한다.[14] 최초 판단에서 형식과 내용의 모순이 유발되면서 형

---

10) J. van der Meulen, *Hegel. Die gebrochene Mitte*. Hamburg: Felix Meiner Verlag. 1958. S. 21 참고.

11) V. Hösle, *Hegels System*. Bd. I. Hamburg: Felix Meiner Verlag. 1988. S. 236.

12) ebd. S. 236 이하 참고.

13) KdrV. B 95ff 비교.

14) 형식논리와 헤겔 판단론의 차이는, 이전 철학자들과 달리 헤겔의 개념의 의미와 역할이 지닌 자기분열에 기인한다. 이를 뒷받침하는 설명을 보자. "헤겔은 사실상 하나의 사유를 개념들로 헤아리지만, 그러나 하나의 함축적인 판단을 서술하는 개념들로 헤아린다. 그런 한에서 전통 논리학과의 합치 속에서도 개념들의 진리가 물어질 수 있다. 왜냐하면 이 속에서 게다가 프레게의 지향과 관련되는 헤겔에게는 각각의 참된 판단이 변증법적 '이분적' 개념구체로 복귀되기 때문이다." R. Heede, "Dialektik des spekulativen

식적인 현존재판단이 지양되고 이러한 지속적인 지양 과정을 통해 내용 연관뿐만 아니라 본질을 언명하고 필연성을 담지하는 판단이 정립된다. 개별 판단들의 내용적인 규정에 대한 탐구가 칸트와의 명백한 차이를 만든다. 형식적 판단의 형식성이 지양되고 극복되는 과정에도 불구하고 다양한 판단형식과 범주를 보여주는 데서 그친다면, 판단운동의 끝에 가서도 형식성 비판에만 매몰될 수 있기 때문이다.

그러므로 헤겔이 형식성을 극복하는 것을 논증하기 위해 판단 운동을 밀도 있게 추적하는 작업이 필요하다. 헤겔은 '판단 장'에서 형식적인 판단분류와의 차이점을 보여주면서 동시에 자기의식의 사변적 자기전개의 근거를 제시하기 위해 추리로의 이행을 정초하는 ist에 주목한다. 판단운동이 추리로 이행한다는 점 그리고 동시에 필연성을 ist의 내용충족과 매사로의 전환 속에서 전개한다는 점은 자기를 전개하고 자기를 매개하는 자기의식의 중심을 정초하는 과정이다.

제3절 현존재판단 – 형식적 계사

현존재판단의 출발점은 개념의 세 계기 중에서 개별성이다. '개념의 자기 내 복귀'이면서 동시에 '개념의 상실'에 해당되는 개별성의 직접성이 최초 판단의 주어가 된다. 현존재판단은 직접성을 지니는 주어가 본질적이고 판단의 '근저'를 이룬다. 그래서 현존재판단은 비자립적 술어가 주어에 내속하는 '내속 판단'(WdL., Ⅱ, 311)이다. 직접적인 것에 해당하는 어떤 것 일반이라는 추상적 개별과 추상적 보편이 관계를 맺기 때문에 질적 판단(가령 장미는 붉다)이기도 하다. 주어와 술어는 추상적으로 규정적이다. 그것들의 '관계인 계사 Ist'도 규정적이지만, '마찬가지로 직접

Satzes". *Hegel-Jahrbuch*. Köln: Pahl-Rugenstein Verlag. 1974. S. 291-2.

적이고 추상적인 존재의 의미만을'(WdL., Ⅱ, 312) 지닌다.

아직 어떤 매개나 부정도 포함하지 않아서 '개별은 보편적이다'에서 출발하는 최초 판단은 긍정판단이다. 긍정판단은 '개별은 하나의 보편적인 것이다'라는 명제에서와 같은 두 가지 개념으로 이루어진다. 그러나 개별 자체(개별적 장미)가 보편(붉음)은 아니기 때문에, 이 관계는 부정된다. 그에 반해 보편은 개별은 아니지만, 개별 속에서 자기를 드러내야 하므로 보편은 개별적이다. 주어는 개별이지만, 개별 자체가 지닌 여러 가지 특성 때문에, 주어가 보편이다. 술어는 보편이지만, "주어가 지닌 총체성 중 다른 것은 배제하고서 주어의 단 하나의 계기만을 포함"(WdL., Ⅱ, 314)하므로, 술어는 주어의 단 하나의 보편으로서 개별이다.

'개별은 보편이다'라는 형식은 그 내용 상 '보편은 개별이다'이며, 형식과 내용이 아직은 통일을 이루지 못하고 분리되어 있다. 이 분리는 변화를 야기한다. 관계항들은 "그것들을 관계시키는 계사에 힘입어 다른 항에 의해 규정되어 있다. 그러나 그 때문에 즉자적으로는 형식과 내용의 구별이 긍정판단 속에 현전한다."(WdL., Ⅱ, 315). 형식과 내용 면에서 양 항은 '외연'과 '의미'의 차이가 있기 때문에 모순된다. 그래서 "두 명제 모두 부정당해야 하고, 긍정판단은 오히려 부정판단으로 정립된다."(WdL., Ⅱ, 317).

긍정판단의 최초의 형식적 진리는 '개별은 추상적 보편이 아니다'(장미는 붉지 않다)라는 '부정판단'이다. 그러나 술어는 '붉다'라는 규정성이 부정되어도 여전히 추상적 보편으로서 색깔을 지니는(Enz., §173) 것이며, 그 자체 하나의 규정된 것이다. 따라서 "개별은 하나의 특수이다."(WdL., Ⅱ, 318).

긍정판단의 형식적 진리에 상응하는 긍정판단의 내용적 진리는, '보편은 추상적 개별이 아니다'라는 부정판단이다. 개별로서 술어는 '하나의 보편적 주어와 관계'(WdL., Ⅱ, 318)하므로 개별을 넘어서서 '특수'가 된다. 긍정판단의 부정적 관계를 통하여 '개별은 하나의 특수이다'와 같은 특수성이 발생하는 명제들은 '부정판단의 **긍정적 표현**'(WdL., Ⅱ, 319)이다.

최초의 매개된 규정이 특수로 밝혀지는 부정판단은 긍정판단의 양 항 사이의 관계를 통해서 드러나므로 '**관계규정**'이다. 그러나 의미의 차이를 지니는 양 항의 관계는 '본질적으로 분리나 부정'을 담지한다. 그래서 '**부 정판단의 Nicht는 계사로 견인**'(WdL., Ⅱ, 319)된다. 계사는 양 항을 구 별하면서도 관계시킨다. 양 항을 관계시켜 연속성을 이루는 계사는 부정 성을 지니며 관계 자체이다. 헤겔에게 이러한 **부정**은 **계사**뿐만 아니라 **술어의 내용**에도 속한다.[15] 그래서 판단의 관계인 계사는 단순한 외적 결합에 그치지 않고 더 나아가서 내용성을 지닌다. 계사의 내용성은 양 항들이 지니는 것과 동일한 규정을 지니는 규정형식이 된다.

"양 항이 구별되는 한에서, (판단의) 관계는 자신 안에 부정성도 지니 고 있다. 바로 위에서 제시된 **관계**형식으로부터 **규정**형식으로의 이행은 계사의 **Nicht** 또한 술어로 전이시키고, 술어는 **비-보편**으로"(WdL., Ⅱ, 320), 특수로 되어 '개별은 특수이다'가 형성된다.

계사를 중심으로 한 부정을 통해 보편에서 특수로 이행한다고 해도 특 수성이 본래적 '개별의 정립'(WdL., Ⅱ, 319)은 아니다. 외연을 비교할 때 '특수성은 개별성보다도 더 넓은 외연을 지니며'(WdL., Ⅱ, 323) 그래 서 규정성의 부정이 생긴다. 이때 현존재판단은 술어가 주어에 '내속'한 다는 이유 때문에, 본래적 개별의 정립을 위한 '부정'은 주어가 아니라 '술어'에서 이루어진다. 앞서 부정판단에서 이루어진 술어(보편)의 부정 인 특수성을 다시 부정하는, 즉 '술어의 부정의 부정'으로서 이차부정이 발생한다. 그 결과 '자기자신과 관계하는 부정성'으로서 주어와 술어의 전적인 합치를 위해 '술어의 범위 전체가 부정되고, 술어와 주어 간에는 더 이상 어떤 긍정적 관계도 있지 않은'(WdL., Ⅱ, 324) '부정적 무한판 단'이 드러난다. '정신은 빨갛지 않고 노랗지 않다', '장미는 어떤 코끼리

---

15) K. Düsing, *Das Problem der Subjektivität in Hegels Logik. Hegel-Studien/ Beiheft.* Bd. 15. Bonn: Bouvier Verlag. 1976. S. 257. 필자 강조.

도 아니다'처럼 주어와 술어의 '전적인 부적합성'(Enz., §173)이 부정적 무한판단을 의미한다.

　권리문제와 관련시켜 무한판단을 설명해 보자. 시민이 권리투쟁을 함에도 불구하고 어떤 소유물도 점유하지 못하는 상황이 되어도 '권리'는 여전히 지닐 수 있다. 이것은 부정판단이다. 그에 반해 범죄는 앞서의 '특수한 권리'뿐만 아니라 '권리 자체'를 부정하게 된다. 이것은 무한판단에 해당된다. 무한판단에 대해 쉬미츠는, 이중부정이 긍정을 야기하는 것이 헤겔 변증법의 공리임에도 불구하고, 여기에서 무한판단은 긍정으로 복귀하지 않는 이중부정[16]이라고 비판한다.

　물론 비판과 달리 헤겔의 무한판단에서 긍정적 이중부정의 측면이 나타난다. 헤겔은 무한 판단을 동어반복적인 판단인 '긍정적 무한 판단'과, 모든 보편적 술어가 주어에는 부적합하다는 '부정적 무한 판단'으로 나눈다. 이 상황에서 무한 판단은 주어와 술어가, 개별과 보편이 전적으로 통일되지 못하는 공허한 판단처럼 보인다. 피히테는, 어떤 것에 의해서도 규정될 수도, 같을 수도 대립될 수도 없는 판단은 종합 판단보다도 더 근원적이라고 한다. 이러한 근원적인 정립은 절대적 주체로서 절대적 자아에 상응한다. 절대적 자아에 상응하는 정립 판단으로서 '자아는 자아이다'는 무한 판단에 상응한다[17]. 자기의식과 절대적 자아가 통일되지 못하는, 구별과 동일성이 통일되지 못하는 피히테적 의미는 헤겔의 무한 판단과 연관이 있다. 헤겔은 통일 불가능성을 해소하는 무한 판단으로 전진해 간다.

　헤겔의 무한판단은 '개별의 무한한 자기 내 복귀'이면서 주어의 구체성이 재건되어 규정적 피규정자로서 개별이 정립되는 무한판단이다. 주어가 '**직접적** 개별'인 현존재판단은 부정판단과 무한판단의 부정을 통해서

---

16) H. Schmitz, *Hegel als Denker der Individualität*, Meisenheim a. Glan: Anton Hain Verlag, 1957, S. 105.
17) GWL, S. 115-6 참고.

'규정된 규정성'(WdL., II, 325)으로서 개별로 **정립**된다. 형식상 술어와의 연속성을 지니는 정립된 개별('개별은 개별이다', '장미는 장미다.')인 긍정적 무한판단과, 내용상 구별된 것의 총괄('보편은 보편이다.')인 긍정적 무한판단이 정립된다. 이중부정을 통해 정립된 긍정적 무한판단은 동어반복적이며, 자립적 양 항의 질적 대립이 지양되기 때문에 "동일성만이 현전하고, 구별은 전적으로 결여되어서 더 이상 어떤 구별도 없다."(WdL., II, 325). 질적 구별의 지양은 양적 관계를 등장시키는데, 일단 이 동일성은 공허한 동일성처럼 보인다.

그러나 이 동일성은 공허한 동일성이 아니다.[18] 동일성 자체가 이중부정 운동을 통해서 정립되기 때문에, 운동과정에서 현시되고 포착되는 개념의 '가현'이 있다. 개념의 가현은 주어와 술어의 동일성을 통해서 현존재판단의 질적 대립이 지양되는 가운데 정립된다. 여기에서 "판단의 계사가 포함하는 것, 즉 이러한 계사의 동일성에서 질적 양 항은 지양된다."(WdL., II, 326). 양 항의 동일성을 이루는 계사가 질적 구별의 지양을 의미하는 것으로 드러나는 무한판단은 더 이상 판단이 아니고 개념의 통일이다.

이러한 개념의 통일은 자기 부정성을 지니기 때문에 공허한 동일성에 정체하지 않고, 또 다시 분열되어 새로운 판단으로 전개된다. 새로운 판단에서 양 항은 이제 직접적 관계가 아니라 상호 가현하는 관계이다. 그

---

18) 비록 공허한 동일성이 아니라고 할지라도, 현존재판단에서는 보편성과 개별성의 통일이 실현되는 것은 아니다. 개별성이 상실되지 않으면서도 주어와 술어가 본질적으로 관계할 가능성은 무참히도 무산되어, 주어와 술어가 분할되어 버리는데, 무한판단이 그 단적인 예이다. 개별성이 상실되지 않으면서도 판단의 필연성이 정립되는 것은 개념판단, 특히 개념판단의 마지막 단계인 필연판단에서 가능하다. 무한판단을 쉬미츠와 동일하지는 않지만, 유사하게 해석할 수 있는 여지를 모일렌(J. van der Meulen, *Hegel. Die gebrochene Mitte.* Hamburg: Felix Meiner Verlag, 1958, S. 19 참고)도 보여준다.

래서 타자와 관계하는 '반성판단'으로 이행한다. 동일성의 정립은 바로 가현을 지니는 반성판단으로의 이행이다. 이렇게 해서 드러난 반성판단 은 질이 지양된 양적 구별을 전개하는데, 질적 양 항의 지양은 바로 '계 사의 역할'이며, 계사는 '양 항의 관계와 가현'을 의미한다.

제4절 반성판단 - 실체성으로 이행하는 타자관계적 계사

반성판단에서 규정들은 계사에 의한 타자와의 관계를 자신 안에 지니 는 '반성된 규정성'이다. 그러므로 이제 규정은 "**관계** 속에 있는 하나의 규정 혹은 하나의 **총괄적** 보편성"(WdL., Ⅱ, 326)이다. 주어는 '개별 자 체이면서 보편'이며 "구별된 것들의 관계를 통해서 하나로 총괄된 보편 으로 정립된다."(WdL., Ⅱ, 326). 그래서 주어의 본질성을 표현하는 술어 (인간은 **죽을 운명**이다. 사물들은 **소멸**한다)는 규정된 내용이다.

현존재판단에서는 직접적 주어가 '근저'에 있기 때문에, 술어가 주어에 내속하고 **규정**운동이 **술어**에서 전개된다. 그러나 반성판단은 **반성된 즉 자존재**를 자기의 규정으로 지닌다. 반성판단이 가현 속에서 규정된 내용 을 전개할 때 "본질적인 것은 **보편** 또는 술어이다. 따라서 술어가 **근저 에 놓인 것**"(WdL., Ⅱ, 327)이다. 반성판단에서는 술어가 개별을 우연적 인 것으로 '포섭'하고, 규정운동은 술어에 준해 **주어**에서 전개된다. 술어 의 규정은 주어의 운동에 따라 간접적 방식으로만 전개된다.

양 항의 상호 가현을 이루는 반성판단은 현존재판단의 전개를 통해 양 항의 질적 대립을 지양하면서 양 판단을 정립한다. 그래서 반성판단에서는 양을 드러내는 주어가 등장한다. 처음에는 '개별은 보편이다'를 현시하면서 단칭판단이 나타난다.

헤겔의 반성판단은 칸트의 분량판단에 상응한다. 그러나 판단분류 순서는 칸트와 다르다. 전칭판단에서 시작하는 칸트와 달리, 헤겔은 판단형식 간에 개별과 보편의 일치가 더욱 커지는 관계를 보여주기 위해, 전칭판단이 아니라 단칭판단에서부터 반성판단을 시작한다.

양판단에서 최초 판단인 단칭판단은 '이것은 본질적으로 하나의 보편이다.'(WdL., Ⅱ, 328)이다. 그러나 긍정판단에서 부정판단으로의 이행 시 개별에게 야기되었던 변화를 생각하면, '이것'은 '본질적으로 하나의 보편은 **아니다.**'(WdL., Ⅱ, 328)가 정립된다. 이런 측면과 더불어 '술어가 근저에 놓인다.'라는 반성판단의 특징을 동시에 고려하면, 단칭판단에서 변화하는 것에 해당되는 규정자는 술어가 아니라 '주어', 즉 '이것'이다. 그래서 '이것이 아닌 것은 반성의 보편이다'로 된다. 이때 '이것이 아닌 것'은 '이것'보다는 좀 더 보편적 실존을 지니기 때문에 '특칭판단'이 된다.

단칭판단의 운동 결과 나타난 '이것이 아닌 것'이라는 '주어의 비-개별성'은 특수성이다. 이때 반성판단의 개별성은 **본질적 개별성**으로 규정된다.'(WdL., Ⅱ, 329). 부정을 통해 드러난 특수성은 개별의 지양이 아니라 "**개별의 확장**이며, 이제 주어는 '하나의 이것'이 아니라 '**몇몇의 이것**' 또는 '특수한 개별의 다수'이다."(WdL., Ⅱ, 329). 단칭판단의 규정작용에 의해 나타나는 '부정판단'은 '몇몇의 개별은 반성의 보편이다'라는 특칭판단이다. 특칭판단은 단칭판단의 부정을 통해 정립되지만 개별의 확장으로 나타나는 '긍정판단'이며 보편성을 지닌다. 이런 측면이 특칭판단의 내용에 그대로 적용되기 때문에 특칭판단은 긍정적이며 동시에 부정적이다. '몇몇 사람은 행복하다'라는 특칭판단은 긍정적으로 행복한 몇 사람이 있지만, 행복하지 않은 사람도 있다라는 부정적 요소도 지닌다.

단칭판단에서 특칭판단으로의 이행을 가져오는 주어와 술어의 전환 또한 계사의 의미변화와 맞물려 있다. 개별의 의미 변화는 계사 규정의 의미 변화에 그대로 적용된다. "**주어가 단칭판단의 이행을 통해서 보존하는 부정적 규정은 관계규정, 즉 계사규정**이기도 하다."(WdL., Ⅱ, 329). 긍정, 부정을 동시에 포함하는 부정적 규정인 특칭판단에서 몇몇은 보편을 유지하면서 반성된 개별성을 지닌다. 그러므로 반성된 개별성은 보편적 본성으로서 유를 지니지만, 아직은 유를 예견만 할 뿐이지, '개념규정의 총체성'으로서 보편은 아니다. 그래서 관계규정인 계사도 아직은 보편성을 총체성으로 정립하지는 못한다.

특칭판단에서 '몇몇'은 단지 '이것을 특수성으로 확장'(WdL., Ⅱ, 330)한 것일 뿐이지, '몇몇'이라는 특수성이 보편과 합치된 것은 아니다. 보편의 요소를 지니지만 아직도 '무규정적 보편'이다. 그러므로 개별의 확장이면서 동시에 '보편'을 지니는 '규정된 보편', 즉 '이것'에 상응하는 '총체성'을 지니려면 '범유성'(Allheit)으로 이행해야 한다. 범유성을 지님으로 해서 주어가 보편성을 획득하면 '전칭판단'이 된다. 그러나 전칭판단의 주어의 보편성은 개별과 전적으로 합치되는 것이 아니라 '**모든 것**은 모든 **개별**이다'를, 즉 개별의 총괄만을 의미(WdL., Ⅱ, 331)하기 때문에 총체성이 아니고 범유성이다. 보편과 개별의 통일이라기보다는 개별의 묶음을 의미하는 범유성이다. 전칭판단에서 주어는 원래 지녔던 개별성을 변화시키지 못하고 있다. 그래도 보편적이라고 일컫는 이유는 하나의 규정에 좀 더 많은 것, 좀 더 많은 개별성이 귀속하기 때문이다. 이런 식으로 개별의 수를 늘려서 확보한 보편성은 보편과 동일한 차원에 도달하지 못 한다. 그래서 뒤징은 참된 보편은 개별들의 집합적 보편성으로는 파악불가능하고, 유 자체가 스스로 개별과 규정태를 자기의 본질 속에서 구별하고 관계시키는 통일 자체로 작용할 때 파악가능하며, 이것은 보편을 방법으로 사유하는 절대이념에서야 결정적으로 드러난다[19]고 한다.

전칭판단의 범유성은 참된 보편에 근접해 가긴 한다. 범유성은 '총체성'으로서 '정언적인 즉자대자존재'(WdL., Ⅱ, 332)를 현시하는 개념의 보편성에, 유인 보편성에 가까워진다. 그러나 개별을 고수하는 외면성을 벗어나야만 범유성은 총체성이 되며, 개별성도 보편과 동일한 규정으로

---

19) K. Düsing, *Das Problem der Subjektivität in Hegels Logik, Hegel-Studien/ Beiheft*, Bd. 15, Bonn: Bouvier Verlag, 1976, S. 259 참고.

150

된다. 즉 "자신과 동일한 관계인 부정성으로 **정립**된다."(WdL., Ⅱ, 333).
개별은 반성판단을 통해 보편으로 확장되면서 주어가 점차적으로 '객관
적 보편성'(WdL., Ⅱ, 333)을 지니게 된다. 단지 외적으로 '전제된 것'이
었던 즉자대자적 보편을 계사를 통한 반성에 의해 '정립된 것'(WdL., Ⅱ,
332)으로 만듦으로써 이제 개별인 주어는 유로서의 개별이 된다.

반성판단의 주어는 현존재판단의 전개를 통해 정립된 주어이기 때문
에, 반성판단은 '부정적 동일성'이라는 '반성적 개별'에서 출발한다. 더 나
아가 반성적 개별인 주어는 지속적으로 반성적 정립행위를 함으로써 개
별의 즉자성과 개별의 전제였던 유를 '정립된 유'로 전개한다. 이제 주어
는 '모든 인간'이 아니라 '인간'이라는, 즉 개별화한 규정성 모두를 실체
적 내용으로 지니는 '구체적 보편성으로서 유'가 된다. 여기에서 "유는
주어에 **내속**하지도, 주어의 **개별적** 성질도 아니다."(WdL., Ⅱ, 333). 이
렇게 유가 정립되면 본질적 보편성을 지니는 필연성판단이 등장한다.[20]

양 항을 구별하면서도 양 항의 총체성을 정립해 나가는 판단의 전진은
주체로서 실체가 중층적인 근원적 동일성을 정립하는 과정이며 이와 동
시에 주어와 술어의 관계인 '계사의 동일성'과 '내용'을 정립하는 사변적
과정이다. 주어가 근저인 현존재판단에서는 주어에 내속하는 술어에서,
술어가 근저인 반성판단에서는 술어에 포섭되는 주어에서 계사의 동일성
이 정립된다. 동일성의 정립은 **계사로의 이행**, 즉 **개념의 동일성으로의**
이행이다. 주어의 운동을 통해 계사의 동일성을 정립하는 과정에 의해
객관적 보편성인 유에 이르면, 새로운 변화가 일어난다.

"주어와 술어의 관계는 반전되며, 그런 한에서 맨 먼저 판단이 지양된
다. 판단의 이러한 지양은 우리가 여전히 고찰해야 하는 계사 규정이 되

---

20) 술어가 근저인 반성판단에서 술어에 포섭되던 주어는 유, 즉 "자기와의 이
    러한 부정적 동일성으로 정립되기 때문에, 본질적으로는 주어이다. 그러나
    자기의 술어에 더 이상 포섭되지는 않는다. 이와 더불어 이제 대체로 반성
    판단의 본성이 변화된다.'(WdL. Ⅱ. S. 333-4).

는 바와 합치된다. 판단규정들의 지양과 **계사로의 판단규정의 이행**은 동
일하다.…주어와 술어는 동일하고, 즉 그것들은 계사 속에서 합치된다.
이러한 동일성은 유 또는 하나의 사물의 즉자대자적으로 존재하는 본성
이다."(WdL., Ⅱ, 334). 이 동일성은 유가 '본질적 보편성'을 지니는 필연
성판단의 전개를 낳는다.

제5절 필연성판단 – 내용이 충족된 개념으로서
자기관계적 계사

　　정립된 특수성이 보편성으로 드러나는 현존재판단에서는 '추상적 보편
성'을 지니는 술어의 부정운동을 통해, 타자관계로서 단순한 총체성을 지
니는 '총괄적 보편성'에 도달한다. 총괄적 보편성을 술어로 지니는 반성
판단에서는 주어의 부정운동을 통해 자기관계적 '본질적 보편성'을 지니
는 총체개념으로 전개된다. 이렇게 해서 필연성판단에 이른다.
　　필연성판단에서 주어와 술어는 외적 결합이 아니라 유인 '실체성에 상
응'하는 즉자대자적 동일성, 본질적 동일성이며 이것은 필연성관계를 지
닌다. 필연성관계에서 주어와 술어는 내속, 포섭관계일 수 없으며 실체적
보편성을 근저에 놓는다. 필연성판단의 술어는 본질적 보편성과 총체개
념이기 때문에, 그에 부합하여 실체를 표현한다. 유인 보편성은 본질론과
달리 "개념에 속하며, 이를 통해서 내적 필연성인 것만은 아니고 자기의
규정들의 정립된 필연성이기도"(WdL., Ⅱ, 335) 하다. 그러므로 필연성
판단은 정립과 피정립의 통일 속에서 내재적 구별을 정립하고 있다. 주
체로서 실체가 내재적 자기구별을 지니고 구별 속에서 주어와 술어가 필
연적인 실체적 동일성을 정립해 나가게 되면, "유는 자신을 분할하거나
자신을 본질적으로 종으로 밀쳐낸다."(WdL., Ⅱ, 335).

그래서 필연성판단의 최초 판단은 주어가 유종관계를 지니는 보편성을 술어로 삼는 정언판단이다. 술어는 주어의 실체, 주어의 본질적 본성이다. 그러나 정언판단은 주어가 구체적 유를 '직접적으로 특수화'하기 때문에 술어가 여러 종 가운데서 '하나의 종'으로 등장하는 직접판단이고 최초 판단이다. 그러므로 여러 판단이 있을 때 그 판단이 단지 긍정판단인지 아니면 필연성을 지니는 정언판단인지를 확정하는 논증이 필요하다. 주어와 술어의 관계에서 주어가 '개별적이고 우연적인 내용'이면 긍정판단이고, 주어가 '자기 내 반성된 형식의 총체성'이면 정언판단이다. 정언판단의 주어는 유이며 유적 총체성을 근저로 삼기 때문에 내용적 필연성을 지니는 본질규정이다. 따라서 "본질적으로 자기로부터 배척하는 규정성 자체와 동일적 관계를 지닌다."(WdL., Ⅱ, 337).

필연성판단의 양 항의 특징은 계사에도 그대로 투영된다. 긍정판단에서 계사는 '추상적인 직접적 존재'의 의미만을 지닌다. 이와 달리 "정언판단의 계사는 필연성의 의미를 지닌다."(WdL., Ⅱ, 336). 정언판단은 긍정판단과 같은 우연적인 외적 규정이 아니고, 양 항과 계사 모두가 필연성을 지니며 객관적 보편성과 합치되는 규정이다. 객관적 보편성을 지니는 이러한 규정들의 특징 때문에 정언판단은 '필연적 연관성을 보여주는 가언판단'으로 이행하게 된다.

가언판단은 정언판단보다도 필연적 연관을 더 분명하게 보여준다. 본질론에서 나타나는 반성범주들의 내용적 심화를 통해 비교할 때도, 칸트의 관계범주와 관계판단을 대응시켜 비교할 때도 필연적 연관성은 분명하게 나타난다. 칸트는 정언판단을 두 개의 개념 간의 관계라고 한다. 가언 판단은 정언판단에서 드러나지 않는 원인과 결과의 관계, 근거와 귀결의 관계를 지니므로, 내적 연관성이 정언판단보다도 증대되는 판단이며, 두 개의 판단을 포함하는 하나의 판단이라고 한다.[21]

헤겔의 필연성판단들인 정언판단, 가언판단, 선언판단은 칸트의 관계판

---

21) KdrV. B 98 참고.

단들에 상응한다. 칸트의 관계판단에 기인하는 관계범주인 실체와 우유성, 원인과 결과(제약과 무제약), 상호작용[22]은 헤겔의 필연성판단의 주어, 술어관계에서도 나타난다. 헤겔은 칸트의 관계판단들의 내적 관계를 더 심도있게 밝히면서 판단들 간에도 필연성의 차이가 있으며 필연성이 점차적으로 정립되는 과정을 보여준다. 가언판단(만약 A가 있으면, B가 있다. A의 존재는 자기의 고유한 존재가 아니라 타자의 존재, 즉 B의 존재이다.)은 "정언판단에서는 아직 정립되어 있지 않았던, 직접적 규정성의 필연적 연관"(WdL., Ⅱ, 337)을 보다 가시적으로 정립한다.

그러나 주어가 두 개이기 때문에 일단은 주어의 자립성과, 주어들 간의 외적이고 우연적인 실존이 두드러져 보인다. 그래서 회슬레는 두드러지는 우연적 실존을 겨냥하여, 가언판단이 필연성판단에 속함에도 불구하고 어떤 본질언명도 하지 않는다[23]고 비판한다. 이러한 비판과 달리 뒤징은 가언판단이 개념규정들을 제시하지는 않지만, 개념규정들은 필연적 연관을 지니며, 그것들의 결합의 필연성은 선언판단에서 언명된다[24]고 주장한다. 가언판단에서 양 항 간의 '존재관계가 본질적'이기 때문에, 설령 외적이고 우연적인 실존이 두드러져 보인다고 해도 그 속에서 부각되는 자립적 존재는 단순한 가능성에 지나지 않는다. 단순하게 'A가 있다'거나 'B가 있다'를 의미하거나 포함하는 것이 아니라, "만약 하나가 있다면, 그 경우에 다른 것이 있다는 것만을 포함한다. 양 항의 연관만이 존재하는 것으로 정립되어 있지, 양 항 자체가 정립되어 있지는 않다."(WdL., Ⅱ, 337). 양 항의 연관이 중요시되므로 양 항의 내적 동일성은 "한 쪽의 현실성이 자기의 존재가 아니라 동시에 타자의 존재이기 위하여"(Enz., §177) 있는 것이다.

---

22) KdrV. A 106, B 95f 참고.
23) V. Hösle, *Hegels System*. Bd. Ⅰ. Hamburg: Felix Meiner Verlag. 1988. S. 237.
24) K Düsing, *Das Problem der Subjektivität in Hegels Logik. Hegel-Studien/ Beiheft*. Bd. 15. Bonn: Bouvier Verlag. 1976. S. 261 참고.

따라서 가언판단은 언제나 '명제형태'를 지닌다. 주어의 존재는 즉자적으로 타자의 존재이므로, '자신과 타자'의 '통일로서 보편성'과 '구별로서 특수성'을 지닌다. 이때 특수성은 구별된 것이면서 동시에 관계를 형성하는 총체성이기도 하므로, 개념규정들은 '개념의 구체적 동일성으로서 보편성'이고 '보편성 속에 정립된 특수성', 즉 선언판단이 된다.[25]

'A는 B이거나 C이거나이다'라는 선언판단의 주어는 유의 단순한 형식을 지닌다. 그러나 동시에 주어는 자기구별하는 규정들의 총체성이기도 하다. 여기에서 유의 보편성은 '종들의 총체성의 특수성'이다. 종들의 실체적 보편성을 형성하는 "유의 전개 속에 있는 특수성이 술어를 형성한다."(WdL., Ⅱ, 339). 이러한 보편의 특수화는 특수와 보편의 긍정적 동일성인 Sowohl-Als Auch(이것도 저것도: '주어A는 B이면서 C이기도 하다')를 지닌다. 그리고 종들 간에 서로 배척하는 규정적 구별이며 부정적 관계인 Entweder-Oder(이것이냐 저것이냐: '주어A는 B이거나 C이다')도 지닌다.

판단의 구별지들은 '자립성'과 '관계성'을 지녀야 하며, 두 측면이 동시에 정립될 때만, 개념의 자기구별과 자기매개를 추진하는 '모순'이 정립된다. 개념의 자기구별과 자기매개 속에서 드러나는 '모순' 개념과 모순의 통일은 선언판단에서야 제 위치를 지니게 된다. 왜냐하면 모순을 부각시키는 자립성이 확고한 위치를 점하는 '배척하는 양자택일'이 선언판단에서 정립되기 때문이다. 이때 구별지들은 우연적이고 주관적인 양자택일이 아니라 필연성을 지니는 내적 양자택일이므로, '다양한 판단들'보다는 '서로 배척하는 두 개의 판단'으로 압축된다. 서로 배척하면서도 동시에 이들의 통일인 '이것도 저것도'가 정립된다. 이런 측면은 동일한 선

---

25) 칸트는 선언 판단에서는 판단들이 관계하는 것을 고찰한다. 여러 판단 중한 쪽 판단을 선택하면, 다른 판단들은 배제하는 논리적 대당관계이다. 그렇지만 여러 판단들 전체가 모여서 인식의 전 범위를 만들기 때문에 상호성의 관계이기도 하다고 주장한다(KdrV. B 98-9 참고).

언판단이라고 해도 칸트의 선언판단에는 담겨 있지 않은 것이다. 배척하면서도 통합되는 "종들의 통일은 선언판단의 이것이냐 – 저것이냐(양자택일)에서 자기의 진리로 정립된다."(WdL., Ⅱ, 341).

내적 모순으로 전개되는 양자택일과 부정적 통일에 의해 이루어지는 주어와 술어의 통일에서 "선언판단의 유는 가장 근접한 유로 규정된다."(WdL., Ⅱ, 341). 유가 주어와 대립하는 정언판단과 달리, 선언판단의 유는 '주어에 가장 근접한 유'이므로, 유종의 내재적 관계에서도 '유는 종과 가장 근접한 유'이다. 종을 자기구별로 지니는 유는 개념계기들의 통일인 보편성이며, 그 자체 '개념'이다. 선언판단의 주어와 술어는 부정적 구별을 지니면서도 본질적 통일을 이루는 개념의 구별이다. "선언판단은 처음에는 선언의 분지들을 자기의 술어 속에 지닌다. 그러나 그와 마찬가지로 선언판단 자체가 선언된다. 자기의 주어와 술어는 선언의 분지들이다. 그러나 자기의 규정성 속에서 동시에 동일한 것으로 정립된 개념규정들이다."(WdL., Ⅱ, 343).

주어와 술어의 동일성은 이전의 판단들에서처럼 선언판단에서도 계사에 투영된다. 동일성은 계사의 작용이고 계사의 통일이며, 계사는 그 자체가 개념으로 된다. "이러한 통일, 즉 양 항들이 그것들의 동일성을 통해서 합치되는 이러한 판단의 계사는 따라서 개념 자체이며 게다가 정립된 것으로서 개념이다."(WdL., Ⅱ, 344). 계사가 이전에는 어떤 개념규정도 아니었다. 계사는 단지 양 항에 외적인 ist이거나 양 항을 관계시키는 관계 규정이었다. 개념규정들에 외적인 것으로 작용하면서 개념규정들을 결합시키는 관계였다. 그러나 현존재판단에서 필연성판단으로까지 전개되는 동안 계사의 의미도 변해서, 이제 계사는 단순한 관계인 것이 아니라 '개념 자체'로, '개념 전체로서 개념규정'으로 정립된다. 계사가 '내용규정을 지니는 개념'이 되며, 이로 인해 필연성판단은 개념판단으로 이행한다. '계사'가 필연성을 지니는 것뿐만 아니라 '개념 자체'까지 된다. 이러한 '계사의 의미변화'를 통해서 계사는 내용 외적인 것이 아니고, '내용을 지니는 제3자'가 된다.

　계사가 개념 자체로, 내용을 지니는 제3자로 발전하면서 개념운동은 자기의식의 전개이라는 주장을 좀 더 부각시킬 수 있게 된다. 즉 자기의식의 모습은 계사의 의미변화를 통해 계사 속에서 드러나고, 계사 자체가 자기의식의 근원적 동일성으로 전개된다는 점을 분명하게 정당화할 수 있는 지반이 형성된다. 계사가 개념이 되면서 '자기의식으로서 개념'은 곧 '계사의 운동'임이 분명해진다. 이제 계사는 아직 완전하게 전개되지는 않았지만, 개념이 됨으로써 판단과 추리의 연관성을 정립하는 것이 된다. 앞으로 논리적 연관 속에서 점차적으로 정립되는 판단연관과 추리들의 전개를 통해 개념, 판단, 추리작용은 서로 분리된 것이 아니라는 점이 분명하게 드러날 것이다. 이에 대한 근거가 바로 계사의 운동과 의미변화이다.

　계사는 개념이 되고 개념, 판단, 추리를 매개시킴으로써, 자기의식의 근원적 동일성으로, 자기의식의 핵으로 분명하게 자리매김된다. 자기 내적 부정을 지니는 개념론의 '개념'은 그 자체 자기분열하는 '판단' 자체이며, 더 나아가 보편, 특수, 개별 각각이 총체성을 이루는 판단의 전진 속에서 개념이 재건되는 '추리'이다. 개념의 '근원적 동일성'을 정립하는 추리는 계사가 개념이 되는 선언판단에서 선취된다. 이런 이유에서 선언판단은 곧장 추리로의 전환이라고 해석할 수 있는 여지가 있다. 이러한 여지를 암시하는 선언판단에서 보더라도 자기의식의 근원적 동일성 정립은 자기의식의 자기전개와 동일화 작용인 계사의 의미변화 속에 담겨있다고 주장할 수 있다.

제6절 개념판단-'주어-근거'로서 계사

선언판단에서는 '판단의 관계가 지양된' 개념의 통일이 정립된다. 선언 판단은 계사의 의미 변화를 통해 추리로 전개될 수 있는 가능성과 자기 의식의 근원적 동일성을 논증할 수 있는 가능성을 동시에 드러낸다. 그 러나 보편성과 개별성의 통일이 아직은 규정적 자립성을 지니는 총체성 으로 정립되지는 않았다. 왜냐하면 "특수의 부정적 통일이 보편성으로 복귀할 뿐이지 아직도 제3자, 즉 개별성으로 규정되지는 않았기"(WdL., Ⅱ, 345) 때문이다. 제3자인 개별성이 아직 정립되지 않았다는 것은 개념 의 계기들 각각의 총체성이 아직 정립되지 않았음을 의미한다. 개별성 규정이 아직 정립되지 않았음을 고려하면 계사의 의미를 매사와 관련시 켜 좀 더 논증력 있게 전개해 나갈 수 있는 길이 개념판단들에서 뚜렷하 게 열린다.

개념판단은 선언판단에서 회복하지 못한 '개별성'을 정립한다. 지금까 지 판단의 전개를 통해서 보편성과 개별성의 총체적 통일을 이루려는 행 보를 계속했다. 보편성의 구체적인 정립은 지속적으로 커져 왔다. 그런데 애초에 판단이 출발했던 곳은 개별성이며, 개별성은 보편개념의 자기 내 복귀이면서 동시에 판단을 견인해내는 개념의 상실이었다. 개념이 상실 된 개별성에서 보편성을 재건하는 것은 개별성의 유한성을 극복하여 무 한성을 정초하는 것이다. 보편과 개별의 동일성이 커져가는 판단운동의 마지막 단계인 개념판단에서는 유한과 무한의 통일을 이루는 개별의 당 위가 주제화된다.

여기에서 등장하는 '개별'이 '성질'과 맺는 관계는 『대논리학』의 운동을 거슬러가서 만나게 되는 한계 개념을 통해 좀 더 선명하게 드러낼 수 있 다. 그러므로 개념판단에서는 '한계'와의 관련성 고찰이 요구된다.[26] 학

---

26) J. van der Meulen, *Hegel. Die gebrochene Mitte*. Hamburg: Felix Meiner

의 시원에서 존재와 무의 동일성과 구별을 통해 형성되는 어떤 것도 그 자체에 자기 부정적 측면을 지닌다. 그래서 어떤 것이 지니는 '존재'와 '비존재'라는 계기는 『대논리학』의 전진 속에서 새로운 내용과 단계로 전환되어 새로운 계기들을 창출한다. 이러한 관계와 그로 인한 운동을 개념에 투사해 볼 때, 현존재에서는 현존재가 지닌 내면(내적 규정)과 타자와의 관계에서 출현하는 성질도 관련이 있다. 모일렌이 이런 점을 세밀하게 추적하고 있다. 그에 의하면 규정과 성질의 관계가 현존재의 운동을 추진하는 한계가 되는데, 이 한계는 현존재가 지닌 제약을 넘어서서 현존재가 실현해야 할 내적 원리인 당위로 나아가는 추진력이다. 추진력의 실현은 유한극복으로서 진무한이다. 이러한 한계의 실현이 개념론에서는 계사 속에서 재인식된다.[27] 헤겔에게는 진무한의 자격을 갖추기 위해 마지막으로 넘어야 할 관문이 당위이다. 헤겔은 개념판단에서 당위를 문제삼고 있고, 계사의 의미도 진무한 속에서 정초하는 기반을 만든다.

개념판단에서는 '개념'이 근저에 있으며, 이제까지와는 달리 '대상과 개념의 관계'(WdL., II, 344)를 논한다. 그러므로 개념은 "실재성이 그에 합치될 수 있거나 합치될 수 없다는 하나의 당위로 있다."(WdL., II, 344). 이때 자기의 보편개념과 전제된 당위의 일치 여부를 다루는 개념판단은 '가치 판단'이다. '사유와의 관계에서 계사의 가치에만'(WdL., II, 344)[28] 접근하는 양상판단이다.

이때 '사유'의 측면을 부각시켜 개념판단을 '주관적인 것'으로 오인해서는 안 된다. '사유'를 거론하는 것은, 개념판단에 와서야 '대상과 개념의 관계'가, '직접적 현실과 개념이 관계 맺는 문제'가 대두하기 때문이다.

Verlag. 1958. S. 17-9 참고.

27) ebd. S. 18.

28) 이런 말은 이미 칸트(KdrV. B 100)에게서 나타난다. 칸트에게서 분량, 성질, 관계판단은 판단의 내용과 관계한다. 그러나 양상판단은 내용과 관련 없이 인식능력과의 관계, 즉 계사의 가치에만 주목하므로, 판단의 특수한 기능이다.

그래서 이전 판단들은 '주관적 판단'이고, 대상과의 관계를 문제 삼는 개념판단은 '객관적 판단'이다.

개념판단에서 독특하게 강조되는 존재와 당위의 일치 그리고 개념과 대상의 관계는 헤겔이 주관의 존재를 담아내면서 칸트뿐만 아니라 독일 관념론사의 한계를 넘어서는 중요한 측면이다. 칸트의 양상판단[29]과의 유사성으로는 충족시킬 수 없는 헤겔 고유의 의미가 있다. 모일렌은 헤겔의 개념판단을 특히 강조하면서, 현상과 물 자체의 이원성을 극복하려고 하는 칸트의 세 비판서들의 관계를 헤겔의 개념판단이 구현하는 가치판단을 통해서 확고하게 자리매김한다. 즉 당위는 『실천이성비판』의 영역으로, 계사의 충족을 통한 내적 통일은 개념의 구체적 개별성이 재획득되는 『판단력비판』의 영역으로 우리를 인도한다. 존재와 당위의 일치, 개념과 실재성의 통일을 달리 표현하면, 칸트의 오성법칙의 질서를 따르는 현상으로서 사물의 성질이 이성의 법칙부여에 따른 의지의 자유의 세계인 물 자체와 통일되며, 이로 인해 칸트의 이원론을 극복한다.

그리고 칸트는 오성과 이성을, 사물의 성질과 사물을 통일시키기 위해 『판단력비판』에 등장하는 반성적 판단력이라는 중간항을 설정한다. 가상계와 현상계에 걸쳐 있는 인간적 주관이 반성적 판단력을 통해 양자를 통일시키려 할 때, 그 결합의 힘은 목적개념이다. 칸트는 자연현상의 다양성 속에서 자연의 합목적성을 미적 이념 속에서 구현하는데, 이러한 통일이 헤겔에게서는 개념판단에서 발견되는 성질과 개념의 통일 또는 목적이다. 왜냐하면 칸트가 여기에서 목적으로 정의한 것이 헤겔의 의미에서는 개념과 다르지 않기 때문이다.[30] 헤겔의 개념판단에서는 칸트의 세 비판서의 내적 관계를 체계적으로 실현함으로써 존재와 당위의, 개념

---

29) 칸트는 양상의 세 기능에 사고 일반의 세 요소를 결부시킨다. 즉 실연판단은 판단력기능, 개연판단은 오성기능, 필연판단은 이성기능이다(KdrV. B 99-101 참고).

30) J. van der Meulen, *Hegel. Die gebrochene Mitte*. Hamburg: Felix Meiner Verlag. 1958. S. 28.

과 성질의 통일을 정립한다. 이때 판단력은 반성적이면서 동시에 규정적인 역할을 한다.

개념과 성질이, 존재와 당위가 통일되는 헤겔의 개념판단에서 처음에는 직접적 개념판단으로서 실연판단이 등장한다.[31] "주어는 하나의 구체적 개별 일반이다. 술어는 개별을 개별의 현실성, 규정성 또는 성질이 개별의 개념과 지니는 관계로 표현한다(이 집은 나쁘다. 이러한 행위는 선한 것이다.)"(WdL., Ⅱ, 346). 여기에서 주어의 보편적 본성은 자립적 개념으로 정립된 특수성이며 성질 또는 외적 실존이다.

성질은 자립적 개념이라서 보편과 합치될 수도 되지 않을 수도 있고, 주어와 술어의 통일인 "개념 자체가 아직은 결여"(WdL., Ⅱ, 346)된다. 그러므로 실연 판단의 확증은 주관적 확언에 지나지 않게 된다. 실연판단은 반대의 확언도 동등한 권리를 지니는 주관적인 것이 되므로 개연판단으로 전개된다. 술어가 지녀야 할 보편적 개념과 주어의 직접적 개별과의 연관이 아직 '주어'에서 정립되지 않았기 때문에, 계사도 자연히 "직접적이고 추상적 존재"(WdL., Ⅱ, 347)이다. 주어와 술어의 연관의 외면성으로 인해 계사는 추상적 존재로, 계사의 추상적 역할은 연관의 우연성으로 드러난다.

계사를 통해 작용하는 주어와 술어의 연관이 우연적이라서 계사는 긍정성과 부정성이라는 두 가지 가능성을 지닌다. "술어가 어떤 주어와 결합되어야 하는지가 개연적인 것으로만 나타나며, 그런 한에서 무규정성은 계사에 속한다."(WdL., Ⅱ, 347). 주어와 술어는 계사의 무규정성의 영향권 아래 있다. 계사의 무규정성은 곧 주어의 모습이기도 하다. 선언판단을 거쳐왔기 때문에 술어는 '객관적 구체적 보편성'을 지니며, 개연

---

31) 칸트는 양상판단을 개연판단, 실연판단, 필연판단의 순서로 배치한다. 개념은 현실적인 것과 관계없이 가능성을 지닌 것이고, 실연은 현실적인 것이기 때문에, 실연판단이 참에 더 가까운 것으로 본다. 그리고 개연판단의 한 예로 선언판단을 제시한다(KdrV. B 100-1 참고).

성은 주어의 직접성과 밀접한 관련이 있다. 그러나 술어와 관계를 맺을 때 주어의 개별성은 제거되는 것이 아니고 그대로 유지된다. 만약 '그 집이 좋다'라고 한다면 '그것이 어떠한 성질을 지닐 때' 좋다는 것이며, 개연성을 정립하는 운동이 주어에서 일어난다.

"주어 자체는 자기의 보편성 또는 객관적 본성인 자기의 당위로 그리고 현존재의 특수한 성질로 구별된다. 이와 함께 주어는 그것이 있어야 하는 것처럼 그렇게 있는지에 대한 근거를 포함한다."(WdL., Ⅱ, 348).

개연성을 낳는 주어는 보편과 특수의, 개념과 성질의 통일에 의해 술어와 동등해지며, 두 측면의 분할은 주어 자체에서 판단을 형성하는 지반이 된다. 주어 자체에서 판단형성이 가능한 것은 주어의 주관성이 '이중적'이기 때문이다. 주어에서 개념과 성질의 통일은 개념이 자기 내 복귀한 사상 자체의 규정이고, '사상의 주관성'(WdL., Ⅱ, 348)이다. 이와 동시에 외적 성질을 지니는 우연성이라서 '주어의 주관성'은 객관성에 대립하는 판단의 주어가 지닌 이중성이다. 사상 자체는 개념의 보편성을 부정하여 개별성으로서 외면성을 펼치는 '이중적 주관성'이다. 주어의 이중성은 하나로 합일되는 이중성이다. 주어의 주관성은 합일이고 이러한 합일은 필연판단의 정립이다.

개연성이 사상의 보편적 본질로 정립되어 객관적 통일을 이루는 필연판단은 '그러그러한 성질을 지닌 집은 좋다', '그러그러한 성질을 지닌 행위는 옳다'와 같다. 그래서 이 판단의 주어는 그 자체 있어야만 하는바, 보편과 성질을 지닌다. "이 성질은 무엇 때문에 개념판단의 술어가 주어 전체에 속하는지, 즉 주어가 자기의 개념에 상응하는지에 대한 근거를 포함"(WdL., Ⅱ, 349)하므로, 존재와 당위가 통일된 판단이다. 주어와 술어가 일치하여 동일한 내용을 지니며, 객관적 보편과 개별화된 것이 통일된 참다운 의미의 정립된 구체적 보편이다. 그러므로 개념의 근원적 분할은 존재와 당위의 분열이다. 이와 동시에 필연판단에서 '개념의 통일로의 복귀'는 '존재와 당위의 절대적 관계'(WdL., Ⅱ, 350)라는 사상의 내적 관계의 정립이다.

이것은 계사작용과 다시 등치된다. "사상의 직접적 단순성으로부터 사상의 당위와 존재의 규정적 관계인 상응으로의 이행, 즉 계사는 이제 더 상세하게 사상의 특수한 규정성 속에 놓여 있다."(WdL., Ⅱ, 350). 계사는 존재와 당위의 통일 및 '사상의 특수한 규정성'이므로, 계사는 '개념의 통일이며 '주어에서 근거를 정립하는 필연판단의 통일'이다. 시초에서 개념의 '정립된 특수성'이었던 계사가 전개되어 '규정되고 충족된 계사'(WdL., Ⅱ, 350)로, 충족된 계사의 현존'으로 되고, 계사의 통일은 '사상의 특수한 규정성'이 된다. 사변명제로 전개되는 자기의식의 운동은 계사의 동일화작용과 통일의 확립이고, 계사를 주어-근거로, 주체와의 상응으로 정립하는 과정이다.

"판단은 주어의 성질에서 자기의 근거를 지니고, 이것을 통하여 필연적이다. 따라서 이제 규정되고 충족된 계사가 현전하는데, 계사는 이전에는 추상적 Ist로 존립하지만, 이제는 근거 일반으로 계속하여 형성된다."(WdL., Ⅱ, 350).

주어와 술어의 교호적인 이행과 통일을 정초한 이후에도 '주어'가 다시 부각되는 이유는 무엇일까? 그것은 계사 ist가 주어와 술어를 외적으로 결합하는 공허한 단어가 아니라 사변명제의 전개를 통해서 '자기매개'임을 논증했기 때문이다. 술어는 주어에 외적인, 주어의 우연적인 속성이 아니다. "어떤 것은 주어와 술어 사이에 '놓여 있는' 것이 아니라 주어 자신이 연속적 운동 속에서 술어로 진입"[32]했다.

---

32) R. Heede, "Dialektik des spekulativen Satzes", *Hegel-Jahrbuch*, Köln: Pahl-Rugenstein Verlag, 1974, S. 286. 주어는 공허한, 직관 없는 보편을 동시에 충족시키는 개별로서 주체이며, 자기의 규정들을 자기 내 복귀시키는 주어이다. "자기를 술어로 결단하고, 술어와 매개시키며 합치시키는 주어(주체)는 양자(주어와 술어)의 충족된 중심이라 명명될 수 있다."(H. Glockner, *Hegel*, Bd. 2, S. 466). 이러한 주어는 『정신현상학』 서설에서 '표상된 사유의 주어'라고 하는 '첫 번째 주어'를 극복한 '두 번째 주어'(PhdG,

충족된 계사는 근거이고, 앞서의 주어-근거이다. 충족된 계사에서 주어는 술어로, 술어는 주어로 이행하여 주어와 술어는 '각각 완전한 개념'으로, 서로 정립된 동일성관계로 되어 판단은 완전히 몰락한다. 주어와 술어를 구별하는 "개념의 통일은 주어와 술어를 관계시키는 계사를 형성하는 규정성이다."(WdL., Ⅱ, 351). 주어와 술어라는 개념의 구별을 형성하면서 동시에 관계시키는 작용은 개념의 통일이며 계사는 이러한 통일 역할을 한다. 통일 과정에서 계사는 '내용이 풍부하고 충족된 (판단의) 계사'가 되며, 충족된 계사는 '양 항으로 망각되었던 판단으로부터 재차 야기된 개념의 통일'(WdL., Ⅱ, 351)이므로 개념의 통일은 '계사의 충족을 이루는 것'이다.[33]

계사의 충족된 통일은 주어와 술어의 동등성이다. 이로 인해 주어는 자기 분할하여 판단이 되고, 술어도 자기 분할하여 판단이 된다. 판단의 주어도 하나의 판단이 되고, 술어도 다른 하나의 판단이 되면서 판단은 두 개의 판단인 추리형태로 발전한다. 내용이 충족된 계사는 근거이면서 동시에 추리의 매사(중심)인 중개념이 되면 추리연관의 중심이 된다. 충족된 계사는 사상의 '특수한 규정성'으로 정립되고, 충만한 내용을 지니기 때문에, 추리에서는 계사가 아니라 내용을 지니는 개념규정으로서의 매사, 즉 추리의 새로운 통일 작용의 근거인 총체적 '매사'로서 의미가 풍부해진다. 최초 추리에서 '매사'인 '특수성'은 판단론에서 주어와 술어의 동일성을 정립하면서 충실한 내용정립을 이루는 '계사의 변형'이다.

S. 50)이다.

33) 헤데는 다음처럼 주장한다. "중개념과의 관계와 더불어 통일은 구체적으로 현실화되고, 게다가 더 이상 한갓 공허한 계사의 후천적-우연적 통일이 아니라 선천적-필연적 통일이다. 판단차이의 절대성은, 판단차이가 공통근거의 통일로부터 야기된 것으로 증명됨으로써 극복된다." R. Heede, "Dialektik des spekulativen Satzes", *Hegel-Jahrbuch*. Köln: Pahl-Rugenstein Verlag, 1974. S. 282.

제7절 자기의식의 근원적 동일성으로 드러나는 계사

자기의식으로서 보편개념이 자기 분할하고 구별하는 작용은 주어와 술어를 지닌 판단으로 전개된다. 판단은 내적 모순을 통해 사변적 운동을 드러내는 사변명제이다. 헤겔은 '상이한 판단들로의 판단의 전진'을 통해서 개념의 변증법적 전개를 보여준다. 이 속에서 주어와 술어의, 개별과 보편 내지 보편과 개별의 상응이 점점 더 커져간다. 개별과 보편의 동일성을 정립하는 가운데서 주어와 술어는 점점 더 상호 매개되고, 주어와 술어의 상호 중층적인 규정과 중층적인 구조가 점차적으로 실현된다.

이와 동시에 주어와 술어를 결합하는 계사의 의미도 주어와 술어의 정립과 더불어 생동적으로 전개된다. 주어와 술어의 상응 속에서 양자의 일치가 점점 커지는 모습은 "계사"의 의미변화를 통해 드러난다. "계사는 처음에는 주어에 즉해 있는 직접적 규정성이지만, 그와 마찬가지로 술어와의 관계이며, 술어는 이러한 상응 자체 또는 보편성과 주어의 관계와 다른 어떤 내용도 지니지 않는다."(WdL., Ⅱ, 350). 개념의 사변적 운동을 보여주는 판단형식들의 형성과 전진과정에서 주어와 술어의, 보편과 개별의 상응의 확장은 '계사' 자체의 운동 속에 깃들어 있다.

이때 계사는 주어와 술어를 단순히 결합하는 기능이 아니라, 자기의식의 작용이다. 칸트에게서도 계사는 인식에 있어서 '객관적 통일을 지향'하며, '근원적 통각에 대한 표상들의 관계를 의미'(KdrV., B 141-2)한다. 계사가 통각의 통일로서 자기의식의 작용임을 칸트 또한 내비친다. 그러나 칸트는 계사와 자기의식의 내용연관성이 구체적으로 전개되지 않으며, 이것을 달리 표현하면 칸트의 자기의식은 형식적이며 판단의 형식적 통일을 넘어서지 못한다. 그에 반해 헤겔은 자기의식으로 등장하는 '계사'의 역할을 확장하여 자기의식의 '자기 근거'로까지 전개해 나간다. 판단운동에서 계사는 주어와 술어를 결합하는 외적인 것으로부터, '주어와 술어의 충족된 통일'과 '개념의 통일'로까지, 그리고 '개념'과 '근거'로까지 발전한다. 계사 자체는 '상응을 스스로 반성'하고 스스로 '상응으로 이행하는 하나의 이행'[34]이다. 계사는 운동을 통해 근거로 이행하고, 보편인 술어와 통일을 이루는 개념 자체로 발전하여 근원적 동일성을 정립한다.

계사는 자기의식의 변형체이고, 계사의 의미전환은 자기의식의 전개이다. 자기의식으로서 개념의 전개와 통일은 판단들간의 내적 연관이라는 계사 자체의 충실한 수행이다. '개념론'의 운동에서, 주어와 술어의 관계인 계사는 사변명제의 주어와 술어의 동일성을 정립한다. 특히 개념판단에서는 주어와 술어의 동일성은, 보편성과 개별성의 동일성은 궁극적으로 주어-근거로 발전한다. 주어와 술어의 충족된 통일을 이루는 계사의 의미전환을 통해 계사 자체가 근거로, 주어-근거로 된다.

지금까지 『대논리학』은 자기의식의 전개라는 증거를 '판단 장'의 전개와 판단연관을 논증하는 가운데서 나타나는 ist, 즉 자기의식의 변형체인 ist의 의미변화를 통해 추적해 보았다. 자기의식의 논리적 구조가 『대논리학』에서 드러나며, 이 구조의 전형은 '개념논리'에 해당된다는 관점에서 고찰해 본 것에 따르면 자기의식의 전개는 개념의 통일이고 계사 자체의 충실한 수행이다. '개념론'의 운동에서 주어와 술어의 관계인 계사는 사변명제의 주어와 술어의 동일성을 정립하면서 주어-근거로 전개된다. 주어-근거로서 동일성은 동일성을 주어 자체에서 정립하는 것이며, '주어에서 술어적 내용의 "ist"로 정립'[35]하는 것이다. 이것은 주체로서 실체를 정립하는 작용이다. 주체로서 자기의식의 동일성이며, 실체의 주체성이, 주체의 실체성이 주어와 술어의 중층적 관계로 정립되는 과정이다.

중층적으로 내용이 충족된 통일을 계사에서 전개하는 것은 주어-근거

---

34) M. Theunissen, *Sein und Schein. Die kritische Funktion der Hegelschen Logik.* Frankfurt a. M.: Suhrkamp Verlag. 1978. S. 433.

35) P. Kemper, *Dialektik und Darstellung. Eine Untersuchung zur spekulativen Methode in Hegels "Wissenschaft der Logik".* Frankfurt a. M.: Rita G. Fischer Verlag. 1980. S. 219.

의 정립과정인 계사의 동일화 작용이며, 주어가 종들의 내재적 실체적 동일성으로서 유의 구체적 보편을 정립하는 과정이며, 주어 자체도 판단이고, 술어 자체도 판단인 추리로 발전하는 과정이다. 계사는 주어와 술어의 충족된 통일로서 충족된 계사가 되면, 내용을 지니면서 총체적 통일을 담지하는 '매사'로, 즉 또 하나의 개념으로 이행한다. 이것은 이미 추리(WdL., Ⅱ, 310)이다.

이러한 연관성과 의미전환을 생각해 볼 때, 계사는 개념과 자기의식 자체의 추진력이고 자기의식의 근원적 동일성이다. 이와 동시에 앞으로 전개될 개념으로서 자기의식의 도정을 고려하면 계사가 충족된 매사가 궁극적으로 근원적 동일성이다. 즉 매사 또한 추리의 '중개념' 운동을 통해 총체성을 정립하는 매사가 되면, 자기의식의 총체적 근원적 동일성이며 총체적 동일성을 정립하는 절대적 개념이 된다. 추리연관을 이루는 총체적 매사는 절대이념 자체는 아니지만, 절대이념을 현시하는 절대적 개념이다. 절대이념으로까지 전개되는 자기의식은 관계항을 단순히 형식적으로 연결하는 계사의 역할을 넘어서서 주어진 판단의 내용들을 다시 매개하는 추리의 역할을 수행한다.[36] 추리의 이러한 의미가 정립되기 이전에는 자기의식의 자기분할이 현상하는 판단과 판단의 계사에서 근원적 동일성의 지반을 형성한다.

---

36) 최신한, "칸트의 연역에서 헤겔의 서술에로". *헤겔철학과 종교적 이념*. 서울: 한들. 1997. 24쪽.

제4장 자기의식의 추리와 '매사'(Mitte) 운동

제1절 계사의 내용 충족과 추리의 '매사'

예나시대 저작에서 헤겔은 판단과 관련하여 이미 "계사는 자아이다."[1] 라고 주장한다. 헤겔에게 계사는 자기의식의 운동이며 자기의식의 핵이 된다. 주어와 술어의 동등성을 정립하는 판단의 계사는 판단간의 내적 연관 속에서 규정되고 충족된 계사로 발전하는데, 계사가 충족되면 계사 자체는 내용을 지니는 것, 그래서 양 항과 같은 범주성을 지니게 된다. 즉 계사가 양 항과 같은 개념으로서 '매사'로 되며 동시에 양 항의 공통 근거로서 양 항을 통일시키는 역할을 하게 된다.

자기의식의 전개의 중심인 계사가 '충족되어 내용을 지닌 개념규정'이 되는 것, 즉 매사가 되는 것은 달리 말하면 지금까지 논의의 중심이 된 사변명제가 추리구조로 이행한다는 논증이기도 하다. "계사는 충족된다. 이것은 내용이 풍부한 계사를 통해서 판단이 추리로 전진하는 규정이 다."(Enz., §171)[2].

내용이 충족된 계사는 개념으로 전이된 매사라는 맥락에서 "중개념으로서 매사는 자아이다."라고 주장할 수 있다. 따라서 중개념이 총체성을 정립해나가는 추리운동과 추리연관은 자기의식의 사변적 전개이다. 이것

---

1) G. W. F. Hegel, *Jenaer Systementwürfe* Ⅲ. *Gesammelte Werke*. Bd. 8. Hamburg: Felix Meiner Verlag. 1976. S. 197.
2) 참으로 사변적인 것은 판단을 넘어설 때 제대로 파악된다. 대립을 자신 안에 포함하는, 따라서 변증법적 개념의 절대적 동일성은 사변명제에서는 적합하게 표현될 수 없고, 그 때문에 필연적으로 사변적 Syllogistik을 형성한다. K. Düsing, *Das Problem der Subjektivität in Hegels Logik. Hegel-Studien/ Beiheft*. Bd. 15. Bonn: Bouvier Verlag. 1976. S. 253 참고.

의 정당성은 개념의 분할 운동을 통해 추리를 정초하는 계사의 의미전환 속에서, 계사가 매사로 전개되는 필연성을 통해서 일차적으로 마련된다.

자기의식 자체의 동일성, 즉 근원적 동일성은 계사가 매사로 전환함으로써 변증법적 운동을 새롭게 시작한다. 사변명제는 변증법적 운동의 전형이지만, 사변명제의 핵은 추리로의 이행에 있다.[3] 참된 사변 속에서 "모든 사물은 판단"(Enz., §167)이 아니라 "모든 사물은 추리"(WdL., Ⅱ. 359)이다.

매사는 추리에서 보편과 개별의 총체성을 정립하는 '중개념(매개념)'에 해당된다. 중개념은 판단의 주어와 술어가 지니는 '관계항의 내용'을 내재화시킨 개념이기 때문에, 사변명제가 단순히 판단에 국한되는 것이 아니라, 그 자체가 추리임을 논증하는 단초이다. 중개념 역할을 하는 매사는 추리의 변증법적 운동에서 총체성을 정초하는 매개이면서 동시에 자기의식의 자기전개와 자기매개를 실현하는 중심이라는 점을 근거지워 나간다. "추리의 본질적인 것은 양 항들의 통일, 즉 양 항을 통일시키는 매사이며, 양 항을 견지하는 근거이다."(WdL., Ⅱ. 353).

이러한 논리구조를 총괄하면, 『대논리학』은 '자기의식의 사변적 자기전개'이고, 자기의식의 사변논리적 구조의 완결은 '추리'이다. 추리작용은 자기의식의 사변적 운동이며, 운동의 중심은 중개념인 매사이다. 매사는 자기의식의 주관성 구조의 핵이다.[4]

---

3) 로저 가로디는, 헤겔이 각각의 개념이 인식과정에서 계기이라는 점을 입증하여 아리스토텔레스적인 판단 분류에 운동과 생을 부여한다고 한다. 이 운동의 완성은 논리적인 추리가 된다. 왜냐하면 추리가 단순한 동일성을 지니면 개념이고, 실재성을, 즉 규정들의 구별을 지니는 것으로 정립되면 판단이며, 궁극적으로 판단에서 개념의 동일성이 재건되면 추리이기 때문이다. R. Garaudy, *Gott ist tot. Das System und die Methode Hegels.* Frankfurt a. M.: Lizenzausgabe für die Europäische Verlagsanstalt. 1965. S. 351 참고.

4) "이미 예나시대 말경에 헤겔은, 드러난 것처럼, 중개념을 자아로, 따라서 추리 전체를 주관성 구조로 초안했다. '자기 자신이 대상인 이성' 또는 자신을 사유하는 주관성은 그에 따르면 그 자체 추리이다. 따라서 주관논리학의 첫

'개념 장', '판단 장'에서 개념의 세 계기인 보편, 특수, 개별의 통일과 세 계기 각각의 총체성을 정립하려고 하지만, 달성하지는 못한다. 그러나 추리의 전진적 운동 속에서 세 계기가 중개념 역할을 하면서 '개념 장'과 '판단 장'에서 이루지 못한 각각의 총체성이 정립되어간다. 추리는 자기의식으로서 보편개념이 개념규정을 통해 구별되고 전개된 것(판단)이면서 동시에 이 구별 속에서 통일의 재건, 즉 '판단에서 개념의 재건'이다. 판단의 진리는 개념의 계기들 각각이 주어와 술어의 계사작용을 통해 자립성을 해소하고 총체성을 이루는 지반이며, 계사 자체가 개념이 되는 추리이다. 추리는 '개념과 판단의 통일과 진리'(WdL., Ⅱ, 351)이다.

추리가 궁극적으로 정립하는 개념규정들의 총체적 통일이 판단에서도 논의되긴 하지만, 판단의 통일은 '내적인 것이면서, 동일하게 외적인 것'이다. 그래서 "계기들이 관계를 맺고는 있지만, 자립적 양 항들로 정립된다."(WdL., Ⅱ, 351). 판단의 단계 자체는 개념 분할이라는 유한성에 매어 있고, 유한극복으로서 자기의식의 자기 매개를 개념의 통일로 정립하지는 못 한다. 개념규정들의 총체적 통일이 판단에서는 여전히 유한의 지평일 뿐이다.[5] 그에 반해 추리의 개념규정들은 중개념에 대립하는 양 항들로 있고, 이것들은 중개념을 중심으로 두 개의 판단을 형성하면서 동시에 그것들의 규정된 통일을 정립한다. 판단운동을 통해 정립된 매사는 추리의 전개에서 점차적으로 내용이 풍부해진다. 그리고 양 항들을 자체에 정립하면서 총체성을 지니게 된다.

각각의 매사가 총체성을 지니게 된다는 것은, 매사인 중개념을 통한

째 부분의 완결인 추리론은 논리학 내부에서 헤겔의 주관성 이론을 구축하는 데 특별한 의미를 지닌다."(ebd. S. 268-9).

5) 헤데는 개념, 추리로부터 판단의 유한성을 분명하게 구분하면서 다음처럼 주장한다. "물론 개념과 추리도 오성에 의해서는 유한성으로 강등당하지만, 그러나 판단은 스스로 유한성을 공개적으로 언명한다. 유한적이 될 수 있는 것이 아니라 유한성의 표현이다." R. Heede, "Dialektik des spekulativen Satzes". *Hegel-Jahrbuch*. Köln: Pahl-Rugenstein Verlag. 1974. S. 282.

추리가 하나의 추리가 아니라 '추리들의 연관'을 이룬다는 것이다. 총체성 정립은 개념규정들의 통일을 이루는 원환구조로, 더 나아가 원환의 원환인 절대적 개념으로 드러난다. 비록 판단과 사변명제의 내적 부정이 추리를 도출한다고 해도, 추리는 동시에 추리들의 연관[6]이라는 '원환의 원환구조'를 지니므로 '추리를 판단들로부터 구별'(WdL., Ⅱ, 381)하는 것은 당연하다.

이것을 서술하려면 추리과정의 전개에 따른 '순차적인' 설명이 필요하다. 그러나 물론 '순차적인' 발생을 발생론적으로 이해하면 개념 운동을 제대로 서술한 것이 아니다. 중개념을 통하여 양 항들은 순차적으로 발생하는 것이 아니라 매사 속에서, 즉 개념 속에서 '본질적 통일'을 이루고 있기 때문에 논리적 서술이라고 해야 한다. 이때 추리는 "완전하게 정립된 개념이고, 따라서 이성적인 것"(WdL., Ⅱ, 351)이다. 그러므로 추상에서 구체로, 단순한 구조에서 복잡한 구조로, 근거결핍에서 근거정초로 발전하는 논리적인 서술을 순차적으로 하는 것이다.

추리들의 전진적인 운동에서 모든 규정을 '직접적이며 추상적으로' 하면서 최초로 등장하는 추리는 현존재추리이다. 직접적이긴 하지만, 현존재의 규정 간에도 매사를 통한 '관계'가 작용한다. 최초의 추리인 현존재추리에서 매사는 '추상적 특수성'이며, 현존재추리의 변증법적 운동을 통해 '추상적 개별성'→'추상적 보편성'으로 변화되면서 양 항들을 그 자체에 정립하고 포함한다. 현존재추리에서 매사의 변화는 다른 '격'으로의 변화이다. 추리의 전개과정에서 추리를 정당화하는 근거를 찾는데, 현존재 추리는 근거를 자신의 격이 아닌 '다른 격'에서 찾는다. 그러므로 현존재추리에서 매사는 양 항들의 외면성으로 드러난다. 외면성의 정체를

---

6) "개념과 판단의 참된 통일형식은 **하나의 개별적 추리가 아니다.** 이 속에서는 단지 하나의 항만이 매사이기 때문에, 요구되듯이, 각각의 항은 매사일 수 없다. 오히려 **서로 의존하는 세 가지 추리들의 연관인 추리론**에서 개념 자신의 차이화 속의 통일이 서술된다."(T. Ebert, *Der Freiheitsbegriff in Hegels Logik.* Inaugural-Dissertation. München. 1969. S. 178).

밝히고 외면성을 해소하는 가운데, 현존재추리의 항들이 지닌 추상성과 직접성을 지양한다. 그 결과 타자관계성을 지니는 반성추리, 즉 "본질적으로 다른 규정이 그 속에서 가현되고 매개된 것으로 정립되는"(WdL., Ⅱ, 354) 반성추리로 이행한다.

외면성의 지양은 곧 각 항들이 지닌 차별적 질적 구별을 사상하는 것이므로, 타자가현은 곧 양적 구별로의 이행을 의미한다. 질적 구별과 추상성을 지양한 매사는 전칭성을 지니는 양적 구별을 드러내는 범유성(Allheit)으로 이행한다. 이와 동시에 '가현 또는 매개된 존재'는 전제들과 결론 간의 정당성 문제를 현존재추리에서와 같은 다른 격이 아닌 '자신의 격' 안에서 문제 삼는다. 자신의 격 안에서 전제들과 결론들 간의 순환적 전제 작용과 매개를 통해 서로를 '자기 자신 안으로 반성'함으로써, 실체를 통해 매개되는 필연성추리로 규정된다.

필연성추리에서 "매개자는 사상의 객관적 본성이다. 이러한 추리는 개념의 양 항을 총체성과 마찬가지로 규정함으로써, 추리는 자기의 개념 또는 매사와, 자기의 현존재 또는 양 항의 구별의 상응에, 즉 자기의 진리에 도달해 있다. 따라서 주관성으로부터 객관성으로 전이된다."(WdL., Ⅱ, 354).

앞의 인용문을 탐구하면 추리에서 '매사'는 '개념'과 등치된다는 것을 발견할 수 있다. '매사'는 현존재로서 양 항의 구별과 대립하면서 동시에 양 항의 구별을 통일시키는 '개념'이다. 추리에서는 매사, 대개념, 소개념이라는 세 개의 항이 나타나고, 이들의 결합으로 대전제, 소전제, 결론이라는 세 개의 판단이 전개된다. 그러나 세 개의 판단, 세 개의 규정은 사실상 '매사' 속에서 본질적 통일을 이루고 있는 개념, 추리행위 자체인 '개념'이다. 이러한 개념은 『대논리학』의 논증구조에 따라 '객관성인 실재성', '즉자대자적 사상'(WdL., Ⅱ, 401)이다. 그러므로 매사의 통일이 정립되는 추리의 완성에서 '객관성'이 정립된다.

제2절 현존재추리 – 형식적 매사[7]

헤겔은 추리들을 전개하는 과정에서 자기의식의 변증법적 운동의 정당성을 논증해 나간다. 이와 동시에 전통논리학의 형식적 추리에 대한 비판도 수행한다. 그래서 무어는 개념론의 첫 단계는 형식논리학과 밀접하게 대응하며, 헤겔이 형식논리학을 반복적으로 공격한 것에 비추어 볼 때 이런 대응은 다소 당혹스럽다[8]라고 주장한다. 주관적 개념에 대한 비판은 추리에도 적용한다. 그러나 헤겔의 본의에 따르면 앞의 당혹스러움과 달리 형식논리도 진리의 한 계기가 된다. "헤겔에게 오류는 진리 전체인 것에 부분적이고 제약되어 있는 하나의 진리 주장 속에 놓여 있다는 것을 기억한다면 당혹스럽지 않을 것이다."[9]라고 무어도 주장한다.

헤겔의 추리론에서 현존재추리는 '질적 추리'이다. 현존재추리는 형식적 추리의 대표이며, 특히 형식논리학에서 다루는 4개의 격들[10]을 정리하고 있다는 인상을 준다. 그렇다고 해서 헤겔의 추리를 형식논리학의 추리로 환원시켜서는 안 된다. 헤겔은 현존재추리에서 형식논리학의 1격 추리에서부터 3격 추리까지의 기본구조를 활용하고는 있지만, 형식논리학에서 놓치고 있는 '격들의 내용적 측면'과 '격들 간의 사변적 운동', 즉 '각 격들 간의 논리적이고 필연적인 연관과 상호 이행'을 비판적으로 서술하고

---

7) 현존재추리의 단계는 "아리스토텔레스가 이미 analitica anteriora에서 서술했던 바를 표현하지만, 그러나 동시에 이 속에는 칸트적인 경험적 이성의 한계 없는 연결추리의 계기가 정립되어 있다." J. van der Meulen, *Hegel. Die gebrochene Mitte.* Hamburg: Felix Meiner Verlag. 1958. S. 72.

8) G. R. G. Mure, *A Study of Hegel's Logic.* Oxford At the Clarendon Press. 1950. p. 159.

9) G. R. G. Mure, *A Study of Hegel's Logic.* Oxford At the Clarendon Press. 1950. p. 159.

10) 1격: M-P 2격: P-M 3격: M-P 4격: P-M
   S-M   S-M   M-S   M-S
   ∴ S-P   ∴ S-P   ∴ S-P   ∴ S-P

있다. 그러므로 사변적 전개를 하는 헤겔의 추리론을 형식논리학의 활용과
비판이 담겨있는 "비판적 서술"로 받아들여야 한다.

헤겔 진영의 학자 중 로스는 순수 사유의 학 전체인 『대논리학』은 칸트
와는 대립적으로 일반 형식논리학도 포함하며, 적어도 헤겔 논리학에서
형식논리학이 도출될 수 있다[11]는 점을 강조한다. 로스 이외에 하바스도
"변증법을 인정하는 철학자들의 진영에서는 변증법과 형식논리의 대립되
는 대비가 더 이상 존재하지 않는다"[12]고 한다. 변증법은 형식논리를 무
조건 부인하거나, 논리적으로 모순에 가득 찬 논리 체계를 무조건 승인하
는 태도를 비판한다.

헤겔이 상이한 추리들의 전진을 통해 드러내는 모든 추리들을 도식화
하여 정리하면 다음과 같다. (이때 개념규정들인 개별성, 특수성, 보편성
은 E, B, A로 약칭하며, 각 격들로 나타나는 추리형식은 형식논리학에서
사용하는 기본적인 기호를 활용한다.)

현존재추리(질)	반성추리(양)	필연성추리(관계)
근본도식: E-B-A	근본도식: B-E-A	근본도식: E-A-B
1격: E-B-A 2격: B-E-A(A-E-B) 3격: E-A-B(B-A-E) 4격: A-A-A(수학적 추리)	범유성추리: E-B-A 귀납추리: $\quad$ e $\qquad$ A-e-B $\qquad$ e 유비추리: E-A-B	정언추리: E-B-A 가언추리: A-E-B 선언추리: E-A-B

형식논리학의 형식적 추리가 전면에 부각되는 현존재추리는 '직접
적'(WdL., Ⅱ, 354) 개념규정들을 계기로 삼기 때문에, 보편성, 특수성,
개별성이 추상적으로 관계 맺는다. 개념규정들이 "아직은 매개를 통하여

---

11) L. de Vos, *Hegels Wissenschaft der Logik: Die absolute Idee. Einleitung
und Kommentar.* Bonn: Bouvier Verlag. 1983. S. 6.
12) Katalin G. Havas, Die *Hegelsche Dialektik und die moderne Logik.
Hegel-Jahrbuch.* Köln: Pahl-Rugenstein Verlag. 1974. S. 362.

구체로 형성된 것이 아니라, 개별적 규정성들일 뿐인 형식의 추상적 규정성이다."(WdL., Ⅱ, 354). 그래서 직접적 현존재추리인 최초 추리는 '형식적 추리'(WdL., Ⅱ, 354)이며, 개념규정들이 무관심하게 존재하는 '형식적 오성추리'(Enz., §182)이다. 무관심한 직접적 추리에 머물러 있는 것은 "추리작용의 형식주의"(WdL., Ⅱ, 354)이다.

도표에 나타나듯이, 현존재추리는 형식논리학의 1격 E-B-A를 근본도식으로 삼고 있다. 1격은 현존재추리의 근본도식이면서 동시에 현존재추리의 첫 번째 추리이기도 하다. '형식논리학'에서 '1격 추리'는 모든 추리의 원형적 구조이며 정당성의 기반이다. 형식논리학은 추리의 격들을 1격으로 환원시킨다. 1격으로 환원되는가의 여부가 추리의 정당성을 판가름하는 기준이 된다. 그에 반해 헤겔의 현존재추리는 이러한 형식논리학의 1격을 기초로 하여 2격과 3격으로 운동을 전개해 나간다.

현존재 추리의 근본도식인 E-B-A는 현존재추리에서는 최초 추리인 1격에만 그대로 적용된다. 그럼에도 불구하고 1격은 현존재추리의 모든 격의 대표이면서 모든 격의 근원으로 간주된다. 모든 개별성들 속에서 단지 1격에 의해서만 (1격의 근본도식이) 충족되는 것처럼 전개하는 이유는 현존재추리의 특수한 의미가 1격에서 가장 잘 해명되기 때문이다.13) 근본도식을 통해서 볼 때도, 현존재추리의 1격에서도, 항들을 연결하는 최초의 '매사'는 개념규정들 중 '특수성'(WdL., Ⅱ, 355)이다. 특수성은 개별성과 보편성을 자기의 양 항들로 삼아 관계시키고, "개념 자체는 그것들 사이에 놓여 있는 특수성"(WdL., Ⅱ, 354)으로 출현한다. 현존재추리는 직접적 추상적 규정성에서 출발하기 때문에, 양 항인 보편성과 개별성은 직접적으로 자신과만 관계하며 추상적 개별적 내용으로만 있다. 특수성은 이러한 양 항들을 외적으로 그리고 직접적으로 자신 안에 통일시킨다.

---

13) K. Düsing, *Das Problem der Subjektivität in Hegels Logik*. Hegel-Studien/ *Beiheft*. Bd. 15, Bonn: Bouvier Verlag. 1976. S. 275-6. 필자 보충.

그러나 특수성이 근본도식이 되는 현존재추리로서 1격 추리에는 내재
하는 모순이 있고, 이 모순을 해소하는 운동을 통해 매사가 변화하고 새
롭게 정립된다. 현존재추리는 모순 때문에 1격→2격→3격 추리로 전개되
고, 이와 더불어도 매사도 특수성→개별성→보편성으로 나아간다. 따라서
격들의 변화와 더불어 전개되는 중개념으로서의 매사 운동에 주목해야
한다. 최초 추리의 매사에 해당되는 특수성의 변화와 현존재추리의 매사
의 변화에 주목하면, 판단 장에서 '계사'가 하던 역할처럼, 매사가 양 항
과 두 판단을 연결하고 통일시키는 중심이라는 점이 점차 분명해진다.
더 나아가 매사가 총체성의 핵심이 되는 자기 근거이며, 추리도 자기의
식의 자기전개라고 주장할 수 있는 지반이 생긴다.

개념 장에서 개념규정들은 보편성, 특수성, 개별성이었고, 보편개념의
구별은 특수성으로 드러났다. 특수성은 처음에는 개념규정들의 '직접적
통일'이며 "이런 형식에서 특수성은 형식적 추리의 매사를 형성"(WdL.,
Ⅱ, 298)한다는 것이 이미 논의되었다. 게다가 개념규정들의 통일이 판단
으로 정립될 때, 이 판단은 개별성과 보편성을 통일시키는 '정립된 특수
성'이었다. 개념규정의 전개 속에서 보편성을 지니는 개별성이 개념의 완
결적 구조를 이루지만, 보편과 개별을 통일시키는 중심적인 규정성은 일
차적으로는 '특수성'이다.

특수성은 '개념으로서 자기의식'의 최초의 '단순한 동일성'을 이루며,
판단에서는 개념의 내적 구별을 관계시키는 계사로 전개되었다. 계사는
'상이한 판단들로의 판단의 전진' 가운데 주어와 술어의 상응을 확장하여
의미충족을 이루고, '계사' 자체가 '개념' 자체가 되어, 계사의 가치에만
주목하는 개념판단에서 '계사-근거'가 되었다. 그래서 계사가 '근원적 동
일성'이며 '자기의식' 자체라는 단초가 '판단 장'에서 일차적으로 드러났
고, 이러한 '충족된 계사' 즉 '내용이 풍부한 계사'가 '내용을 지니는 매
사'로 정립되었다. '매사'는 추리의 중개념이며, 이제 최초 추리에서 중개
념은 '특수성'으로 출현한다.

특수성은 '개념 장'에서는 개념규정들의 '직접적 통일'을 이루고, '추리 장'에서는 '형식적 추리의 매사'를 형성한다. 추리의 최초의 매사로 정립된 특수성은 추리행위로 드러나는 자기의식의 사변적 전개 속에서 '보편과 개별이 통일된 보편성'으로 정립된다. 이러한 정립행위는 현존재추리의 1격→2격→3격→'A-A-A'인 4격의 과정으로 전개된다. 그러므로 개념, 판단, 추리는 자기의식을 전개하는 가운데 드러나는 구별들이면서 동시에 구별들이 개념으로 통일되는 원환구조이다. 게다가 특수성→계사→매사로 이행하면서 근원적 동일성으로 내용을 확립한 매사는 현존재추리의 특수성에서 시작하여 추리의 전진적 과정 마디마디에서 계사처럼 변증법적 운동을 진행하면서 의미변화를 이룬다.

최초 추리인 직접적인 현존재추리에서는 '판단 장'의 전반부에 나타났던 내속관계와 포섭 관계가 또다시 나타난다. 내속, 포섭관계는 '판단 장'에서처럼 결과적으로 지양되어야 한다. 이들 관계는 양 항이 자립성을 지니면서 통일되는 중층적 구조가 아니라, 한 쪽이 다른 한 쪽에 종속되는 관계이기 때문이다. 1격에서 "매사는 자기의 규정성 때문에, 한편으로는 보편성에 포섭되고, 다른 한편으로는 매사가 그것에 대립하여 보편성을 지니는 개별이 매사에 포섭된다."(WdL., Ⅱ, 355). 포섭 관계가 지양되어 매사인 특수성이 개별성과 보편성의 통일로까지 나아가서 내적 통일을 이룰 때 구체가 실현되며, '추리 규정들의 필연적이고 본질적인 형식관계'(WdL., Ⅱ, 356)가 가능해진다. 첫 번째 추리에서는 저마다가 풍부한 내용규정을 지니는 객관적 관계가 정립되지 못하기 때문에, 주관적이고 형식적이다.

헤겔이 개념론에서 비판하는 형식적 추리의 기본골격을 정초한 것은 아리스토텔레스이다. 아리스토텔레스는 앞서 말한 내속, 포섭관계를 추리의 본성으로 삼고 있다. 헤겔은 "만약 세 가지 규정들이, 한 쪽 항이 매개하는 규정 전체 속에 있고, 이러한 매개하는 규정이 다른 항의 전체 속에 있다는 식으로 서로 관계한다면, 이러한 두 가지 항들은 필연적으

로 합치된다(분석론 1권, 4)."(WdL., Ⅱ, 356)라고 정의를 내린다. 이것
은 '단순한 내속관계'를 의미한다. 이렇게 한 쪽 항이 다른 쪽 항에 대한
내속 또는 포섭관계로만 이루어지는 단계는 개념규정들 간의 '총체적 규
정'이 정립되지 않은 형식적 추리이다. 현존재추리는 기본적으로 형식적
추리의 대표성을 지닌다.

모든 형식적 추리는 세 개의 명사가 관계하는 1격 형식을 기초로 하여
이루어진다. '형식논리학적 오성추리'에서는 1격이 추리의 본질적 형식이
고, 다른 격들은 1격의 "근원적 관계로 되돌아가게 되는 한에서만 오성
추리로서의 타당성을 지닐 수 있다."(WdL., Ⅱ, 356).[14] 1격 이외의 격
들은 '1격에 기초'하고 '1격으로 환원'될 뿐이라서 오성추리의 모든 추리
는 "1격에 병존하는(neben) 상이한 종류의 격들이 아니다."(WdL., Ⅱ,
356-7).

그러나 헤겔에게는 논리적으로 전개되는 상이한 추리들은 기본적으로
1격에서 출발하여 1격과의 관계를 지니기는 하지만, 1격보다는 발전된
측면을 지닌다. 그러므로 헤겔의 현존재추리들은 단순히 '1격으로 환원'
되는 것이 아니라 '상이한 종류의 격들이 1격에 어긋나는 한에서' **1격의
변형들**(Umformung)이다. 즉 최초의 추상적 형식이 필연적으로 이행해
가는 변형들이며, 결과적으로 '총체성으로 규정되는 변형들'(WdL., Ⅱ,
357)이다. 현존재추리의 출발점에서는 특수성을 매사로 지니는 1격 추리
가 부각된다. 그러나 현존재추리는 상이한 추리들로의 변증법적 운동을
통해 상이한 격들을 전개하고 격들의 전개 속에서 동시에 충족된 매개가
정립된다.[15] 여기에서 현존재추리의 변증법적 운동은 추리를 형성하는

---

14) "1격 추리는 아리스토텔레스의 1격 추리에 상응하는데, 아리스토텔레스에
   게는 이 1격이 유일하게 완전하며, 두 개의 다른 격들이 이러한 1격의 양
   식으로 복귀되어야 한다. 왜냐하면 1격 속에만 매개념이 그에 적합한 위치
   에, 두 개의 Akren 또는 항들 간의 중심(매사)에 놓여 있기 때문이다." J.
   van der Meulen, *Hegel. Die gebrochene Mitte*. Hamburg: Felix Meiner
   Verlag, 1958, S. 73.

매개를 추리의 각 계기들에서 정립하는 과정에서 드러난다. 매사의 완전한 정립은 바로 사변적 운동구조를 드러내는 것이며, 개념의 통일을 완전히 실현하기 위해 근원적 동일성을 정립하는 것이다.

2-1. 1격 추리(개별성 - 특수성 - 보편성)

헤겔은 상이한 추리들을 형식논리학의 여러 격들을 활용하면서 전개하기 때문에, 기본 골격에서는 추리 장의 '추리형태들'을 '형식논리학의 격들'과 비교할 수 있다. 그렇지만 헤겔의 추리개념은 형식논리적 추리개념과 결코 합치되지 않는다.[16] 헤겔은 각각의 추리에서 드러나는 모순을 설명하고 모순을 해소하기 위해 다른 추리로 이행하게 되는 필연성을 그리고 다른 추리와 관계를 맺는 변증법적 운동을 정립한다. 그러므로 상이한 추리들의 전진적인 연역과 연역의 체계적 도식을 정립한다는 점에서, 헤겔논리학은 형식논리학과 뚜렷한 차이를 지닌다. 그리고 추리들 간의 체계적 연역과정은 매사를 통한 매개의 정립과 정당화과정인데, 헤겔에게 이것은 자기의식의 전개이고 자기의식의 자기정립 과정이라는 점이 독특하다. 그러므로 요소요소에서 형식논리학과 비교하면서 헤겔의 현존재추리로 접근해 들어간다면, 추리의 변증법적 운동을 이해하는 데에 도움이 되고 동시에 형식적 추리가 지닌 한계들도 보여줄 수 있을 것이다.

헤겔의 1격 추리는 형식논리학의 1격 추리 E-B-A에 상응한다.

---

15) "직접적 추리 속에 있는 Medius라는 용어가 지니는 직접성 때문에, Medius 는 단순한 규정성으로 있고, Medius가 형성하는 **매개가 아직은 정립되어 있지 않다.**"(WdL. Ⅱ. S. 355).

16) K. Düsing, *Das Problem der Subjektivität in Hegels Logik. Hegel-Studien/Beiheft.* Bd. 15. Bonn: Bouvier Verlag. 1976. S. 267.

헤겔 1격(형식논리학의 1격)	개념의 세 계기로 표현	1격의 예
대전제: M-P	대전제: 특수-보편 B-A	모든 인간은 죽는다.
소전제: S-M	소전제: 개별-특수 E-B	가우스는 인간이다.
결 론: S-P	결 론: 개별-보편 E-A	그러므로 가우스는 죽는다.

　1격 추리 "E-B-A(개별성-특수성-보편성)는 규정적 추리의 보편적 도식"(WdL., Ⅱ, 355)이다. 1격에서 '개별'인 가우스는 '특수'인 인간을 매개로 하여 '보편'인 '죽음'과 연결된다. 관계 항들인 개별성과 보편성은 특수성이라는 '상이한 제3자 속에서 통일'(WdL., Ⅱ, 355)을 이룬다. 그러므로 양 항들은 특수성을 통하여 "서로 대립하는 양 항이면서 마찬가지로 특수성에 대립하는 양 항이다."(WdL., Ⅱ, 355). 특수성을 매사로 하여 개별성과 보편성은 서로 대립하면서도 동시에 합치된다. 따라서 개별은 직접적으로 보편은 아니지만 보편이 되고, 보편도 직접적으로 개별은 아니지만 특수성을 통하여 개별로 전락한다.

　추리작용의 이러한 개념규정들의 관계는 처음에는 외적이긴 하지만, 앞서의 '판단 장'의 주어-술어 관계에서 양자가 중층적인 이중구조를 정립한 것과 유사하게 이중구조를 지닌다. 1격 추리에서도 두 개의 판단들로 나타나는 대전제와 소전제에서 매사를 통해 판단들 간의 개념규정을 통일하려는 이중구조의 단면이 드러난다. 먼저 특수를 통해 살펴보면, 제1격에서 특수는 개별에 내속하고, 보편은 특수에 내속하여, 특수를 통해서 주어와 술어의 관계가 형성된다. 여기에서 매사를 통해 연결되는 전제들은 아직은 '개념의 본질적 통일'을 이루지 못하고 단지 두 개의 판단들 간의 관계로만 드러난다. 그래서 외적 관계에 머무르는 특수는 "보편에 대립하는 주어이다. 개별에 대립하는 술어이다. 또 특수는 보편에 대립하는 개별이고, 개별에 대립하는 보편이다."(WdL., Ⅱ, 357). 특수는 두 개의 판단형식을 통하여 양 항과 대립되고 양 항을 외적으로 합치시키는 것으로 드러난다. 이런 일면적 관계는 포섭의 차원에도 그대로 적용된다. 개별은 특수에 포섭되고, 특수는 다시 보편에 포섭되면서, 특수를 통해서 주어와 술어의 관계가 형성된다. 매사를 중심으로 한 개념규정들 간의 관계가 단지 포섭관계에 지나지 않는다면, 추리의 결론은 그저 판단 내지 명제로 언명될 뿐이다.

외적 매사를 통한 판단들 간의 결합이라는 의미는 형식적 추리에서 나타나긴 하지만, 추리의 '본질적 관계'는 아니다. 헤겔은 '판단 장'에서처럼 내속, 포섭관계를 지양하고자 하기 때문에 외면성을 지양해야 한다. 그러므로 추리는 세 개의 명제 간의 관계, 즉 두 개의 전제가 지닌 관계를 통해서 '따라서'라는 접속어를 지니는 결론(제3의 명제)이 도출되는 것과 같은 순차적 과정을 거치는 주관적 형식적 관계는 아니다. 1격 추리의 양 항이 매사와 지니는 '직접적 관계' 속에서도, 특수가 보편에 대해 지니는 관계인 '대전제'와 개별이 특수에 대해 지니는 관계인 '소전제'가 관계를 맺는 작용을 통해 '결론'이 '매개된 관계'(WdL., Ⅱ, 362)로 보이기도 한다. 그러나 주관적 반성은 결론명제가 매개된 것이긴 해도, "양 항들에 대한 매사의 두 가지 관계들을 특수한, 게다가 직접적인 판단들 또는 명제들로 언명함으로써 매개된 관계인 결론이 물론 하나의 특수한 명제"(WdL., Ⅱ, 357)로, 다시 말하면 또 하나의 명제로 간주될 뿐이다.

헤겔은 이와 달리 매사의 본래 작용에 주목한다. 양 항들은 매사 속에서 '본질적 통일'을 이루고, 결론 'E는 A이다'는 '단순한 판단' 또는 '단순한 명제'가 아니라 '매사' 속에서 정립된 것이라는 데에 강조점이 두어진다. 달리 말해 매사는 "양 항들 자체의 본성 속에 근거지워진 것"(WdL., Ⅱ, 357)이다. 그러므로 양 항들의 "참된 관계는 매사(Terminus Medius)로 정립된다."(WdL., Ⅱ, 357). 추리는 "단순한 계사 또는 공허한 Ist를 통해서 형성된 관계가 아니라 규정된, 즉 내용이 풍부한 매사에 의해 형성된 관계"(WdL., Ⅱ, 358)이다. 그렇다면 결론인 제3의 명제 자체에서 또 하나의 명제가 아니라 '추리구조'를 파악해야 한다. 내용이 풍부하고 근원적 통일을 이루는 매사에 의해 개념규정들의 통일을 이루는 관계가 추리이므로, 추리를 단지 '세 개의 명제'에 의해 구성된 것으로만 이해해 서는 안 된다. 추리의 개념규정들의 관계를 "분리된 전제들과, 전제들과 는 상이한 하나의 결론으로 분리하는 것은 단순한 주관적 반성"(WdL., Ⅱ, 358)이다. 추리는 대전제에서 소전제로 그리고 결론으로 이어지는 순 차적 질서와 순차적 연역을 의미하는 것이 아니다.[17]

현존재추리는, 비록 상이한 추리로의 이행을 도출해내기는 하지만, 개 념규정들이 매사에 의해 '본질적 통일'을 이루는 추리를 "세 개의 명제가 사물을 구성한다"라는 '직접적 오성추리' 차원에서 논하고 있다. 그래서 외면성을 완전히 지양하지 못하는 현존재추리는 현존재판단의 질적 판단 과 같이 '질적 추리'(WdL., Ⅱ, 359)이다. 질적 추리로서 현존재추리의 1 격은 '명사들이 직접적인 규정의 형식'(WdL., Ⅱ, 359)을 지닌다. 규정성 은 '형식에 대해 무관심'하며 "현존재추리의 항(명사)들은 현존재판단의 항(명사)들처럼 개별적 규정성이다."(WdL., Ⅱ, 359).

'판단 장'의 현존재판단에서 직접성이 지배적이기 때문에, 술어가 직접 적 주어에 내속할 때 사유전개의 축이 개별에 있었듯이, 추리에서도 현 존재추리의 개별은 '직접적 구체적 대상'이므로 내속관계가 축이 된다. 특수성은 개별이 지닌 갖가지 특성 중의 하나이고, 보편성은 이 '특수성 에 즉해 있는 보다 추상적이고 보다 개별적인 규정성'(WdL., Ⅱ, 359)이 다. 직접적이고 구체적인 '개별'은 다양한 규정을 지니며, 매사인 특수성 의 규정은 개별이 지닌 다양한 규정 중의 하나이다. 그래서 개별이 지닌 다양한 규정성은 매사의 다양성을 낳고, 다양한 추리를 가능케 한다. 1격 추리의 개별은 다양한 특수성, 즉 "각각의 다른 매사(Medius Terminus) 를 통해서 하나의 다른 보편과 합치된다."(WdL., Ⅱ, 359). 그리고 특수

---

[17] "사물의 본성은, 사상(Sache)의 구별되는 개념규정들이 본질적 통일 속 에"(WdL. Ⅱ. S. 358) 있다는 것이며, 개념규정들의 본질적 통일은 이성적 인 면을 이룬다. 이성적 구조를 지닌 것은 추리형식을 지니며, "**판단**에서 여전히 발생하는 관계의 **직접성**에 대립해 있는"(WdL. Ⅱ. S. 358) '객관적 인 것'(WdL. Ⅱ. S. 358)이다.

성인 매사 자체를 다시 보편과 비교하면, 특수성이 보편보다 '구체적'이라 서 "매사 자체가 더 많은 술어들을 지닌다. 개별은 그러한 매사(Medius Terminus)를 통해서 재차 더 많은 보편들과 합치될 수 있다."(WdL., Ⅱ, 359). 개별이 지닌 다양한 규정성들 때문에 무수한 매사가 가능하고, 매 사 자체가 지닌 규정의 다양성이 개별의 다양한 규정성을 현시하면서 보 편의 다양한 가능성을 낳는다.

그러므로 개별이 지닌 많은 성질들 중에서 어떤 것이 매사가 될지, 술 어와 결합될지는 **"전적으로 우연적이고 자의적"**(WdL., Ⅱ, 359-60)이다. 개별적 주어가 지닌 다양한 규정성 때문에 다양한 추리가 가능하고, 그 내용상 어떤 추리가 오게 될지는 우연적이다.18) 때로는 서로 대립되는 성질들이 매사로 등장하여 개별인 주어와 결합하는 경우도 있다. 물론 그 대립되는 성질들은 주어인 개별에서 발견되는 것이며, 추리의 결론 또한 다양하고 우연적이다. 앞에서 '가우스는 죽는다'라는 결론을 살펴 볼 때, 가우스가 지닌 다양한 규정성 때문에, '가우스는 인간이다', '가우 스는 백인이다'와 같은 결론이 가능하며, 서로 모순되는 결론이 도출되기 도 한다. 결론으로서 '가우스는 죽는다'라는, 즉 가우스와 죽음을 연결시 킨 추리가 이루어지는 것은 우연적이다. 그런데 이처럼 1격이 분명하게 드러내는 우연성은 1격에서는 단지 우연적이라고만 일컬어질 뿐이지, 우 연성과 외면성이 정립되는 것은 아니다. 우연적이라는 것을 분명하게 논 증하여 우연성이 '정립된 우연성'으로 되는 것은 2격에서야 가능하다.

형식적 추리에는 우연성이 개입되며, 그래서 동일한 사태에 대해 정반

---

18) 그러나 "동일한 주어와 관련되는 이런 추리들은 또한 모순으로 이행해야 한 다. 왜냐하면 처음에는 무관심한 **상이성**인 구별 일반이 그와 마찬가지로 본질 적으로 **대립**이기 때문이다."(WdL. Ⅱ. S. 360). 구체적인 것은 개념의 제 계 기에서 규정되는 '대립의 통일을 통해서 구체적인 것'(ebd.)이기 때문이다. 그 래서 "형식적 추리에서 명사의 질적 본성에 의하면 구체는 그것에 속하는 규 정들의 개별적 본성에 따라 파악됨으로써, 추리는 구체에게 이러한 매사 (Medius Terminus)에 대응하는(일치하는) 술어를 할당한다."(ebd.).

대되는 것이 결합될 수도 있다. 이때 우연성은 단지 형식에만 관계하거나 내용에만 관계하는 것은 아니다.

헤겔은 "우연성이 마치 형식과는 무관하며, 논리학이 형식과 관계하듯이, 우연성이 단순히 내용에게 전가되어서는 안 된다. 오히려 내용이 그러한 일면적 질이라는 것은 형식적 추리의 형식 속에 있다. 내용은 앞서의 추상적 형식을 통하여 이러한 일면성으로 규정된다."(WdL., Ⅱ, 361)라고 주장한다. 많은 내용의 질이나 규정 중에서 '하나의 개별적 질'을 지니는 것은 형식상으로 '직접적이며 개별적 규정성과 다른 어떤 것도 아니기'(WdL., Ⅱ, 361) 때문이다.

개별, 특수, 보편으로 드러나는 각 항들은 모두 추상적 개별, 추상적 매사인 특수, 추상적 보편이며, 이들은 서로 무관심하다. 그래서 직접적 존재인 추상적 개별은 무한하고 무규정적인 다양성(다수)이며, 매사인 특수도 '다양한 질들 중에서 하나의 개별'이다. 이와 더불어 "형식적 추리는 본질적으로 그 자신의 형식 때문에 내용상으로도 전적으로 우연적인 것이다."(WdL., Ⅱ, 362). 그러므로 형식의 우연성은 내용에만 좌우되는 것도 아니고, 주어가 어떤 대상이냐에 좌우되는 것도 아니다. 형식의 우연성은 주어가 근저에 있는 내속의 구조에서는 "추리가 주어로부터 어떤 내용규정들을 이끌어내는가"(WdL., Ⅱ, 362)에 좌우된다. 이러한 우연성은 기본적으로 현존재의 1격 추리에서 세 개의 개념규정들이 외적, 직접적 관계라는 지평 때문에 야기된다. 매사가 양 항의 '규정된 통일'이어야 하지만 실제로는 '질적으로 상이한 규정'이기 때문에 '모순'이 나타난다. 이 모순은 논리 전개 속에서 '무한후퇴'를 야기하며, 결과적으로 추리운동의 추진력이 된다.

실제로는 추리의 모든 규정들은 '형식규정'상 자기 내로 복귀한 것으로 '본질적 관계들'이어야 한다. 추리의 본성상 "구별된 개념규정들은 직접적으로 관계하는 것이 아니라, 그것들의 통일이 정립되어 있어야 한다."(WdL., Ⅱ, 362). 그러나 1격의 두 전제는 '직접적으로 구별된 내용'

이면서 동일성이 정립되지 않은 두 개의 판단으로 간주된다. 그 결과 1 격에서는 '개념규정들의 통일'보다는 '제3의 명제'를 산출한다. '개념의 총 체성'이 여전히 정립되지 않은 '직접적이고 형식적인 추리'의 '대전제'와 '소전제'는 판단 장에서처럼 추리의 본성과는 배치된다.

그래서 직접성을 지니는 판단형태인 두 전제에 대한 증명이 요구된다. 증명이 요구되는 곳에서 두 전제는 '결론들'(WdL., II, 362)로 간주된다. 개념규정들이 직접적이고 외적이기 때문에 두 개의 전제에 대해 두 개의 증명을 해야하므로 1격 추리는 두 전제가 결론으로 간주된다. 1격 추리 는 두 개의 결론을 도출하는 두 개의 추리를 전제한다. 그러므로 요구되 는 증명을 하려면 두 개의 전제를 산출하는 두 개의 추리에 대한 증명 이, 다시 두 개의 추리의 전제들인 네 개의 전제에 대한 네 개의 증명이, 즉 네 개의 추리에 대한 증명이, 다시 거슬러 올라가서 여덟 개 등과 같 은 무한후퇴적 추리가 거론된다. 무한후퇴로는 1격 추리의 모순이 해소 되지 않기 때문에, 이런 'Proslogismen'[19]과 같은 결합방식은 지양되어야 한다. 트렌델렌부르크는 이런 무한후퇴는 1격 추리의 '결함'이며 이 결함 들 때문에 가장 근접한 격의 필연성이 야기된다[20]고 주장한다. 여기에서 가장 근접한 격은 2격 추리이다.

그렇다면 1격 추리에서 2격 추리로 이행하는 과정에서 드러나는 결함 과 필연적 근거들에 대해 좀 더 주목할 필요가 있다. 헤겔의 1격 추리는 형식논리학의 1격과 동일하다. 그러나 형식논리학은 1격이 2격과 지닌 내용적 연관관계, 1격에서 2격을 연역할 수 있는 가능성 등에 대해 문제 삼지 않는 데 반해, 헤겔은 내용적 연관관계와 이행의 필연성을 제시하 고 있다. 헤겔의 2격 추리는 1격이 지닌 결함인 무한후퇴를 해소하기 위 해 '전제된 것'이지만, 1격 추리에 외적으로 부가된 것이 아니라 1격 추

---

19) A. Trendelenburg, *Logische Untersuchungen*. Bd. 2. Leipzig: S. Hirzel Verlag. 1870 S. 361.
20) ebd. S. 361.

리의 운동을 통해 '정립된 것'이라는 "비판적 서술"의 구조에서 나온 것이다. 추리들의 전진적인 전체 운동을 통해서 1격의 무한후퇴를 해소하기 위해, 1격은 2격과 3격 등을 외적으로 전제한다. 이와 동시에 형식논리학의 형식적 추리를 벗어나고 지양하는 가운데 외적인 전제의 의미와 2격과 3격으로의 이행이 이루어진다.

이런 과정은 근본적으로 E-B-A가 매개된 형식이라는 데서 출발한다. "E-B와 B-A라는 두 가지 관계들은 매개된 관계이어야 한다."(WdL., Ⅱ, 363). 매개된 관계는 특수가 개별에 대해 보편의 형식을 지닌다거나, 특수가 보편에 대해 개별의 형식을 지닌다는 단순한 관계가 아니라, 'E-B'는 이들을 매개하는 A가 있어야 하므로 'E-A-B'의 형식을 지니고, 'B-A'는 이들을 매개하는 E가 있어야 하므로 'B-E-A'의 형식을 지니게 된다는 방식을 취한다. 이러한 1격의 소전제에 적용되는 'E-A-B의 정당성'은 '3격 추리'에서 논증되고, 1격의 대전제에 적용되는 'B-E-A의 정당성'은 '2격 추리'에서 논증된다. 헤겔은 1격 추리가 지닌 모순 속에서 드러나는 전제들의 무한 후퇴를 지양하기 위해 일차적으로는 각 전제들이 매개성을 지녔다는 것을 밝혀낸다. 매개성을 지니는 전제는 알고 보니, 2격과 3격의 추리구조를 지니고 있다. 그래서 1격 추리의 정당성을 논증하는 작업은 1격 추리 자체 안에서 내적 모순을 지양하기보다는 외적인 2격 추리와 3격 추리를 전제하는 데서 이루어진다.

2격과 3격을 전제하는 1격이라는 점을 도출해내는 과정에는, 비록 개념들과 격의 형식들이 외적이지만, 1격에서 각 격들로 변증법적으로 전개되는 구조가 작동한다. 그러나 물론 1격 추리의 정당성을 외적인 다른 격에서 확증할 수밖에 없는 한계를 동시에 보여 준다.

그래서 여기에서 두 가지를 생각할 수 있다. 1격 추리는 추리의 정당성을 논증하기 위해 전제들의 정당성을 문제 삼으면서, 1격 추리의 전제들 하나하나의 구조에 대응하는 2격 추리와 3격 추리로 이행한다는 측면과, 1격 추리의 '결론'의 내용을 살펴보면 2격 추리의 전제들인 E-A,

E-B는 1격의 추리결과 형성된 것이라는 측면이다. 두 측면은 모순을 유발한다. 이런 모순을 해소하려는 노력과 동시에 '전제와 결론 간의 모순' 문제에 관해서는 범유성추리에서 다시 논하게 된다.

"1격 E-B-A에서 E-B와 B-A는 아직 매개되어 있지 않다. E-B는 3격에서 매개되고, B-A는 2격에서 매개된다."(Enz., §189). 1격 추리에서는 형식적 추리에 내재하는 내용의 우연성문제보다는, 전제들과 결론 간의 매개성보다는 전제들의 정당성을 증명하는 문제가 급선무이다. 그 정당성을 증명하는 문제는 종국에는 1격 추리와 2격 추리와 3격 추리 간의 순환구조(Kreis)를 야기한다. 현존재추리의 진행 속에서 드러날 것이지만, 1격 추리와 비교해서 2격 추리와 3격 추리 각각은 전제들의 매개를 위해 각각 두 개의 다른 격들의 관계를 전제한다. 헤겔은 형식적 추리의 격들 간에도 이행의 필연성과 격들 간의 병존성을 확립한다.

매개를 통해 작용하는 이행을 다시 정리해 보면, 형식적 추리의 매개는 "내용에 따르면 우연적"(WdL., Ⅱ, 364)이다. 직접적 개별은 무한히 많은 매사를 지니며, 매사도 마찬가지로 많은 규정성을 지니기 때문에, 추리의 주어가 어떤 종류의 보편과 결합되는지는 우연적이다. 매개의 근거, 추리의 근거가 외면적이고 직접적인 1격 추리에서 추리의 중심을 쥐고 있는 것은 '직접적인 것'이다. 그러므로 매사는 특수성이 아니라 '직접적인 것인 개별'[21]이다. 1격 추리(E-B-A)의 매사는 특수성이지만, 1격 추리는 직접적인 현존재추리이기 때문에 직접적인 것이 중심축이 된다. 1격 추리에서 직접적인 것은 개별이므로, '개별'을 축으로 하여 1격 추리가 귀결된다. 그래서 '개별은 보편이다'가 1격의 결론으로 드러날 때, 개별이 보편으로 정립된다. 물론 이때 특수성이 매사인 1격에서 개별성이 매사인 2격으로 전개되는 필연성은 현존재추리가 '직접적 관계'라는 것에

---

21) "형식을 고찰할 때도 마찬가지로 매개는 관계의 직접성을 자기의 전제로 삼는다. 따라서 매개는 그 자체 매개되어 있고, 게다가 직접적인 것, 즉 개별에 의하여 매개되어 있다."(WdL. Ⅱ. S. 364).

만 전적으로 의존하는 것은 아니다. 1격 추리의 결론 자체를 탐구하면, 특수성의 매개를 통해 귀결된 결론은 개념규정들의 관계 중 '개별이 보편이다'이므로, 결론에서 개별은 보편과 매개되고 보편으로 정립된다. 그래서 보편인 '개별'이 매사가 되는 2격(B-E-A)으로 이행한다.

그리고 1격 추리에서 '개별은 특수이다'라는 소전제에 따르면 개별은 특수로도 정립된다. 전제와 결론의 관계 속에서 결론에 나타난 "개별은 특수와 보편을 통일시키고 있다.…게다가 단순한 방식으로가 아니라, 매개를 통하여 따라서 필연적 관계로 표현한다."(WdL., Ⅱ, 364).

1격 추리의 매사는 '단순한 특수성'이지만, 전제와 결론 간에 드러나는 '개별'의 형식 때문에, 매사에 의한 '개별과 보편의 관계정립'은 개별로 귀착한다. 결론에서 개별이 보편으로 규정될 때, "개별은 양 항들의 보편성으로, 또는 매사로 정립된다. 개별은 대자적으로 개별성이라는 한 항이지만, 이제는 보편으로 규정되기 때문에, 동시에 양 항의 통일이다."(WdL., Ⅱ, 365). 그래서 '개별은 보편이다', '개별은 특수이다'가 통일을 이루면서 추리의 전제들이 되는 2격 추리로 이행한다.

이것을 동시에 앞에서 말한 '우연성의 정립'으로 해석할 수 있는 여지가 있다. 1격에서는 우연성과 외면성이 거론될 뿐이지만, 2격에서는 우연성이 정립된 우연성이 된다. 1격이든 2격이든 간에 우연성은 직접성이라는 형식 때문에 생기는 것이고, 그 직접성은 결국 개별 속에서 드러난다. "개념규정들 중에서 직접적인 것은 개별이기 때문에, 1격의 진리는 개별이 매사를 형성한다는 것이고, 그래서 B-E-A가 2격을 서술한다."[22]

지금까지의 논의를 총괄하면, 특수성이 매사인 1격에서 생기는 무한후퇴를 해결하기 위해 전제들의 증명이 필요하다. 그래서 1격 추리에서 직접적인 것인 개별이 보편이 되고, 개별이 특수가 되는 구조 속에서 먼저 '대전제' B-A를 증명하기 위해 2격 추리가 전제된다. 그리고 직접성을 전형

22) J. van der Meulen, *Hegel. Die gebrochene Mitte*. Hamburg: Felix Meiner Verlag. 1958. S. 74-5.

적으로 보여주는 '개별'을 매사로 삼으며 그리고 1격의 운동이 2격의 전제
들을 정립하고 있다는 점 등이 1격 추리의 운동에서 드러난다. 결론적으로
이 모든 것이 2격으로의 이행을 추진시키는 동인이 된다.

　이제 2격 추리로 이행해야 하는데, 2격 추리로 이행하기 전에 1격 추
리를 형식논리학과 비교하여 비판적으로 진단할 필요가 있다. 형식논리
학의 1격의 특징에 비추어 보면, 1격의 대전제는 보편적이어야 하며, 그
래서 특수도 '모든 특수'로 나타난다. 형식논리학의 격들을 도식화하여
비교하면, 1격의 대전제는 반드시 전칭이어야 한다. 그러나 헤겔은 대전
제의 '전칭' 문제를 현존재추리에서는 정당화하지 못한다. '전칭성'이 적
합한 것임이 논증되는 것은 반성추리의 범유성추리에서야 가능하기 때문
이다.23) 그러므로 추리들 간의 변증법적 운동과 단계를 구분할 수밖에
없는 정당성을 이런 측면에서도 주장할 수 있다.

형식논리학의 1격(포섭격)	형식논리학의 2격(배척격)	형식논리학의 3격(예외격)
$\forall$M-P (대전제 전칭)	$\forall$P-M (대전제 전칭)	M-P
S-M. (소전제 긍정)	S-M	M-S. (소전제 긍정)
S-P	S-P~(결론 부정)	$\exists$S-P (결론 특칭)

---

23) 게다가 헤겔의 1격 추리는 형식논리학의 2격과 3격에서 분명하게 드러남에
　도 불구하고 "어째서 어떤 특칭적 – 긍정적 또는 보편적 – 부정적 전제들이
　허용되지 않는지를 통찰하지 못하는 데, 이 전제들을 근저로 하여 결론은
　그 경우에 – 그야말로 모두스에 따르면 – 특칭적 긍정적으로 또는 특칭
　적 부정적 내지 보편적 부정적으로 나타난다. 헤겔은 그런 결론들을 2격과
　3격에서만 명백하게 인지하며, 2격과 3격에서 헤겔은 특히 특칭적 결론들
　에게 '어떤 중요한 가치도' 부여하지 않는다."(K. Düsing, *Das Problem der
　Subjektivität in Hegels Logik. Hegel-Studien/Beiheft.* Bd. 15. Bonn:
　Bouvier Verlag. 1976. S. 276).

2-2. 2격 추리(특수성 – 개별성 – 보편성)

헤겔의 현존재추리는 1격 추리의 논리적 전개를 통해서 2격 추리로 이행한다. 그런데 헤겔의 2격 추리는 형식논리학의 3격 추리(B-E-A)에 상응한다. 헤겔의 2격이 형식논리학의 2격이 아닌 3격으로 전진하는 것은 – 형식논리학과는 달리 – 양 항과 매사의 필연적 연관에 의한 내용 변화를 이행의 계기로 삼기 때문이다. 1격 추리의 운동 결과, '개별성'이 매사로 정립되면서 '개별은 보편이다'(E-A)와 '개별은 특수이다'(E-B)를 전제로 삼는 격이 정립된다. E-A와 E-B를 전제들로 지니는 추리는 형식논리학의 3격 추리이기 때문에, 헤겔의 2격 추리는 형식논리학의 3격 추리에 상응한다.

헤겔 2격(형식논리학의 3격)	개념의 세 계기로 표현	2격의 예
대전제: M-P 개별 – 보편	대전제: E-A(1격의 결론)	가우스는 죽는다.
소전제: M-S 개별 – 특수	소전제: E-B	가우스는 인간이다.
결 론: S-P 특수 – 보편	결 론: B-A(1격의 대전제)	따라서 인간은 죽는다.

1격의 질적 추리의 결과 나타난 2격 추리의 매사는 개별성(E)이며, 개별성은 2격 추리의 전제들의 주어가 된다. 이때 개별성은 직접성과 우연성을 특징짓는 것이다. 그러므로 2격 추리에서 개별로 등장하는 어떤 것은 "하나의 보편적인 것인 질적 규정성과 즉자대자적으로 합치되는 것이 아니라, 우연성을 통하여 또는 개별성 속에서 합치된다."(WdL., Ⅱ, 365). 2격 추리는 1격 추리의 추리과정을 통해 정립된 것이지만, 여전히 직접성이 '관계의 근거, 따라서 매개'(WdL., Ⅱ, 365)를 이루기 때문에, 매사는 '추상적 개별성'이고, 1격처럼 아직도 "개념으로 복귀하는 것이 아니라, 단지 그것의 외면성에서만 파악된다."(WdL., Ⅱ, 365).

2격 추리(B-E-A)의 전제는 B-E, E-A이다. 이때 B-E는 '직접적 전제'이지만, E-A는 1격 추리의 결론으로 정립된 '매개된 전제'(WdL., Ⅱ, 365)이다. 따라서 "2격 추리는 1격 추리를 전제한다."(ebd.). 그러나 2격 추리의 결론은 이와 반대로 1격의 대전제를 이룬다. 1격 추리에서 2격 추리의 대전제가 정립되지만, 2격 추리의 결론은 1격 추리의 대전제가 되기 때문에 '1격 추리는 2격 추리를 전제'한다. 2격은 이런 식으로 순환적 전제구조를 이룬다. 무엇인가를 전제하는 것이 하나의 추리 안에서만 끝나는 것이 아니라, 즉 하나의 명제가 다른 명제를 전제하는 것이 아니라 다른 추리를 전제하는 것이 된다. 격 추리는 각자 다른 추리를 서로 전제하는 순환적 전제 구조를 지닌다. 이 추리는 지양되어야 할 단계이면서도 동시에 현존재추리의 한계와 확장을 도출하는 견인력이기도 하다.

2격 추리를 1격 추리와 비교하면, B-E-A에서 술어인 보편은 '여전히 자기의 위치'(WdL., Ⅱ, 365)를 지닌다. 그러나 특수는 1격과 달리 위치를 바꿈으로써 '개별성의 항의 규정 아래' 놓이게 되며, 개별은 '매사 또는 특수성의 규정으로'(WdL., Ⅱ, 365) 정립되어 있다. 그러므로 "특수성과 개별성은 제1추리에서 그랬던 것과 같은 '추상적 직접성'이 더 이상 아니다."(WdL., Ⅱ, 365-6). 전제 속의 항은 추상적 직접성이 아니고, 본래적 자기규정을 지니면서 동시에 다른 쪽의 규정을 지니고 있다.

가령 특수는 개별성의 규정 아래 있는 특수이다. 그렇다고 해서 항들이 구체적으로 정립된 것은 아니고 아직은 외면적이다. 자기의 특수의 총체성이어야 하는 보편도 '즉자대자적인 규정적 특수'가 아니라, 매사인 개별이 지니는 "보편의 종들 중의 하나이다. 보편의 종들 중 다른 것은 직접적인 외면성을 통하여 보편으로부터 배제된다."(WdL., Ⅱ, 366). 특수도 외면성의 특징을 지니므로 "특수는 직접적으로 그리고 즉자대자적으로 보편이 아니라, 부정적 통일이 특수로부터 규정성을 제거하여 이것을 통하여 특수를 보편성으로 고양시킨다."(WdL., Ⅱ, 366). 개별성은 특수의 술어가 아니므로, 특수의 술어이어야 하는 한에서는 '특수와 부정적

으로' 관계한다. 그래서 2격은 '우연적 개별성에 의해 결합된 두 개의 질'
이면서 동시에 '부정적 계기'를 지닌 것이다.[24]

2격 추리의 명사들(Termini)은 개별과 특수의 위치가 바뀌었어도 여
전히 '외면적'이므로 1격 추리와 같이 서로 무관심한 '주관적 추
리'(WdL., Ⅱ, 366)이다. 그러나 1격은 '직접적 추리'이지만 1격의 순수한
형식이 전개되어 2격이 생겨난 것이므로, 2격은 "한편으로는 개념과 관
계된 실재성이다. 매개의 부정적 계기가 그리고 이를 통하여 더 나아간
형식규정성이 처음에는 직접적이고 질적인 명사(Terminorum)의 규정성
에서 정립되기 때문이다."(WdL., Ⅱ, 366). 물론 2격으로 이행해도 2격은
1격처럼 여전히 질적 추리라는 현존재추리이므로 기본적으로 '추리의 순
수한 형식의 타자화'(WdL., Ⅱ, 366)에서 벗어나지는 못한다. 2격 추리는
E-B-A라는 '1격 추리의 일종'이다. 그렇다고 해서 1격과 2격이 같은 것
은 아니다. 2격은 1격으로부터 양 항간의 모순을 지양하기 위해 이미 이
행과정을 거친 후에 정립되는 2격 추리이므로 1격의 도식을 그대로 따르
지 않는다.

1격 추리의 전제는 E-B와 B-A라서 매사인 B는 한 번은 '술어, 즉 포섭
하는 것'이고, 한 번은 '주어, 즉 포섭되는 것'이었다. 그러나 2격 추리의
두 전제는 E-B와 E-A이며, 앞의 도표에 따르면 대전제 E-A와 소전제
E-B에서 매사 E는 주어로서 "두 번 포섭되고, 따라서 두 개의 다른 명사
들이 그에 내속하는, 두 번의 주어이다."(WdL., Ⅱ, 367). 매사를 둘러싸
고서 개념규정들 간에 이루어지는 내속−포섭 관계 측면에서 볼 때, 2격은
1격에 그대로 환원되지 않는 차이를 지닌다. 매사가 한 번은 내속하고 한

---

24) 여기에서 질적 구별이 사상되고 양적 동등성으로 이행한다는 주장을 끌어
낼 수 있는 가능성이 있는가? 부정성이 지닌 반성적 구조가 들어오면서 하
나인 개별이 모두인 범유성으로 발전할 수 있는 가능성이 여기에서 드러나
는가?를 생각해 볼 필요가 있다. 그래야 반성추리 및 반성추리의 범유성추
리와 현존재추리의 관계성 및 차이성을 밝히면서 상이한 추리들 간의 변증
법적 매개 구조를 선명하게 드러낼 수 있다.

번은 포섭하는 전제들을 통해 정립되는 1격의 결론이 주관적이고 우연적인 결합인 것과 달리, 매사의 포섭이 두 번 이루어지는 2격의 결론은 "추리의 결론이기 때문에 옳은 것이 아니라 그 자체로 옳다."(WdL., Ⅱ, 367).

형식논리학적 태도는 2격을 1격으로 환원시키면서 1격의 일종으로만 간주한다. 헤겔이 논증한 격들 간의 관계에 비추어 보면, 모든 격을 1격으로 환원하는 형식논리학은 주관적 형식에 머무는 것이다. "제1형식으로부터 제2형식으로의 필연적 이행이 간과되고, 1형이 참다운 형식이라면서 1형에 머물러 버리게"(WdL., Ⅱ, 367) 되는 것이다.

헤겔에게 2격 추리는 1격 추리를 전제하며, 1격 추리에 의해 정립된다는 단순한 주장에 반해 오히려 "1격 추리의 진리는 2격 추리에 의해 정립된다."(WdL., Ⅱ, 367)고 할 수 있다. 그러므로 2격을 1격으로만 환원시켜서는 안되는 차이가 있고, 그 차이 때문에 1격과 2격은 병존의 성격을 지닌다. 물론 차이와 병존에만 너무 집착하면, 1격과 2격이 서로 무관심하며 어떤 관련성도 어떤 필연적 이행도 없다고 오인할 수 있으므로 이런 부분은 경계해야 한다. 애초에 2격의 전제는 1격의 운동을 통해 정립되었고, 2격이 "주관적 의미에서 올바른 추리로 발생하는 한에서 2격은 1격에 적합해야"(WdL., Ⅱ, 367) 한다. 일차적으로 서로를 전제하는 관계 속에서 1격과 2격의 차이를 논증해야 한다. 다음의 도표에서

헤겔 2격(형식논리학의 3격)	헤겔 1격	2격을 1격으로	형식논리학의 3격(예외격)
대전제: E-A	대전제: B-A	E-A	M-P
소전제: E-B	소전제: E-B	B-E	M-S.(소전제 긍정)
결 론: B-A	결 론: E-A	B-A	∃S-P(결론 특칭)

2격의 전제는 E-A와 E-B이며, 매사 E는 두 번 포섭된다. 2격의 관계가 1격에 적합하려면, 2격의 전제들을 1격으로 환원시켜 논증해야 한다.

그렇게 하려면 1격(E-B-A)의 매사(B)처럼, 2격(B-E-A)의 매사(E)가 한번은 주어이고, 한번은 술어이어야 한다. 즉 한번은 포섭되고, 한번은 내속하는 관계여야 한다. 그렇다면 소전제 E-B는 1격처럼 B-E의 위치를 지녀야 한다. 매사 E가 소전제에서 술어의 위치에 오도록 E와 B를 '환위'해야 한다. B-E-A의 도식에서 나타나는 E-B와 B-E 중에서 'E-B 관계'는 1격에 적합하게 만들기 위해 지양되어야 한다.

그런데 환위를 할 때 주어와 술어를 무조건 모두 바꿀 수 있는 것이 아니라, 환위가 가능한 형식들이 있다.[25] 지금처럼 '환위'를 한 뒤에도 내용의 '정당성'을 계속 유지하려면, 기본적으로 소전제가 무규정적 판단, 즉 무규정성을 지니는 특칭판단 형태의 긍정판단이어야 한다. 그 결과 결론 또한 특칭판단으로 드러나는 것이어야 한다. 헤겔의 2격 추리에 상응하는 형식논리학의 3격 추리에서 결론 B-A는 반드시 특칭이다.

1격의 예	2격의 예(그러나 잘못된 예)	2격을 1격으로 환위
모든 인간은 죽는다.	가우스는 죽는다.	가우스는 죽는다.
가우스는 인간이다.	가우스는 인간이다.	어떤 인간은 가우스이다.
따라서 가우스는 죽는다.	따라서 인간은 죽는다.	따라서 어떤 인간은 죽는다.

2격을 1격의 형식으로 환원하면서도, 2격의 결론이 정당성을 지니도록 하려면, 환위된 소전제는 '특칭'(어떤) 형식을 지녀야 하고, 결론에서도 '어떤'이라는 '특칭' 형식을 지녀야 한다. 특칭형식을 지니는 양 항은 '긍정적이면서도 동시에 부정적인, 즉 무규정적이고 직접적인 무관심한' 규정성이 된다. 대전제가 항상 '전칭'이어야 하는 1격에 비해서, 2격은 어느 쪽이 '대전제'인지 '소전제'인지도 결정되어 있지 않다. 즉 우연적이다.[26]

_____

25) 형식논리에서 E, I는 환위 후에도 논리적 동치이다. A, O는 논리적 동치가 아니다. 환질 후에는 모든 유형이 논리적 동치이다. 환위환질 후에도 A, O는 논리적 동치이다.

소전제와 결론이 반드시 특칭이어야 한다는 점에 비추어 보면 결과적으로 소전제와 결론이 '우연적'이라는 것을 분명하게 '정립'하고 있다. 이렇게 해서 우연성은 '정립된 우연성'이다.

특칭판단으로 드러나는 2격의 결론은 특칭이라서 무규정적이다. 1격에서 매사와 양 항들의 관계가 외면성과 우연성을 지닌다고 주장할 때, 매개 작용을 하는 매사는 '직접적인 것으로서 개별'이 지닌 다양한 질들 중의 하나이며, 어떤 질이 매사로 작용할지는 전적으로 우연적이었다. 그래서 1격의 매사는 '우연적 매개', '외면성'이라고 일컫는 데 그쳤다. 그러나 이와 달리 2격의 매개는 우연적이라는 것을 분명하게 정립한 '정립된 우연성'이다. 소전제와 결론이 특칭이기 때문에, 무규정적 판단이라는 데서 기인하는 우연성과 외면성을 분명하게 정초한다.

그러므로 2격은 두 가지 의미에서 '1격의 진리'이다. 2격의 결론인 B-A는 1격의 대전제이므로 2격이 1격의 진리성을 담보하는 1격의 대전제를 논증한다는 점과, 1격의 우연성이 '2격에서 정립되고 뚜렷해진다'는 점에서이다.[27] 매사인 개별성이 직접적이고 외면적이라는 점이 분명해지고, 그래서 개별성은 지양되어야 한다. 2격의 매사로서 직접성을 지니는 개별성이 개별 자신을 지양하는 매개작용이 발생한다.

추리행위는 '개별성과 보편성의 통일'을 정립하는 작용이므로, 개별이

---

26) 형식논리학에서 "전제들은 헤겔의 개념내용들과 더불어 E-A와 E-B로 불리는데, 이것들의 순서는 헤겔에 의하면 고정되어 있지 않다. E-B는 보편판단 또는 특칭판단일 수 있다. 결론은 이러한 격에서는 언제나 특칭적이 된다." K. Düsing, *Das Problem der Subjektivität in Hegels Logik*. *Hegel-Studien/Beiheft*. Bd. 15. Bonn: Bouvier Verlag. 1976. S. 278.

27) 여기에서 간과하지 말아야 할 점이 있다. 2격에서 정립된 우연성은 2격의 결론(B-A)이 '우연적'이라는 것, 이 우연성은 결론이 '특칭'이라는 것의 영향을 받는다. 결론 B-A는 1격의 대전제에 해당된다. 그래서 2격이 논증한 1격의 대전제는 1격에서는 '전칭'이지만, 논증된 2격의 결론으로는 '특칭'이다. 그래서 모순이 야기된다. 결론 자체의 특칭은 무규정성을 의미하고, 이런 차원에서 '정립된 우연성'은 결국 이 '모순'을 심화시키는 역할을 한다.

자기 지양을 통해 정립하는 것은 보편성이다. 그러나 현존재추리는 매사
와 양 항들 간의 외면성을 기초로 하기 때문에, '개별성'이 통일을 이루
려고 하는 '보편성'도 여전히 외적으로 있다. 매사로 작용하는 개별은
"자기와는 다른 것, 즉 보편을 통해서 발생하는 매사를 지시"(WdL., Ⅱ,
368)하게 된다. 2격 추리의 결과 근저에 놓여 있는 직접성으로서 매사는
보편이다. 즉 '그 자체로 반성된, 즉자적으로 존재하는 직접성, 추상적 보
편'(WdL., Ⅱ, 368)이다. 2격에서 개별성이 자기를 지양해도 여전히 외적
이듯이, 개별성의 외면성으로 등장하는 보편도 추상적 개별처럼 '추상적
보편'이다. 매사 속에서 개별에게 외적인 매개가 정립되면서 등장하는
"개별성의 외면성은 보편성이다."(WdL., Ⅱ, 368).

매사는 추상적 개별성에서 추상적 보편성으로, 개별성이 매사인 2격
추리에서 보편성이 매사인 3격 추리로 이행한다.[28] 추리의 과정을 통해
서 개별성은 '개념에 따르면 특수이면서 특수의 규정성을 지양하는 한에
서 보편과 합치된다'(WdL., Ⅱ, 369). 그러나 여기에서 나타난 통일, 즉
개별성과 합치되는 외면성으로서 보편성은 양 항이 매사로 삼는 개별의
규정적 관계에 의해 합치되는 것은 아니고, 단지 '추상적 보편'이므로 새
로운 추리가 나타난다. 2격은 특칭적 추리만을 허용하기 때문에, 특수의
규정성을 지양하고, 따라서 매사는 단지 추상적 보편성이 된다.[29]

2-3. 3격 추리(개별성 – 보편성 – 특수성)

매사가 추상적 특수(1격)에서 추상적 개별(2격)로, 그리고 이제는 추
상적 보편으로 정립되면서 3격 추리가 등장한다. 헤겔의 3격 추리는 형

---

28) 3격으로 이행은 "타자화와 존재의 이행이다. 왜냐하면 2격 추리는 질적인 것,
   게다가 직접적 개별성이 근저에 놓여 있기 때문이다."(WdL. Ⅱ. S. 368-9).
29) A. Trendelenburg, *Logische Untersuchungen*. Bd. 2. Leipzig: S. Hirzel
   Verlag. 1870. S. 361.

식논리학의 3격이 아닌 2격 추리에 상응한다.

헤겔 3격(형식논리학의 2격)	다른 격과의 관련성	형식논리학의 2격(배척격)
대전제: P-M(특수－보편)	대전제: B-A(헤겔2격 결론)	∀P-M(대전제 전칭)
소전제: S-M(개별－보편)	소전제: E-A(헤겔1격 결론)	S-M(한 전제－주연/부정)
결 론: S-P(개별－특수)	결 론: E-B	S-~P(결론 부정)

3격 추리 E-A-B는 매사인 보편이 전제들의 술어에 위치한다. 그리고 3격의 전제들은 '직접적 전제'가 아니라 모두 '매개된 전제'이다. E-A는 1격 추리의 결론이며, B-A는 2격 추리의 결론으로서 매개된 전제이다. 따라서 "3격 추리는 앞의 두 가지 추리들을 전제한다."(WdL., Ⅱ, 369). 전제들의 매개성 때문에 3격 추리가 1격과 2격을 전제하는 것이 분명하다.

이에 반해 3격 추리의 결론 E-B는 1격의 소전제를 근거짓는다. 현존재 추리의 전개를 통해 정립되는 3격 추리는 오히려 '형식적 추리의 진리'가 된다. "두 가지 추리들은 3격 추리를 전제한다. 따라서 3격 추리에서 추리 규정이 완성된다."(WdL., Ⅱ, 369). 1격에서 3격까지는 서로를 전제하는 순환적 구조를 취하면서 매개를 완수해 나간다. 2격은 1격으로부터, 3격은 2격으로부터 정립된 것이면서, 무한후퇴에 빠져있는 1격의 전제들은 2격과 3격에서 정립된다. 격들 간의 전제의 정당성은 3격 추리에서 순환적 구조를 분명하게 드러내면서 동시에 형식적 추리를 지양하고 완성한다.

순환 구조를 형식적 추리의 한계로 보든, 형식적 추리의 지양으로 보든 간에, 3격 추리를 현존재추리의 진리로 완성하는 헤겔의 구조는 아리스토텔레스적인 형식적 추리와 구분되는 분명한 차이점이다. 추리 격의 최종 매사가 무엇인가를 비교하면, 이것이 더욱 분명해진다. 헤겔에게는 보편이, 그에 반해 아리스토텔레스에게는 특수가 참된 매사를 형성하고, 그래서 2격과 3격이 전환되어야 한다는 것은 그들의 사유의 구별 속에

깊이 뿌리박혀 있다.[30]

  형식적 추리의 지양과 완성은 언뜻 보면 형식적 추리들 간의 상호 전제로 끝나는 것 같다. 그러나 각 격들의 '형식과 내용'을 동시에 고려할 때 발생하는 모순을 해소하면서, 각 격들의 정당성과 반성추리를 정립하는 계기를 현존재추리에서 마련하게 된다. 그럼에도 불구하고 3격 추리의 정당성을 문제 삼는다면, 여전히 해소되지 않은 모순점들이 있다. 이것은 헤겔의 3격 추리를 형식논리학의 2격과 비교할 때 분명하게 드러난다.

어떤 특수도 보편이 아니다.	모든 특수는 보편이다. ∀P-M
개별은 보편이다.	개별은 보편이 아니다. S-M
어떤 개별도 특수가 아니다.	개별은 특수가 아니다. S-~P

  현존재추리의 격들 간에 형성되는 순환적 매개구조가 과연 정당한 것인가에 대해 의문을 제기해 보자. 헤겔에게 일반적으로는 격들이 서로 전제되고, 근거지움을 순환으로 완결지음으로써 매개가 완성된다.[31] 그러나 매개가 완성되는 순환구조라고 할 수 없는 요소들이 남아있다. 형식논리학의 2격에서 '대전제는 전칭'이어야 하고, 전제들 중의 하나는 반드시 '주연' 그리고 '부정'이어야 하기 때문에 결론은 부정이다. 예에서도 드러나듯이 결론은 '보편적 – 부정적'이거나 '특칭적 – 부정적'이어야 한다. 헤겔이 1격에서 3격까지를 서로 전제하고 매개하는 논리적 순환구조로 논증할 때, 3격 추리의 대전제이면서 2격의 결론인 B-A는 보편적이어야 하지만, 반면에 헤겔의 2격의 결론인 B-A는 특칭적이다. 전제 E-B는 긍정적이어야 했던 반면에, 헤겔에게서 3격의 결론인 E-B는 부정적이다.[32]

---

30) J. van der Meulen, *Hegel. Die gebrochene Mitte*, Hamburg: Felix Meiner Verlag, 1958, S. 76.
31) A Trendelenburg, *Logische Untersuchungen*, Bd. 2, Leipzig: S. Hirzel Verlag, 1870, S. 362.

이처럼 전제하는 것과 전제된 것 간에 형식은 같은 것처럼 보이지만, 내용은 다르기 때문에, 뒤징은 헤겔에 의하여 계획된, 전제들과 결론들의 원환은 완결되지 않는다[33]고 주장한다. 현존재추리의 각 격들이 서로를 원환적으로 전제하고, 실상 원환적으로 전제되고 정립되는 그 결과물들이 보편-특수-개별이라는 용어나 역할은 동일하지만, 형식과 내용은 다르다.

그러므로 형식과 내용의 모순 속에서 매사는 그 자체에서 '매개의 총체성'을 이루는 매개가 아니라 매개를 자신 외부에 지니는 '추상적' 보편적 매개이며, 매개되어야 하는 것이 여전히 합치되지 않고 있다. 이러한 추상성은 현존재추리의 한계, 결여이기도 하다. 그러나 이것은 현존재추리가 형식논리학의 형식적 추리와 밀접하게 연관되기 때문에 생겨나는 당연한 귀결이기도 하다. 현존재추리의 "양 항들은 자기의 본질적 규정성에 의하여 매사 속에 포함되어 있는 것이 아니라, 단지 자기의 보편성에 의해서만 포함되어 있다."(WdL., Ⅱ, 369). 명사는 '형식에 대해 무관심한 내용'을 지니며, '내용규정으로 반성되지 않은 형식규정들'(WdL., Ⅱ, 369)이라서 '추리의 형식주의'이다.

그러나 헤겔은 3격 추리의 매사인 '보편의 추상성'과 '결론의 부정성'에 주목하면서, 4격 추리로 이행하는 계기를 마련하는 것을 간과하지 않고 있다. 매사가 보편으로 정립되기 때문에, 3격 추리가 마치 1격과 2격의 진리인 것처럼, 그리고 양 항들을 통일하는 보편인 것처럼 논의되지만, 3격 추리의 매사도 여전히 양 항의 규정성을 도외시하는 추상적 '무규정적 보편'이다. 그리고 추상적인 것인 "이러한 보편은 동시에 규정된 것인 양 항들로부터 구별되는 한에서, 보편 자체도 양 항에 대립하여 하나의 규정된 것"(WdL., Ⅱ, 370)이다. 이러한 무규정성과 규정성의 관계 전체

---

32) K. Düsing, *Das Problem der Subjektivität in Hegels Logik. Hegel-Studien/Beiheft.* Bd. 15. Bonn: Bouvier Verlag. 1976. S. 279.
33) ebd. S. 279.

가 개념규정들의 관계 속에서 하나의 추리를 이룸으로써, 3격 추리의 매
사는 보편이다. 두 전제에서 주어가 아니라 "양 항들에 대립하여 양 항
들을 포섭하는 것, 술어이다."(WdL., Ⅱ, 370).

이러한 형식적 구조를 취하는 추리는 '추리의 본성'에 따르면, E-A가
정당하면 A-B도 정당한 관계이어야 한다. 그래서 3격 추리의 도식이
E-A-B인지, B-A-E인지가 중요하지 않았다. 그러나 3격 추리의 정당성
은 3격의 형식을 취하는 모든 추리에서 가능한 것이 아니다. E-A와 마
찬가지로 A-B도 정당한 관계가 되려면, "주어와 술어의 관계가 무관심
한 판단, 즉 부정판단에서 발생한다. 그래서 추리는 정당하지만, 결론은
필연적으로 부정적이다."(WdL., Ⅱ, 370). 이러한 '부정'은 앞에서 말했듯
이, 형식논리학의 2격은 대전제가 '전칭'이고, 전제 중 하나는 '주연', 하
나는 '부정'이며, 결론은 반드시 부정이라는 조건을 고려할 때, 형식논리
학의 2격 추리는 '결론이 반드시 부정적'이라는 것과 동일한 선상에 있
다. 헤겔의 3격 추리의 전제를 1격과 2격 추리에 관련시킬 때 원환적 구
조가 완결적이지 않았듯이, 이제 3격 추리 자체에서도 전제들과 결론 간
의 관계에서 귀결되는 결론의 부정적 측면 때문에 문제 ― 그러면서도
헤겔이 4격 추리로 이행해 가는 전진적 필연적 전환점으로 삼았던 문제
― 가 발생한다. 결론의 부정을 정당화하기 위해서는 명제 중에서 어느
쪽이 주어인지, 술어인지, 대전제, 소전제는 어느 것인지, 결론의 개별과
특수는 어느 항인지가 문제시되지 않는다. "어느 명사가 주어로, 술어로
간주되는지에 대해서 무관심"(WdL., Ⅱ, 370)하기 때문에, 헤겔에게는
형식논리학의 4격 추리는 '전혀 쓸모없는 것'(WdL., Ⅱ, 371)이다.

이런 부정적 태도는 형식논리학의 4격[34]과 달리 질적 규정이 사상된
'A-A-A'라는 헤겔의 4격 형식으로 나아간다. 형식성의 극단으로서 질적

---

34) 이렇게 무관심한 태도는 4격의 바탕을 이루는 것인데, 헤겔은 이런 점을
　　아리스토텔레스도 간파하지 못했다고 본다. 4격 A-A-A는 무미건조한 구
　　별이다.

규정이 사상된 4격은 양화된 수학적 추리에 지나지 않는다. 그러나 헤겔은 질적 구별의 말소에 그치는 부정적 측면을 결과적으로는 비판한다. 헤겔은 매사가 세 가지 개념규정들의 총체성을 정립하여 매개성을 지니게 되는 것, 즉 외면성을 지양하고 구체적 동일성에 의해 서로 매개되는 반성적 구조로 나아가는 긍정적 측면도 동시에 정립한다. 그래서 '각 격들 간의 순환구조의 모순'을 지적하는 것은, 동시에 '질적 구별이 지양된 반성추리'를 정립하는 계기이기도 하다.

매사가 실제로는 보편이 되는 추리의 객관적 의미는 양 항들의 통일인 매개자가 '본질적으로는 보편'(WdL., Ⅱ, 371)이라는 것이다. 그러나 매사가 아직은 양 항의 규정성을 서로 내포하지 못하는 추상적 보편이다. "양 항의 합치행위는 이러한 추리 외부에 놓여 있는 매개 속에 자기의 근거를 지닌다."(WdL., Ⅱ, 371). 여기에서 합치행위는 여전히 우연적이고, 매사는 매사이면서도 양 항의 규정성을 포함하지 않은 것이다. 양 항의 규정성을 통일하지 못하면서도 양 항의 구별이 와해된 몰구별적이고 몰관계적인 형식이다. 그렇기 때문에 4격 추리는 "명사들 사이의 질적 구별이 사상된 추리"(WdL., Ⅱ, 371)이다. 이것은 '외적 오성동일성－동등성－을 자기의 관계로 삼는 양적 또는 수학적 추리'(Enz., §188)이며, 질적 구별이 없는 'A-A-A'의 형태를 지닌다.

2-4. 4격 추리(보편성 – 보편성 – 보편성 혹은 수학적 추리)

헤겔의 4격 추리는 형식논리학의 4격과 일치하지 않는다. 3격 추리의 운동을 통해 정립된 전제들의 규정성은 서로 '무관심'하며 '주어와 술어의 구별도 와해'되어 버린 '부정판단'이다. 그래서 질적 구별이 사상된 '양적 구별'만 남게 되고, 4격은 1격부터 3격까지 안에서 나타난 것과 동일한 구조로 개념규정들을 결합할 수 없다. 형식논리학에서 4격의 위치

또한 문제가 있다. 그래서 헤겔은 반성추리와 필연성추리에서는 4격을 더 이상 문제 삼지 않는다. 헤겔의 4격 추리는 수학적 추리의 성격을 지닌다. 주어와 술어의 질적 구별이 사상되기 때문에 4격에는 단지 수학적, 양적 추리와 같은 A-A-A가 등장한다.

그렇다고 해서 헤겔의 4격 추리가 단지 형식적 추리의 극대화인 수학적 추리에 국한되는 것은 아니다. 지금까지 격들 간의 이행구조 속에서 "각각의 계기는 매사와 양 항들의 위치를 두루 거침으로써, 그것들의 규정된 구별이 서로 지양된다."(Enz., §188). 그래서 질적 추리에서 '양적 추리'로 이행하지만, 이러한 과정은 모든 규정과 구별을 폭력적으로 없애 버리는 이행이 아니라 반성추리가 지닌 매개적 구조를 정립하는 것이기도 하다. 매사가 추상적이고 직접적인 것에서 출발하여 양 항과의 관계를 통해 양 항의 모습을 통일시키려고 하는 가운데 구별이 와해되는 이행이다. 그러므로 양적 추리로의 이행은 '개별성과 보편성의 발전된 통일'(Enz., §189)이며, 각각의 개념규정들이 양 항들을 자신 안에 총괄하는 반성구조를 지니면서 정립된 통일이고 '총괄적인 통일'이다.

그러나 일단 4격 추리는 현존재추리의 형식성을 극대화한 것이기 때문에 4격 추리의 공허성은 수학적 추리에 견주어 볼 수 있다. 수학적 추리의 의미에 따르면, "두 개의 사물들 또는 규정들이 어떤 3자와 동등하다면, 그 경우에 그것들은 서로 동등하다. 여기에서 명사들의 내속 또는 포섭관계는 소멸된다."(WdL., II, 371). 수학적 추리에서는 항들의 질적 구별이 사상되므로 개념규정들 간의 결합이 이루어질 수 없다. 그래서 제3자는 매개자 역할을 하지만, 양 항들에 대해서 어떤 규정도 지니고 있지는 않다. 이러한 관계에서 양 항과 3자는 모두 매개자가 될 수 있고, 어떤 것이 매개자인가는 중요하지 않다. 단지 셋 중에서 어느 두 가지가 '직접적으로 소여된 것'(WdL., II, 372)인가가 문제시될 뿐이기 때문에, 추리 자체와는 관계가 없다.

4격 추리가 수학에서 논의된다면, 수학적 추리는 '공리'(WdL., II,

372)에 해당된다. 수학에서 공리는 어떤 증명이나 매개도 지니지 않으며, 어떤 것도 전제하지 않기 때문에 전제에 의해서 도출될 수 없으며 '즉자 대자적으로 자명한 최초 명제'이다. 공리적인 특징을 잘 드러내는 예는 질적 차이가 사상된 '양적 동등성과 부등성'을 지니는 것이다. 이 추리는 명증적이라는 장점을 지니지만, 추리의 본성상 '형식주의'에 지나지 않는다. 게다가 수학적 명제가 자명한 최초 명제(공리)에서 시작하기는 해도, 전적으로 "전제가 없다거나 매개되지 않았다는 것은 아니다."(WdL., Ⅱ, 372). 4격 추리가 현존재추리의 논증과정에 의해 정립되듯이, 수학의 양적 동등성 자체도 질적 규정의 제거과정을 통해서 이루어진다. 그러므로 수학적 추리도 무매개성과 자명성에 있어서 한계를 지닌다.

　3격까지의 전개 과정을 통해 정립된 4격 추리는 양적, 수학적 동등성이라는 형식성에 그치는 부정적인 면만이 아니라, 개념규정들 각각이 '양 항들의 위치'를 두루 거치면서 '총체적이고 총괄적인 구조'까지 지니게 된다. 개념규정들이 현존재추리의 내적 연관관계를 논증하면서 전개하는 완결적 구조는 추상에 그치는 것은 아니다.35)

　현존재추리의 정립과정에서 각 격들은 매사를 통해 결론에서 드러나는 양 항의 근거와 통일을 자신의 추리 자체 속에서가 아니라 다른 격에서, 다른 곳에서 근거지워진 동일성에 의해서 실현한다. 1격에서 3격으로의 이행 속에서 근거는 전제들과 결론 간의 관계에서 정립되는 것이 아니라, 다른 격과 매개될 때 정립된다. 전제와 결론의 관계는 한쪽 격과 다른 격들의 관계이다. 이때 전제와 결론 간의 매개성이 형식적으로 드러나는 곳에서도 내용은 전혀 다른 측면을 지니기 때문에, 매개의 필연성은 정립되지 못한다.36) 그래서 헤겔이 형식적 추리를 비판하면서 사변적

---

35) "현존재추리로부터 야기된 직접적이 추상적인 규정들의 부정성은 여전히 다른 긍정적 측면을 지닌다. 즉 추상적 규정성 속에서 그것의 다른 측면이 정립되고, 이를 통해서 부정성은 구체적으로 된다."(WdL. Ⅱ. S. 372).

36) "현존재추리의 중개념은 추리개념 속에서 사유된 완전한 또는 사변적 매사 −양 항들을 구체적 보편성으로서 자신 안에 포함해야 매사−에 상응하지

추리를 전개해 나가려고 해도, 현존재추리가 지닌 형식적인 면 때문에 격들 간의 순환구조와 이에 따른 모순에 봉착한다. 물론 모순이 개념규정들 간의 또는 격들 간의 통일적 힘을 정립하는 것은 아니지만, 추리운동을 진행시키는 변증법적 동인이 된다.

현존재추리가 지닌 형식성과 주관성을 여전히 견지하지만, 4격까지의 전개 과정 그리고 4격의 변증법적 매개 작용이 진행된다. 4격에서는 전제들이 단순히 소여되는 것이 아니라, "전제된 것 자체가 하나의 매개, 즉 두 가지의 다른 추리들 각각의 추리에 대한 매개이다."(WdL., Ⅱ, 373). 무구별적 규정성인 보편성은 추상적 보편성이 아니라 '개별성과 보편성의 전개된 통일'이기 때문에 현존재추리를 통해 정립되는 매개는 '매개형식이 사상된 양적 매개'가 아니라, '스스로 매개와 관계하는 매개, 즉 반성의 매개'(WdL., Ⅱ, 373)이다. A-A-A 형식을 통한 이행은 항들 간의 반복적 관계가 아니라, 서로를 매개하는 반성적 추리관계를 가져온다.

추리들이 서로를 전제하면서 서로를 논증하는 원환 구조는 "전제 작용의 자기 내 복귀이며, 이것은 자기 내 복귀 속에서 총체성을 형성하고, 각각의 개별적 추리가 지시하는 타자를 추상에 힘입어서 외부에 지니는 것이 아니라, 원환의 내부에서 포착하는 것이다."(WdL., Ⅱ, 373). 형식적 추리운동을 통해, 현존재추리의 격에서 처음에는 '특수성'이었던 매사는 변증법적 운동을 통해 개별성으로, 마지막에는 보편성으로 규정된다. 개념의 세 계기가 순차적으로 매사로 정립될 뿐만 아니라 세 계기들, 즉 "규정들 각각은 양 쪽 항의 위치를 두루 거쳐 나간다."(WdL., Ⅱ, 373). 그 결과 질적 형식규정들이 **양적 수학적 추리**'로 되는 부정적 결과를 지니지만, 실제로는 각각의 질적 규정이 타자를 매개하고 반성하는 **형식규정의 구체적 동일성**'이 된다. 그러므로 '어떤 것이 매사인지에 대해서는 무관심'하고, '하나의 규정은 다른 규정을 긍정적 반성'이라는 동일성 속에서 반성추리로 이행한다.

개념규정들 간에 이루어지는 추리의 본래의미는 '개념의 총체적 통일의 정립'이다. 추리연관은 매사를 통해 근원적 동일성을 정립하는 것이다. 즉 '매사의 의미'를, '매사 자체를 정립'하는 것이고, '매사를 통한 매개'인데, 이것은 개념의 총체적 통일을 정립하는 것이므로 개념의 자기전개이다. "추리 규정은 곧바로 매개이다. 즉 개념규정들은 더 이상 판단에서처럼 서로 외면성을 지니는 것이 아니라, 오히려 개념규정들의 통일을 근저로 삼는다."(WdL., Ⅱ, 375-6). 현존재추리와 분명한 차이점을 지니면서도 현존재추리의 골격이 되는 전통적 형식논리학의 삼단논법은 추리형식을 지니지만, 내용이 도외시된 형식적 이성, 즉 총체성이 정립되지 않은 오성추리이다. 그래서 형식논리의 개념규정들은 '추상적 형식적 규정들'(WdL., Ⅱ, 375)로 간주된다.

오성형식인 전통적 삼단논법에서는 매사가 양 항의 통일이 아니라 '양 항과 질적으로 상이한 추상적 형식적 규정으로 고착'(WdL., Ⅱ, 376)되기 때문에, 매사는 양 항에 외적인 결합을 하는 형식적 추리이다. 이에 반해 헤겔에게서는 판단을 외적으로 결합하는 '계사'가 판단들 간의 변증법적 운동을 통해 의미 충족을 이루고 충족된 내용을 지니는 '매사'로 발전한다. 매사는 추리의 중개념이 되며 추리의 전진과 통일을 이루는 중심으로 작용한다. 그러므로 헤겔의 매사는 형식논리적 삼단논법의 매개념인 형식적 매사와는 다르다.

형식논리의 삼단논법은 헤겔의 추리모델이 되긴 하지만, 개념 자체를 '몰 개념적'으로 다룬다. 삼단논법의 방식을 헤겔은 수학자의 기계적 연산과 동류에 놓는다. 계산기처럼 외면적 집합이나 분리 같은 기계적 처리라는 것이다. 추리를 몰 개념적으로 다룬 가장 극단적인 예는 라이프니쯔의 조합술(WdL., Ⅱ, 376)이다. 그는 조합규칙에 의해 24개의 조합이 가능하다는 것을 밝혀내고 이를 고수하여 노년에는 '보편적 기호법'을 창안하는데, 몇 개의 주사위 놀이에서 나타날 수 있는 가능한 수를 확정하는 것과 다르지 않다. 그래서 여기에서는 다음의 측면이 나타난다.

"이성적인 것은 죽은 것, 몰 개념적인 것으로 간주되며, 정신적 존재로서 자신과 관계하는, 그리고 이 관계를 통하여 그것의 직접적 규정을 지양하는, 개념과 그 규정들의 본래성은 방치된다."(WdL., Ⅱ, 376).

형식논리적 오성추리에서도 1격에서 4격까지 서로 연관성이 있긴 하지만, 격들 간의 독자적 의미와 상이한 격들로의 이행의 필연성 그리고 내재적 관계방식을 보여주는 변증법적 이행을 담지하는 연관성은 아니다. 형식논리학에서는 "E-B-A라는 질적 형식이 궁극적이고 절대적인 것으로 간주됨으로써, 추리의 변증법적 고찰은 전적으로 제거된다. 따라서 그밖의 추리들을 1격(질적 형식)의 필연적 변화들이 아니라, 종들로 간주한다."(WdL., Ⅱ, 376).

그러므로 오성추리를 벗어나려면, 자기의식의 지평을 정당화하는 헤겔의 반성작용을 통해서 형식적 추리 안에 깃들어 있는 전제와 결론 간의 모순을 포착하고, 이 모순을 해소하는 추리간의 변증법적 운동을 정당화해야 한다. 헤겔은 질적으로 상이한 개념규정들의 관계를 전제와 결론의 관계를 통해 논증할 때 드러나는 모순을 지양하는 과정에서 상이한 격들로의 추리의 이행을 정초[37]한다. 이러한 변증법적 과정은 동시에 '개념 장'과 '판단 장'에서 정초하지 못한 개념의 세 계기들의 총체적 관계를 정립하는 것이다.

총체적 관계는 추리연관을 전개하는 과정에서 추리형식뿐만 아니라 매사를 통해 이루어진다. 즉 개념 자체가 근본적 통일을 이룬다는 것은 궁극적으로는 매사 자체가 근본적 통일이라는 점을 정립하는 것이다. 추리의 전개과정에서 매사의 의미도 지속적으로 달라지고 정립된다. 매사 자체가 양 항들의 규정적 통일로, 통일의 중심으로 된다. 그러므로 개념의 계기들의 총체적 관계를 정립하는 것은 '매사의 변화된 의미를 파악'하

[37) "추리는 이러한 모순을 지니기 때문에, 그 자체로 변증법적이다. 추리의 변증법적 운동은 추리를 완전한 개념 규정들로 서술한다."(WdL. Ⅱ, S. 368-9).

고, 즉 '매사규정의 총체성'(WdL., Ⅱ, 377)을 정립하는 것이다.[38]

1격 추리의 추상적 특수성에서→추상적 개별성→추상적 보편성으로 변화되는 매사의 순차적 정립에서 개념규정들은 하나씩 번갈아 나타나는 데 그치지 않고, 각 단계에서 매사로 정립되는 개념규정들의 매개성이 누적되고 중첩되면서 매사는 개념들의 근본적 통일로서 '규정의 총체성'을 지니게 된다. 더 정확하게는 개념규정들 '각각이' 총체성을 지니게 된다. 현존재추리의 매사는 형식논리학의 각 격에서 나타나는 중개념의 외적 형식성을 지양하고 총체적으로 정립된 매사, 근본적 통일을 이루는 주관성으로서 자기의식으로 전개된다.

판단에서 계사의 의미변화를 통해 판단의 양 항이 각각 총체성을 이루고, 계사 자체가 풍부하게 충족된 계사-근거로 전개되는 과정에서처럼, 추리의 진행과정도 계속적으로 매사의 의미가 풍부해지는 과정이다. 추리운동은 매사운동이며, 판단에서 계사가 행했던 역할처럼 근원적 동일성으로서 자기의식의 확장을 지속하는 운동이다. 추리연관과 추리의 완성은 '매사의 총체성'을 정립하는 것이며, 매사 자체가 추리의 '중심'이며 추리를 통일시키는 '근원적 동일성'으로서 개념이어서 궁극적으로 자기의식이라는 점을 드러내는 데서 완결된다. 추리의 완결적 구조는 곧 '이성적인 것의 정립'이고 '이성적인 것의 자기전개'이다.

논리학의 운동은 이러한 자기의식의 정립과 전개 과정이다. '**모든 사물은 추리**'(WdL., Ⅱ, 359)이며, 추리는 '**이성적인 것**'(WdL., Ⅱ, 351)이다. 즉 모든 '**이성적인 것은 추리**'(WdL., Ⅱ, 353) 운동을 한다. 추리의 본래 의미가 완전하게 발양되기까지는 지속적인 중층적 구조와 내용연관이 필요하다.

---

38) 그러므로 현존재추리에서 나타났던 총괄행위의 계기들은 "포섭관계 또는 특수성만이 아니라, 그와 마찬가지로 본질적으로 부정적 통일과 보편성이기도 하다. 계기들 각각은 대자적으로 똑같이 특수성의 일면적 계기인 한에서는, 마찬가지로 불완전한 매사들이지만, 그러나 동시에 이것들은 매사의 발전된 규정들을 이룬다. 세 가지 격들에 의한 진행 전체는 이러한 규정들마다에서 매사를 순차적으로 서술한다."(WdL. Ⅱ. S. 376-7).

제3절 반성추리 – 실체정립적 개별적 매사

추리의 첫 단계인 현존재추리는 전제와 결론 간에 이루어지는 매사의 의미변화를 통해 직접적이고 우연적인 개별성을 지양하여 – 아직 전적으로 총체적이지는 않지만 – 타자매개적이고 '총괄적인' 구조를 정립한다. 이제 추상적인 개별성이 아니라 '보편과 매개되는 개별성'이 타자매개 역할을 하는 반성추리가 전개된다. 반성추리는 격들을 상호 전제하는 형식적 추리를 넘어서서 개념규정들이 서로를 전제하는 반성적인 매개가 작용한다. 형식적 추리의 지양은 형식적 매사의 지양이기 때문에, 반성추리는 내용을 지니는 매사 내지 내용규정과 관계한다. 그래서 반성추리는 격추리보다는 내용성을 담지하는 용어를 사용하게 된다. 특히 "귀납추리와 유비추리는 내용 증거 제시를 요구하는 그런 운동을 표현한다."[39].

반성추리도 현존재추리의 변증법적 운동을 통해 반성판단에서처럼 항들의 질적 규정성을 사상하면서 양적 동등성을 정립하지만, 단순히 수학적 추리처럼 서로 무관심한 규정성에 그치는 것은 아니다. 현존재추리의 지양과정을 통해 각 항은 '**다른 규정성도 가현**'(WdL., Ⅱ, 380)하는 특징을 지니게 되며 가현 속에서 매개된, 정립된 항이 된다. 이제 "추상적인 명사 이외에 명사들의 관계도 현전한다. 관계는 결론에서 하나의 매개된 필연적 관계로 정립된다."(WdL., Ⅱ, 380).

현존재추리에서 매사는 '추상적 특수성'에 지나지 않는 '개별적 규정성'이며 '단순한 규정성'일 뿐이었다. 즉 '자립적 양 항들에 대립하여 외적인 상대적 매사'(WdL Ⅱ, 380)이다. 그러나 반성추리에서 매사는 타자를 가현하는 '규정들의 총체성'이다. 매사는 '추상적 특수성'에 그치지 않고 구체적이기도 하다. "매사는 양 항들의 정립된 통일이지만, 처음에는 매

---

39) R. Garaudy, *Gott ist tot. Das System und die Methode Hegels*. Frankfurt a. M.: Lizenzausgabe für die Europäische Verlagsanstalt. 1965. S. 359.

사가 자신 안에서 포괄하는 반성의 통일"(WdL., Ⅱ, 380)로 정립된다. 개별성이 동시에 보편성이라는 총괄적 통일성이 반성추리의 지반이다. 물론 반성추리의 매사가 구체적 동일성인 **'개념의 절대적 동일성'**을 이룬 것은 아니고 아직은 '직접성의 최초의 지양'이나 **'규정들의 최초의 관계 행위'**를 전개한 것이다. 반성추리의 규정은 ― 반성판단에서 개별성이 보편성을 통해 자기 내 반성한 것, 즉 양 항의 관계에서 개별적 주어가 보편을 통해 자기 내 반성하고 복귀한 보편성이 됨으로써 유는 아니지만 마치 유의 규정을 예견하듯이 ― 유의 규정을 지니는 추리규정이다.[40]

현존재추리의 매사는 '추상적 특수성'(WdL., Ⅱ, 381)에 지나지 않는 무규정적 추리이다. 그러나 반성추리의 매사는 '규정의 총체성'으로, '구체적 특수성'으로 전개되므로 최초의 반성추리의 매사는 "1. 개별성을 포함한다. 2. 그러나 보편성으로 확대된 범유적 개별성이다. 3. 근저에 놓여 있는 개별성과 추상적 보편성을 단적으로 자신 안에서 통일시키는 보편성, 즉 유를 포함한다."(ebd.). 반성추리 전체를 도표로 만들어 비교하면,

반성추리: 근본도식(B-E-A)	1격 추리	형식논리학의 1격(포섭격)

범유성추리: E-B-A
귀납추리: e
       A-e-B
         e
유비추리: E-A-B
	대전제: M-P 특수−보편B-A
	소전제: S-M 개별−특수E-B
	결 론: S-P 개별−보편E-A
		$\forall$M-P (대전제 전칭)
		S-M. (소전제 긍정)
		S-P

40) 양적 수학적 추리에서는 질적 형식규정이 말소됨으로써 부정적 결과에만 도달한다. 그러나 참으로 현전하는 것은, 매개가 개별적 질적 형식규정성을 통하여 발생한다는 것이 아니라 그것들의 구체적 동일성, 즉 규정들의 총체성을 통하여 발생하는 **긍정적 결과**이다. 그래서 질적 추리는 반성추리로 이행하고, 범유성추리는 가장 가까운 형식이고, 이것은 귀납법과 유비를 통해서 자신을 근거짓는다. A. Trendelenburg, *Logische Untersuchungen*. Bd. 2. Leipzig: S. Hirzel Verlag. 1870. S. 369을 참고하라.

반성추리의 근본도식은 현존재추리의 2격에 해당된다. 그래서 매사는 개별성이다. 반성추리의 최초 추리는 범유성추리이며, 매사는 특수성이다. 범유성추리의 특수성은 현존재추리의 추상적 특수성과 달리, 보편성을 총괄하는 개별성의 성격을 근저에 지니는 특수성이다. 아직 구체적 통일을 이루고 있지는 않지만 보편성을 담지하기 때문에, 범유성의 개별은 '모든 개별'이다. 범유성추리는 현존재추리의 1격의 형식을 지닌다. 그러나 현존재 추리의 1격에서는 대전제가 '전칭'이어야 한다는 점을 논증하지 않았고 관심을 가지지도 않았는데, 범유성추리는 대전제의 보편성을 전칭 문제를 통해 설명하려고 한다.

물론 반성추리가 현존재 추리의 한계를 극복하는 논증을 펼치기는 하지만 반성추리에서도 내적 모순이 야기된다. 반성추리의 다양한 과정은 발생하는 모순을 지양하는 변증법적 운동을 통해 전개되며, 이 속에서 동시에 "본질적으로 추리에 속하는 매사의 더 상세한 내용을 산출"(WdL., Ⅱ, 381)하게 된다. 반성추리도 매사가 현존재추리처럼 특수성→개별성→보편성의 순서로 정립되지만, 반성추리의 근본도식에서 매사는 개별성이며 근저에는 '개별성'이 지속적으로 영향을 미친다. 귀납추리는 '단적인 개별'이, 유비추리는 '개별인 보편'이 매사로 정립된다.

3-1. 범유성추리

반성추리의 근본도식은 매사가 개별성인 2격(B-E-A)이다. 매사는 개별성이긴 하지만, 양자를 가현하는 관계성을 지니기 때문에 하나의 개별이 아니라 보편과 관계하는 '모든 개별'을 의미하는 범유성이다. 반성추리의 최초 추리는 전체를 담지하는 범유성추리[41]이다.

---

41) 『대논리학』 전체는 내적 모순에 의한 변증법적 운동을 하기 때문에, 추리장에 나타나는 상이한 추리들 간의 전진적 운동에서도 변증법적 운동을 파

근본도식이 2격인 반성추리에서 범유성추리는 현존재추리의 1격(E-B-A)에 대응한다. 범유성추리의 매사는 '모든 개별성'이라는 범유성의 영향권 아래 있는 '특수성'이며, 그래서 '모든 특수'이다. 매사가 '모든'을 의미한다는 것은 - 같은 1격을 기본형식으로 삼고 있음에도 불구하고 - 범유성추리를 현존재추리의 1격과 분명하게 구분짓는 지평이다. 그러므로 현존재추리의 1격의 특징을 상기하면 차이점을 분명하게 부각시킬 수 있다.

현존재추리의 1격 추리도 매사인 특수성을 주어로 삼는 대전제가 형식논리학의 1격 추리에 준해서 반드시 '전칭'이어야 하므로 현존재추리의 1격의 특수도 '모든 특수'가 된다. 그래서 현존재추리의 1격 추리의 대전제가 지니는 '전칭성'이 범유성추리의 '범유성'을 함축한다고 주장할 수도 있다. '전칭성' 때문에 현존재추리의 1격과 범유성추리 간의 분명한 구별을 설정할 수 없어서, 현존재의 항들과 반성된 항들을 혼동하는 문제를 유발할 수 있다. 그래서 트렌델렌부르그는 현존재추리의 1격과 범유성추리의 구별이 분명하지 않다고 비판한다.[42]

그러나 헤겔이 『철학강요』에서 "범유성추리를 통하여 §184에서 제시된 오성추리의 근본형식의 결함(결여)이 더 나아지게 된다."(Enz., §190 각주)라고 말하는 대목이 있는데, §184의 내용은 바로 현존재추리의 1격 추리를 의미한다. 헤겔은 트렌델렌부르그와 같은 비판을 미리 겨냥하듯, 현존재추리의 1격 추리와 범유성추리 간의 차이를 내비치고 있다. 물론 현존재추리의 1격 추리에 적용되는 예가 범유성추리의 예에도 그대로 적용되기는 한다. 그렇기 때문에 두 추리 간의 구별에 촉각을 세우게 된다.

악할 수 있다. 그러나 이런 과정을 '발생론적'으로 받아들여서는 안 된다. 트렌델렌부르그는 현존재추리의 1격에서부터 4격까지의 진행 전체에서 격들 간의 상호 "결합이 결코 발생론적이지 않다."(ebd. S. 367)고 할 뿐만 아니라, 범유성추리가 질적 추리라는 선행과정으로부터 발생한 것으로 파악하는 것도 거부한다. "추리는 일반적으로 보편의 총괄, 반성에서 시작한다."(ebd. S. 370).

42) ebd. S. 366-7 참고.

현존재추리의 1격 추리	1격의 예(범유성추리의 예)
대전제: ∀M-P (대전제 전칭) B-A	대전제: 모든 인간은 죽는다.
소전제: S-M. (소전제 긍정) E-B	소전제: 가우스는 인간이다.
결 론: S-P E-A	결 론: 따라서 가우스는 죽는다.

범유성추리는 현존재추리의 1격과 달리 형식논리학적 '오성추리가 완전한 형식을 이룬'(WdL., Ⅱ, 381) 반성추리이므로 '전칭성' 문제를 논의한다. 그러나 현존재추리의 1격에서는 이 전칭성이 문제시되지도 부각되지도 않았다. 게다가 현존재 추리의 1격에서 전칭성을 지니는 대전제를 근거짓는 2격 추리의 결론은 특칭이기 때문에, 근거짓는 것과 근거지워지는 것 간의 불일치가 발생한다. 현존재추리에서는 우연성과 결함을 분명하게 정립하는 데 그칠 뿐이어서, 형식논리학의 1격 추리와의 대응에만 주목하고 있을 뿐이다.

이에 반해 반성추리에서는 '전칭성'이 내재되어 있으며, 왜 전칭이어야 하는가에 대한 논증이 가능하다. 단지 1격 추리일 때는 '결여'로 남아있던 것이, 범유성추리에 와서 '범유성'으로 정립된다. 그런 면에서 현존재추리와의 차이가 분명하다. 게다가 추리의 결론(E-A)인 '가우스는 죽는다'에서 술어, 즉 대개념의 보편적 규정들은 주어인 '가우스'의 '본질적 규정'이어야 한다. "범유성은 양적인 의미에서만 취해지는 것이 아니라, 논리적 내용이기도 하기"[43] 때문에, 전제의 '특수'는 '모든'을 지니는 '전칭성'이다. 동시에 특수를 통해서 정립되는 개별과 보편의 관계에서 대개념인 보편은 소개념인 개별의 '본질적, 보편적 규정성'이어야 한다. 그러므로 논리적 내용에 있어서도 현존재 추리의 1격과 차이가 있다.

그렇다고 해서 범유성추리가 오성추리를 전적으로 넘어서서 추리의 완결적 구조를 논증하고 있는 것은 아니다. "범유성의 형식은 개별을 처음

---

43) J. van der Meulen, *Hegel. Die gebrochene Mitte*. Hamburg: Felix Meiner Verlag. 1958. S. 78.

에는 외적으로만 보편성으로 합치하고, 이와 반대로 개별을 보편성 속에서 여전히 직접적으로 대자적으로 존립하는 것으로 보존한다."(WdL., Ⅱ, 381). 모든 개별이 '전칭성'을 의미해도, '유로서의 보편'을 의미하지는 않는다. 범유성은 현존재추리의 결과로서 최초 부정이고 직접성의 부정일뿐이다. "아직도 개념의 보편성은 아니고, 반성의 외면적 보편성이다."(WdL., Ⅱ, 382).

여기에서 외면적 보편성의 의미도 현존재추리와 동일한 것은 아니다. 현존재추리의 매사는 '구체적 주어의 개별적 규정성'(WdL., Ⅱ, 382)이기 때문에, 주어의 매사도 무수히 많다. 그리고 주어에 어떤 술어가 결합할지는 우연적이다. 이에 비해 반성추리의 근본도식인 B-E-A에서는 보편성과 관계하는 '모든'을 지니는 개별성을 근저에 두고서 출발하는 특수성이다. 대전제의 주어에 위치하는 "매사는 개별성을 포함하고, 이를 통해서 그 자체 구체적이므로, 구체적인 것으로서 주어에 속하는 단 하나의 술어만이 매사를 통해서 주어와 결합된다."(WdL., Ⅱ, 382). 매사가 지닌 '구체적인 것의 총체성에 합치'되는 술어만이 구체적인 것으로서 주어와 결합된다.

대전제의 주어에 위치하는 매사가 '모든 것'이라는 규정을 지니므로, "대전제에서는 주어와 합치되는 술어가 매사(모든 것이라는 규정성)에 직접적으로 부가된다."(WdL., Ⅱ, 382-3). 그런데 여기에서 술어가 직접적으로 부가되는 주어의 "모든 것은 모든 개별들이다."(WdL., Ⅱ, 382-3). 그러므로 대전제의 주어가 술어를 직접적으로 지닌다는 것은 모든 개별의 '개별 하나하나'가 술어를 직접적으로 지니는 것이다. 그래서 '모든 개별'의 외연에 속하는 한 예인 결론의 '개별'도 술어를 "직접적으로 지니지, 추리를 통해서야 비로소 포함하는 것은 아니다."(WdL., Ⅱ, 383). 술어를 직접적으로 내포하는 대전제의 주어는 추리를 통해서 드러나는 결론을 "대전제 자신 안에 이미 포함한다. 따라서 대전제는 그 자체로 옳지 않거나 직접적으로 전제된 판단이 아니라, 대전제가 그것의 근거이어야 하는 결론을 스스로 이미 전제한다."(WdL., Ⅱ, 383).

그렇다면 여기에서 반성추리를 현존재추리와 비교하면서 논할 수 있는 지반이 다시 생긴다. 추리들의 전개 속에서 결론의 진리성을 담보하는 전제들의 역할이 달라짐으로 해서 결론의 역할도 달라진다. 현존재추리에서는 결론의 진리성을 전제들에 의존했는데, 이 전제들 자체가 정당한가에 대한 논증이 이루어지지 않은 상황이라서 전제들에 대한 논증이 필요했다. 논증을 필요로 하는 전제들은 사실상 이 전제들을 결론으로 낳은 다른 추리를 다시 전제한다. 즉 전제를 논증하기 위한 무한후퇴적인 추리를 상정한다.

현존재추리는 전제와 결론 간의 논증의 정당성을 위하여 전제와 결론 간의 전제보다는 다른 격을 전제하는 데 의존하고 있다. 현존재추리는 "직접적 전제들이 결론과, 즉 추리개념을 통하여 요구된 매개와 모순"(WdL., Ⅱ, 383)된다. 그러므로 전제설정은 전제들과 결론 간에 이루어지는 것이 아니고, 현존재추리의 서로 다른 격들을 서로서로 전제하는 것으로 드러난다.

현존재추리에서는 결론의 정당성을 위해 전제들의 정당성을 요구하는 외적인 무한후퇴적 추리가 문제시되던 것과 달리, 이제 반성추리에서는 대전제 자체의 정당성이 문제시되지 않는다. 그리고 대전제는 '모든 개별'이라는 범유성에 해당되기 때문에, 추리의 결과 드러난 결론은 대전제의 정당성을 논증할 수 있는 '하나의 결정적 근거'이기도 하다. '대전제가 옳은지'의 여부를 오히려 '결론이 옳은지'에 의존하게 된다. 그리고 결론은 이미 전제의 정당성에 의존하고 있다. 그래서 '전제와 결론 간의 반성적 구조'가 분명해진다. 다시 말하면 결론의 정당성은 대전제의 정당성을 전제하지만, 이와 반대로 대전제의 전칭성은 결론의 단칭성을 전제한다. 대전제의 술어를 결론의 개별자가 지녀야 하는데, 우연히라도 어떤 개별자가 대전제의 술어를 지니지 않는다면, 모든 개별을 포함하는 대전제의 정당성은 깨진다. 가령 앞에 제시된 예에서 결론에 놓이는 가우스가 '우연히라도 유한하지 않다면'을 상정해 볼 수 있다. 그러므로 "대전제가 옳은 것으로 간주되기 이전에, 먼저 그것의 결론 자체가 대전제에 대한 반증사례를 지니는 것은 아닌지에 대한 질문이 문제시된다."(WdL., Ⅱ, 383).

반성추리는 '관계성'이 정립된 것이다. 그래서 비록 대전제가 현존재의 1격 추리와 유사한 결합형식이라 해도, 다른 격을 전제하는 것이 아니다. 범유성추리 자체 안에서 "대전제가 자기의 결론을 전제한다는 것을 그 자체에 정립"(WdL., Ⅱ, 383)한다. 결론의 정당성에 대한 문제 제기가 바로 반성추리와 현존재추리의 차이점을 입증한다.

반성추리는 전제와 결론 간에 반성구조를 지니기는 하지만 전제 속에서 외면적 추리의 가상을 여전히 지닌다. 개별성은 "여전히 개별성에 그침으로써, 그 자체에 외면적으로만 보편성을 지닌다."(WdL., Ⅱ, 383-4)는 한계가 있다. 대전제의 내용을 잘 살펴보면 "하나의 특수와 하나의 보편의 결합, 더 상세하게는 형식적 보편과 즉자적 보편의 결합이 특수 속에 현전하는 개별성의 관계에, 즉 범유성으로서 개별성의 관계에 매개되어 있다."(WdL., Ⅱ, 384). 그러므로 모든 개별, 즉 전칭성을 지니는 대전제의 주어에 현전하는 개별 하나하나, 즉 결론의 단칭성에 주목하면, 범유성추리는 이제 귀납추리로 이행한다.

이런 맥락에서 보면, 현존재추리가 1격의 정당성을 근거짓기 위하여 자체 내 논증이 아니라 다른 격들을 외적으로 필요로 한다는 것과, 반성추리에서 범유성추리가 논증을 위해 귀납추리로 이행한다는 것 사이에는 큰 차이가 없어 보인다. 범유성추리가 2격 추리에 상응하는 귀납추리, 3격에 상응하는 유비추리를 통해 자신을 근거짓는다면, 현존재추리에서 각 격들이 자신의 격을 다른 격에서 근거짓는 것과 같은 외적 근거지움이 반성추리 안에서도 요구된다. 그렇다면 현존재추리에서 격들 간의 관계가 순환구조라고 비판한 것을 재고하고, 현존재추리와 반성추리의 순환구조[44]가 혹시 다른 것은 아닌가라는 문제를 제기해 볼 수 있다.

3-2. 귀납추리

범유성추리에서 전제의 전칭성은 매사가 '모든 개별'을 의미하는 특수성이기 때문에, 추리의 결과 정립된 '개별'의 규정성은 '모든 개별'에 속한다. 이 과정을 바꾸어 보면, '결론의 개별'에 대한 경험은 전제의 전칭성인 '모든 개별'을 정당하다고 입증하는 것이다. 그래서 "a, b, c, d 등과 같은 완전한 개별 자체가 매사"(Enz., §190)가 되는 '귀납추리'와의 관련성이 떠오르고, 개별이 매사인 2격 추리가 논증형식으로 드러난다. 개별 하나하나에 대한 경험들을 통하여 정당성을 입증해 나가는 귀납추리는 A-E-B의 도식을 지닌다.

여기에서 놓쳐서는 안되는 점이 있다. 원래 2격 추리는 B-E-A의 형식을 지닌다. 그런데 귀납추리는 2격에 상응하면서도 왜 양 항의 위치를 바꾸어 A-E-B로 기술하는가? 『철학강요』§185에서는 현존재추리의 2격 추리를 똑같이 A-E-B로 기술하고 있기 때문에, 귀납추리에서 나타나는 양 항의 위치가 다를 것이 없다. 그래서 양 항의 위치가 그다지 중요하지는 않다. 그런데도 왜 『대논리학』에서는 위치의 차이가 있는가를 질문해 볼 필요는 있다. 의미부여를 한다면, 귀납추리가 비록 현존재추리의 2격에 기초하고 있지만, 귀납추리의 매사인 개별성은 현존재추리의 2격과 같은 단순한 추상적 개별이 아니라, 즉자적으로는 보편성인 개별성, 즉 완전한 의미의 개별성이기 때문이다. 그래서 '개별성에 대립하는 보편규정을 지니는 개별성'(WdL., Ⅱ, 384)이며, 보편성은 개별성에 외적이지만 그럼에도 개별성에 본질적인 것으로 작용하고 있기 때문이다. 현존재추리와 달리 주어가 지닌 '모든'을 담지하는 전칭성을 강조하기 위하여, 즉 반성적 구조를 드러내는 개별성을 강조하기 위하여 위치 전환을 한 것으로 해석할 수 있다.

---

44) 순환구조는 논증과 정당화를 외부로 밀쳐놓는 것이 아니라 자기 매개적이고 자기 원환적인 내적 정당화이어야 한다.

이제 도표를 활용하면서 귀납추리에 대해 상세히 고찰을 해보자.

귀납추리	귀납추리의 예	개념의 세 계기로 표현
e e-A	가우스는 죽는다. M_1-P(A)	현존재추리의 2격(B-E-A)
e e-A	철이는 죽는다. M_2-P(A)	대전제: E-A M-P
e e-A	순이는 죽는다. M_3-P(A)	소전제: E-B M-S.
A-B	주어는 인간이다. $\forall$M-S(B)	결 론: B-A $\exists$S-P
(어떤 죽는 것은 인간이다)	결론: 인간은 죽는다. B-A	결론특칭
모든 e-S	(주어: 매사가 개별이며 종	반성추리2격(A-E-B)
e S-A(B-A는 아님)	전체 – 직접적 유: 인간)	귀납추리
e(무한히)	(술어: 공통된 술어 – 죽는다)	결 론: B-A S($\forall$M)-P

귀납추리의 한 쪽 항은 '모든 개별에 공통되는 술어'(WdL., Ⅱ, 384)이고, 귀납추리는 공통되는 술어를 두 개(이상)의 전제 속에 지닌다. 전제 중의 하나이면서 단칭성을 지니는 E(e)-A는 범유성추리의 결론에 해당된다. 그리고 다른 항인 '직접적 유'(WdL., Ⅱ, 384)는 총체적 개별이고 매사의 종들(종 전체)이며, '이전 추리의 매사 또는 전칭판단의 주어 속에 현전'(WdL., Ⅱ, 384)한다. 그래서 특수성으로 작용하는 '인간'은 동시에 '개별 모두'($\forall$M)이다.

귀납추리에서 가우스, 철이와 같은 '전적인(완전한) 개별'은 술어가 아니다. 그리고 2격 추리의 소전제를 환위한다고 해도, 사실상 형식적 추리의 2격은 귀납추리와 정확하게 일치하지는 않는다. 도표의 예에서 보듯이, 귀납의 과정에서는 결론의 보편법칙을 도출하기 위해 "전적인 개별인 주어 모두는 인간이다"와 "어떤 죽는 것은 인간이다"와 같은 외적 논거들이 상정된다. 이러한 문제를 해소하기 위해 귀납추리를 넘어서게 된다.

그럼에도 불구하고 귀납추리를 정당화 한다면, 매사인 개별은 범유성추리를 거쳐 온 것이라서 '모든 개별'을 의미하는 개별이다. 그래서 한편으로는 보편으로 정립되는 '객관적 보편 내지 유'와 '동일한 외연'(WdL., Ⅱ, 385)을 지니는 개별이고, 개별 모두의 전칭성을 지니면서 유를 이루는 '인간'과 동일한 술어를 갖게 된다. 물론 유로서의 보편성, 개별의 본성으로서 유가 귀납추리에서는 완전히 실현되지 않는다. 그래서 유를 단순히 '개별의 전칭'으로 보는 태도, 즉 '모든 개별'과 '유'를 동일한 내용으로 보는 태도, 그리고 개별을 유로 확장하는 이런 태도는 아직은 무관심한 형식규정이며, 여러 개별을 유 속에 주관적으로 종합하는 외적 반성이다. 귀납법은 현존재추리의 2격과 같은 단순한 지각의 또는 우연적 현존재의 추리는 아니지만, 논리적 내용을 아직은 정립하지 못하는 "경험의 추리이다. 즉 개별들을 유 속에 주관적으로 총괄하는 추리이고, 유를 하나의 보편적 규정성으로 일치시키는 추리이다."(WdL., Ⅱ, 385).

현존재추리의 2격 추리와 귀납추리를 등치시키려 할 때, 귀납추리의 정당성에 대해 문제제기를 할 수 있다. 외적 논거가 필요하다는 것뿐만 아니라, 결론의 외연에 있어서도 문제점이 나타나기 때문이다. 형식적 추리의 2격에서는 추리의 결론이 언제나 '특칭'이어야 한다. 이에 반해 귀납추리는 개별적 사례에 대한 경험을 누적하여 '전칭적' 결론을, 더 나아가서 보편법칙을 도출한다. 그러나 실제로 우리의 개별적, 귀납적 경험으로는 전칭성을 포괄할 수 없다. '객관적 유'에 해당되는 모든 개별에 대해 전부 다 경험할 수는 없으며, 그래서 경험의 한계, 즉 무한후퇴에 빠지기 때문이다.

그럼에도 불구하고 귀납추리는 개별성을 통하여 '전칭적 보편성'을 논증하기 때문에, 2격 추리와 다르다. 2격 추리의 결론은 '특칭'이다. 그러나 2격 도식을 지니는 귀납추리의 결론은 '전칭' 내지 '유적 보편성'이다. 이렇게 귀납추리는 결론의 내용에서 현존재추리의 2격과 다르기 때문에, 차이에 좀 더 주목해 보자. 현존재추리에서 2격 추리는 특칭에만 적용되었다. 그리고 귀납추리는 현존재추리가 지닌 한계를 극복하는 추리의 변증법적 운동과정에서 2격에 준하면서도 2격이 지닌 '특칭'의 일면성을 지양하는 '전칭적 보편성'을 확보한다. 귀납추리는 현존재추리를 거쳐 온 범유성을 근저에 지닌다. 그래서 유적 보편성을 개별 속에서 '예견'할 수 있는 추리이므로, 귀납추리는 개별의 총괄을 통하여 유의 보편적 특징을 드러내고, 유는 객관적 의미를 지니는 관계로 발전한다.

그러나 귀납추리에서 법칙화되는 귀납법은 개별과 보편의 통일이 외적으로 이루어지므로 유의 객관적 의미를 전적으로 정립하지는 못한다. 귀납추리는 '개별성'이 지양되지 않는 보편 속에서 전적인 개별을 경험하는 것에 의존하기 때문에, "본질적으로 주관적 추리이다. 매사는 자기의 직접성을 지니는 개별이다. 범유성을 통하여 개별들을 유로 총괄하는 것은 외적 반성이다."(WdL., Ⅱ. 385). 그래서 개별성과 보편성의 통일은 기껏해야 '완전성'과 '하나의 과제'와 '악무한'을 산출하는 '영속적 당위'(WdL., Ⅱ. 386)로 남아있을 뿐이다. 귀납추리에서 유는 개별의 나열이며 개별적 경험의 무한누진적인 축적을 넘어서지 못하므로 "귀납법의 결론은 개연적이다."(WdL., Ⅱ. 386). 그럼에도 불구하고 귀납법의 경험 내용이 진리라고 하려면 무한한 경험을 상정해야 하지만, 완전한 경험은 실제로는 불가능하기 때문에 귀납추리는 개연성을 '유적 보편성'에 무리하게 확장하는 오류를 범하고 있다. "범유성추리가 결론을 자기의 전제들 중의 하나로 전제하듯이, 귀납법도 본래적으로 자기의 결론을 직접적인 것으로 전제한다."(WdL., Ⅱ. 386). 그렇다면 범유성추리의 연역적 구조를 정당화하기 위해 도입한 귀납추리는 또 다시 연역적 구조를 근저에 두고 있다.

귀납추리가 지닌 한계를 고려할 때, 귀납추리의 정당성을 논증하는 것은 귀납추리로는 불가능하다. 그리고 유비추리로 이행하는 것으로도 논증하기가 어렵다. 트렌델렌부르그는 아리스토텔레스의 설명을 활용하면서 귀납추리는 첫째로 1격의 형태로 환원되어야 하고, 둘째로 소전제를 환위하는 과정을 필요로 하고, 셋째로 경험의 완전한 누적을 위해 선언추리를 상정해야 한다고 본다. 그래서 그는 "귀납이 3격을 통해서만 성취되는 것은 아니다. 우리는 아리스토텔레스가 귀납을 3격의 일종으로만 간주했다고 주장해서는 안 된다."[45]라고 한다. 달리 말하면 귀납추리는 자기정당화를 위해 1격, 2격, 3격 모두와 그 변형체를 필요로 한다.

귀납추리는 다수의 개별들에서 개별들이 지닌 '보편적 본성'을 근거로 하여 보편법칙을 도출한다. 하나의 개별이 지닌 보편적 본성을 다수의 개별을 통해서 모든 개별로 확장하고, 급기야는 유적 보편성으로 확장한다. 이를 위해 기본적으로 '개별'에 주목해야 한다. 그리고 보편성은 개별 속에서 확장을 위한 논증을 기다려야 한다.

그러나 개별에만 몰입하는 것으로는 보편성을 완전하게 정당화할 수 없으므로, 이와 동시에 보편법칙으로 화하는 '보편적 본성'이 있어야 한다. '보편적 본성'에 주목하여 개별을 '보편법칙'으로 끌어올리는 것이 필요하다. 이러한 상승을 위해 귀납추리는 귀납 과정 속에서 오히려 결론의 보편성에 더 의존하게 된다. 형식적 구조로 보았을 때, 결론은 대전제를 기초로 해야 하지만, 범유성추리에서는 결론이 대전제를 논증한다. 이렇듯 귀납추리도 대전제가 결론을 전제하는 것과 같은 상황이다. 범유성추리가 개별적 경험의 여과과정으로서 귀납추리를 끌어오듯이, 이와 반대로 귀납추리는 보편법칙으로의 상승을 위해 연역적 구조를 필요로 한다. 여기에서 범유성추리의 대전제를 직접적으로 끌어 올 수는 없기 때문에 연역적 구조를 정당화하는 과정이 필요하다. 이 정당화는 유비추리에서 정립된다.[46]

지각경험은 완전한 경험을 실현할 수 없기 때문에 귀납추리의 전제들은 자기의 결론인 유적 보편성을 전제하고 있다. 그럼에도 불구하고 "귀납법에 의거한 경험이 타당한 것으로 간주된다."(WdL., Ⅱ, 386). 귀납추리가 기초하고 있는 직접성과 개별성은 "지각경험에 대한 반증사례가 없을 것이라는 가정"(WdL., Ⅱ, 386) 아래 보편성으로 확장된다. 귀납추리

---

45) A. Trendelenburg, *Logische Untersuchungen.* Bd. 2. Leipzig: S. Hirzel Verlag. 1870. S. 372. 아리스토텔레스 활용은 『분석론 후서』 2권, 23이다.
46) 헤겔은 귀납과 연역의 연관성과 이행 가능성을 주장하고 있다. 이에 반해 형식논리학자는 이러한 연관성을 거부한다.

의 개별성은 외면성에도 불구하고 보편성을 지니며 그 자체로 보편적 직접성을 지니는 개별성으로 확장된다.[47] 즉 귀납추리의 전제들은 자기의 결론인 유적 보편성을 전제하는 것이다.

귀납추리는 2격 추리와 상응하면서도 2격 추리로 환원되지 않는 여러 문제점을 야기했다. 그리고 귀납추리 자체의 논증과정에서 전제들이 지닌 한계 때문에 도리어 유적 보편성을 지니는 결론을 전제하는 모순도 유발시킨다. 이것은 귀납추리로부터 벗어나서 다른 추리로 이행해야 하는 '결여'이다.

그러나 귀납추리에 후행하는 유비추리는 단순히 외적으로 도출된 것이 아니라, 귀납추리를 정립하고 한계를 고찰하는 가운데 형성된 단계이다. 비록 귀납추리에서 경험이 부각되긴 하지만, 헤겔의 의미에서 귀납은 참된 (합법적) 추리단계이다. 왜냐하면 모든 추리형식들이 헤겔에게서는 순수 개념을 확장하는 의미계기들이나 명료화(구체화)의 계기들만을 서술하기 때문[48]이며, 귀납추리도 확장의 논리적 단계를 형성하고 있기 때문이다.

자기의식을 전개하고 확장하는 추리들의 전개과정은 경험적 내용에 국한되지 않는 논리적 내용이다. 헤겔은 귀납추리의 경험적 내용을 지양하고 논리적 내용으로 전개해 나가는데, 그 지향점은 필연성추리이며, 그 길목에 유비추리가 있다. 유비추리는 형식논리학자가 상정하는, 귀납과 연역 간의 단절, 개별성과 보편성 간의 단절을 지양하며, 이와 동시에 귀납추리도 순수개념을 확장하는 계기이고 개념확장의 연장선상에 있음을

---

47) "개별성은 보편성과 직접적으로 동일한 것으로서만 매사일 수 있다. 그러한 보편성은 본래적으로 **객관적 보편성, 유**이다."(WdL. S. Ⅱ. 386). 이렇게 보편성이 매사인 개별성을 근저에 두는 규정이면, 이제 보편성은 귀납추리의 외면성 가운데서도 본질적, '내면적' 측면을 지니게 되고, "직접적으로 그 **자체**로 보편성인 개별성을 매사로 지니는 유비추리"(WdL. Ⅱ. S. 387)가 된다.

48) J. van der Meulen, *Hegel. Die gebrochene Mitte.* Hamburg: Felix Meiner Verlag. 1958. S. 81. 필자 강조.

보여주는 단적인 증거이기도 하다.

3-3. 유비추리

귀납추리는 외면적이지만 즉자적인 보편성에 해당되는 개별성을 매사로 삼는다. 귀납추리는 개별성을 경험의 누진 속에서 유적 보편성으로 고양시키지만, 개별과 보편 사이의 간극을 메우진 못한다. 즉 귀납추리의 '전제들과 결론 간에는' 개별성과 보편성의 통일을 이루기 위해 '연역적 구조와 귀납적 구조를 상호 전제'해야 하는 문제를 야기한다. 그래서 개별경험의 누적을 통해서는 정립되지 못하는 보편성을 정초하기 위해 새롭게 도출되는 추리는, 범유성추리와 같은 연역적 구조가 아니라 개별이 지닌 '본질적 보편성'(Enz., §190)을 개별의 자립성 가운데서 정립해 나가는 유비추리이다.

유비추리의 매사는 "더 이상 개별적 질이 아니라 구체적인 것의 자기 내 반성인, 따라서 구체적인 것의 본성인 보편성이다."(WdL., Ⅱ, 387). 이때 매사는 단순히 '보편'인 것이 아니라 '개별인 보편'이다. 그래서 매사가 보편성임에도 불구하고, 개별이 여전히 영향력을 행사한다. 유비추리에서 '본질적 보편성'이 정립되기는 하지만, 보편성은 '개별 속에 투영되어 있는 보편성'이다. 아직도 개별이 완전히 지양되지 않고 살아 있는 보편이다. 이렇게 보편이 직접적으로 개별에 붙박혀 있고, 개별의 한 계기에 지나지 않는다는 이유 때문에, 유비추리는 여전히 반성추리 영역에 머물러 있다.[49]

---

49) "유비는 개별성과 보편성이 그것의 매사 속에서 직접적으로 통일되어 있는 한에서 여전히 일종의 반성추리이다. 이러한 직접성 때문에 반성통일의 외면성이 여전히 현전한다. 개별은 즉자적으로만 유이지, 자기의 규정성이 그것을 통하여 유 자신의 고유한 규정성으로 있는 이러한 부정성 속에서 정립되지 않았다."(WdL. Ⅱ. S. 389).

유비추리는 "직접추리의 3격 E-A-B를 자기의 추상적 도식으로 삼는 다."(WdL., Ⅱ, 387). 그러나 단순히 현존재추리의 3격으로 환원되는 것 이 아니고, 그 이상의 측면이 있다. 유비추리는 궁극적으로 E-A-B가 필 연성추리의 기본도식으로 발전하므로 매사가 지닌 '개별'을 지양해야 한 다. 유비추리에서 보편성은 아직도 상이한 방식을 지니는 개별로 간주되 기 때문에, 한편으로는 개별의 본성 또는 본질이고, 다른 한편으로는 단 적으로 특수한 성질(유비)일 수 있다. 이러한 잠정성은 필연성추리에 가 서야 비로소 제거된다.[50] 유비추리에 해당하는 예에서는 매사 '보편성'이 지니는 '개별성'의 한계가 쉽게 드러난다.

3격 추리-1격으로 환원	유비추리	예
대전제: B-A A-B ∀P-M	대전제: A-B	지구는 주민을 지닌다.
소전제: E-A E-A S-M	소전제: E-A'(E-B로 간주)	달은 하나의 지구이다.
결 론: E-B E-B S-~P	결 론: E-B	달은 주민을 지닌다.

예문에서 '지구'는 하나의 개별이다. 그러나 단순히 '개별'이라는 것만 으로는 유비추리의 매사가 될 수 없고, '자기의 보편적 본성에 따르 는'(WdL., Ⅱ, 387) 개별이어야 이에 적합한 매사가 될 수 있다. '지구'는 대전제의 주어와 소전제의 술어에 두 번 위치하는 개별이다. 소전제에 위치하는 다른 개별인 '하나의 지구'도 대전제의 개별과 "동일한 보편적 본성을 지니는 항"(WdL., Ⅱ, 387)이다. 지구는 결론에 등장하는 또 하 나의 개별인 '달'의 보편적 성질을 정립하는 매사이다. 양 항을 매개하는 '보편'으로 등장하는 '지구'는 '지구'와 '하나의(일종의) 지구'라는 두 개의 개별이다. 소전제에서 매사('하나의 지구')는 '개별'이며 소전제의 술어로 서 질적 규정이 된다. 그러나 이것이 단순히 '이것의 징표 또는 다른 것

---

50) K. Düsing, *Das Problem der Subjektivität in Hegels Logik.* Hegel-Studien/ Beiheft. Bd. 15. Bonn: Bouvier Verlag. 1976. S. 283.

의 징표'(WdL., Ⅱ, 387)로 작용하는 것만을 의미한다면 동일성은 '주관적인 것'(WdL., Ⅱ, 387)에 지나지 않게 된다. 그 결과 두 개별의 동일성은 '단순한 유사성'으로, 논리학의 형식은 '단순한 표상'으로 전락한다.

유비추리는 표상에 지나지 않는 경험적 내용을 문제 삼는 것이 아니라 '하나의 본래적 형식'(WdL., Ⅱ, 387)을 문제 삼는다. 유비추리의 '대전제'는 단순히 경험적 내용을 드러내는 것이 아니라, "두 대상이 어떤 또는 몇몇 특징이 일치한다면, 한 대상은 다른 대상이 지니는 다른 특징도 지니고 있다."라는 내용을, 즉 '추리형식 자체'를 드러내는 것이다. 이러한 형식이 '대전제의 내용' 규정이므로, 유비추리의 매사와 양 항은 형식규정에 그치지 않고 내용규정을 지니며 형식적 추리보다 더 구체적인 것이다. 유비추리의 형식규정은 귀납추리에서와 같은 내용규정으로 현상하는 것이 아니라는 점을 기억해야 한다.

"형식이 그렇게 내용으로 규정된다는 것은, 첫째로 형식적인 것의 필연적 전진(진행)이며, 따라서 추리의 본성과 본질적으로 관계한다.⋯그러나 둘째로 그러한 내용규정은 다른 경험적 내용과 같은 것으로 간주될 수도 없고, 다른 경험적 내용이 사상될 수도 없다."(WdL., Ⅱ, 388).

유비추리는 귀납추리에서 나타나는 경험의 내용을 '논리적 내용'으로 전개해 가면서 '경험적 내용'이 지닌 내실성을 담지하며 이와 동시에 경험적 한계를 지양하는 과정을 한층 발전된 형태로 논증한다. '지구'와 '달'이라는 두 개의 개별을 고찰하므로 이들에게는 "직접적으로 공통된 것으로 가정되는 성질"과 "하나의 개별은 직접적으로 지니지만, 다른 개별은 추리를 통해서야 비로소 획득하는 다른 성질"이 있다. 그러므로 유비추리의 "매사는 (비록) 개별성으로 정립되(긴 하)지만, 그러나 직접적으로 그것의 참된 보편성으로도 정립된다."(WdL., Ⅱ, 389: 필자보충).51)

---

51) 귀납추리에서는 양 항 이외에도 매사가 무수히 많은 개별로 있기 때문에, 무수히 많은 명사도 고찰해야 한다. 범유성추리에서는 보편성이 단지 처음에는 범유성의 외적 형식 규정으로서 매사에 즉해 있다. 유비추리에서는

앞의 예로 돌아가 다시 살펴보면 이런 측면을 쉽게 발견할 수 있다. '지구'라는 동일한 용어가 전제들에서 반복된다고 해도, 매사인 지구가 드러내는 개별적 차이 때문에 항을 4개로 보아야 한다. 두 번 등장하는 '지구'는 '천체 일반'이라서 주민을 갖는가, '특수한 천체'라서 주민을 갖는가의 측면에서는 분명한 차이를 지니고 있다. 그러나 이러한 차이 때문에, 대전제의 주어와 소전제의 술어에 위치하는 '지구'가 서로 다른 두 개의 명사라고 하는 데서 그치면, 추리 자체가 성립될 수 없다. 두 개별들은 연관성을 지녀야 하며, 그 연관성은 개별성과 보편성의 직접적 합일을 이루는 매사 속에서 드러나야 한다. 두 가지 측면을 지니는 유비추리의 매사는 연관성을 지니긴 하지만, '개별성'이 자기 색깔과 자립성을 부각시키고 있기 때문에 개별이 지양된 보편이라는 총체적 통일을 이루지 못 한다. 그래서 유비추리는 대전제의 주어의 개별과 소전제의 술어의 개별이 일치하지 않으며, 4개의 명사를 지닌 '불완전한 추리'가 되고 만다.

추리의 결론은 '달은 주민을 지닌다'이며 'E-B'이다. 결론을 가능케 하는 매사인 '지구'는 '보편'이면서도 동시에 '달'처럼 '개별적 천체'이다. 그러므로 대전제인 '지구는 주민을 지닌다'가 A-B이지만 동시에 E-B의 의미를 지닌다. E-B를 통해서 볼 때, 형식 상 "전제도 결론일 수 있다는 요구"(WdL., Ⅱ, 390)를 지닌다. 그 결과 유비추리는 "자신이 포함하는 직접성과 대립하는 요구를 하며, 자기의 결론을 전제한다."(WdL., Ⅱ, 390). 현존재추리는 자기의 전제를 현존재의 다른 추리, 즉 다른 격들에서 지닌다. 그러나 유비추리는 전제 자체가 다른 곳이 아니라, 바로 그 자신의 추리 자체 속에 담겨 있으며, 그런 점에서 현존재 추리와 다른 반성추리이다. 이렇게 "유비추리는 자기의 매개가 부착해 있는 직접성과 대립하는 자기의 매개에 대한 요구이기 때문에, 개별성의 계기는 유비추

보편성이 본질적인 보편성이라고 개별은 보편적인 성질을 지닌 유이다 (WdL. Ⅱ. S. 389 참고).

리가 지양을 요구하는 것이다."(WdL., Ⅱ, 390). 반성추리는 현존재추리
의 전개를 통해서 개별성의 일차 부정, 즉 외면적 반성을 통해 정립된다.
반성추리에 해당하는 유비추리는 직접성과 대립하는 자기의 매개에 대한
요구를 통해 이차부정을 이룬다. 이차부정을 통해 유비추리는 개별성을
지양하고 즉자대자적으로 존재하는 규정된 보편성을 정립한다. 이를 달
리 말하면 "결론은 전제와 동일하게 되고, 매개는 자기의 전제와 합치되
며, 따라서 반성의 보편성이 보다 높은 보편성으로 되는 반성의 보편성
의 동일성이 드러난다."(WdL., Ⅱ, 390). 유비추리의 매사는 '보편을 가
현하는 개별로서 유'인 것처럼, 개별성의 직접성을 지양한 유이다. 이것
은 '정립된 보편'이며 '개별성의 부정'이다. 유비추리의 매사가 하는 역할
은 현존재추리에서 각각의 격들이 다른 격을 상호 전제하는 차원이나,
반성추리에서 각 추리의 전제들이 자기의 결론을 전제하는 차원을 넘어
서는 동력이 된다. 유비추리는 결론을 전제하는 구조를 넘어서서 '대전제
가 참이기 위해 결론이 더 이상 전제되지 않는'[52] 필연성추리로 이행한
다. 개별성에 매어 있는 반성추리를 지양하고, 개별성으로부터 자유로워
진 '즉자대자적 보편성'을 매사로 삼는 추리가 등장한다.

반성추리를 총괄해 볼 때, 반성추리의 매개는 "양 항의 형식규정들이
정립된 또는 구체적 통일"(WdL., Ⅱ, 390)이라서 한 쪽 규정에 다른 쪽
의 규정이 정립된 내지 가현된 타자관계적인 추리가 전개된다. 최초 추
리에서 매사는 '범유성'이며, 범유성의 본질적 근거는 '개별성'이다. 범유
성추리에서는 범유성을 지니는 개별성이 근거로 작용한다. 이와 동시에
범유성추리는 자신을 정당화하기 위해 결론의 단칭성을 전제한다. 결론
의 단칭적인 개별을 결론이면서 근거로 정립하기 위해서는 개별이 보편
을 도출하고 전개하는 귀납추리가 필요하다. 귀납추리의 개별성은 범유
성추리의 대전제를 정당화한다. 귀납추리는 개별경험을 통하여 보편을

---

52) A. Trendelenburg, *Logische Untersuchungen*. Bd. 2. Leipzig: S. Hirzel
    Verlag. 1870. S. 363.

끌어낸다. 그러나 단칭성 전체를 완전히 경험하는 것이 불가능하다는 경험의 한계 때문에, 귀납추리의 전제들과 결론 사이에 간극이 생긴다. 이 간극을 지양하기 위해 설정되는 것은 범유성추리와 같은 연역적 구조이다. 그러나 귀납추리가 연역법을 그대로 전제할 수도 없고, 개별성과 보편성의 구체적 통일을 단적으로 이룰 수도 없기 때문에, 개별성이면서도 보편성을 견인해낼 수 있는 유비추리로 전개된다. 유비추리는 '개별성으로서 보편'이 매사가 된다. 매사는 개별에 즉해 있는 외면적 규정으로서 보편이 아니라, "개별이 단순한 긍정적 방식으로 보편과 통일되는 것이 아니라, 보편성 속에 지양된 부정적 계기들이다."(WdL., Ⅱ, 391). 반성추리의 근본도식인 B-E-A에서 보면, 개별이 '매사의 본질적 규정'이다. 반성추리 전반에는 개별성이 지속적으로 영향력을 미치기 때문에 추리의 전개과정을 통해서 개별의 직접성을 지양하는 데, 그렇게 함으로써 "보편은 즉자대자적 존재자, 정립된 유이고, 개별은 직접적인 것으로서 오히려 보편성의 외면성이다. 즉 극단(항)이다."(WdL., Ⅱ, 391)를 정립해 나간다. 이로 인해 매사는 즉자대자적으로 존재하는 보편성으로 규정되면서 반성추리는 필연성추리(E-A-B)로 이행한다.

　유비추리에서 필연성추리로 전개되는 것은, 양 항들과 매사의 규정성이 단순한 통일과 일체를 이룸으로써 가능하다. 통일 속에서 매사는 보편성으로 정립된다. 이러한 통일은 외적 반성을 통해서가 아니라 개념의 통일성 자체를 통해서 발생하는 개념규정들의 그러한 관계이다.53) 매사와 양 항이 다양한 연관구조를 지니는 다양한 추리들 간의 중층적 관계를 정립하고 통일을 이루는 가운데 매사는 '내용 확장'과 '의미 전환'을 이루어 간다. 그것은 양 항의 형식 규정들과의 관계 속에서 양 항을 외적으로 관련시키는 것이 아니다. 오히려 양 항과 매사의 본질적 통일을, 양 항 자체가 사실은 매사 자체임을, 그래서 매사가 양 항을 전개하는

---

53) K. Düsing, *Das Problem der Subjektivität in Hegels Logik. Hegel-Studien/Beiheft.* Bd. 15. Bonn: Bouvier Verlag. 1976. S. 283.

단계를 정초하는 것이다. 그러므로 양 항들의 논리적 형식 규정들은 동시에 매사의 논리적 내용규정들이거나, 반대로 양 항들의 내용은 매사 속에서 자기의 참된 형식을 발견한다. 필연성추리의 세 가지 단계들에서 이러한 형식의 전개는 이제 매사의 논리적 내용 속에서만이 아니라, 추리의 완전한 형식 속에서 표현된다는 것으로 또는 순수하게 논리적인 형식과 추리형식이 동일하게 된다는 것으로 된다.[54] 매사는 양 항들과의 구별 속에서도 근본적 통일을 이루고, 양 항들은 매사의 구별지라는 것이, 필연성추리로의 이행 속에서 정립된다.

  매사가 양 항들의 근본적 통일임을 정립하고 근본적 통일로 드러나는 것은, 매사가 바로 자기의식의 자기 전개이며 자기의식의 핵임을 견인해 내는 지반이다. 매사가 이런 의미를 전개하고 자기의식의 자기 정당화를 이룬다는 것을 좀 더 분명하게 보여주는 단초는, 유비추리에서 언급하지 않은 새로운 면모를 보여주는 필연성추리에서이다. 바로 '실체'의 정립에서이다. 자기의식의 지평인 주체를 정립하는 것은 실체의 정립을 근저에 깔고 있고, 그래서 항상 실체의 정립을 동시에 계기로 삼고 있다. 『대논리학』 자체는 실체가 주체화된, 즉 주체로서 실체의 전개이기 때문에, 실체를 정립하고 실체의 주체적 구조를 정립하는 것이다. 이러한 정립은 동시에 필연성을 확증하는 것이다. 각각의 차원에서 개념들의 논리적 전개가 심화되면 개별성과 보편성의 통일로서 즉자대자적 본질성을 지니는 실체가 정립되고 주체를 통한 실체와의 합치가 부각된다. 실체의 주체화는 자기의식의 자기정초이며, 자기의식인적인 자아로서 주관성을 전개하는 것이다.

  주체성을 지니는 실체의 전개가 '개념론' 전반에 나타나지만, 각 단계 중 '필연성'이 정립될 때에야 실체성이 분명하게 부각된다. 판단 장에서도 여러 가지 판단 중에서 '필연성'이 확보되는 '필연성판단'에서야 '실체

---

54) J. van der Meulen, *Hegel. Die gebrochene Mitte.* Hamburg: Felix Meiner Verlag. 1958. S. 84.

성에 상응'하는 논의가 드러나면서 양 항을 통일시키는 지반이 형성된다. 이것은 추리에서도 마찬가지이다. '필연성추리'에서 '실체'가 주제화된다. 실체는 '개념'의 영역에서야 즉자대자적으로 있는 '보편'(WdL., II, 392)이며, 보편으로서 실체는 자기의식으로서 보편개념이 중층적 구조를 통해 전개됨으로써 정립되는 것이다. '개념론'은 이런 보편개념의 전개가 자유롭게 진행되어 '주체로서 실체의 운동'이 완수되는 단계이다.

물론 여기에서 실체가 정립된다고 해도, 개념론이 완전히 전개되고 완전히 자기근거를 정립하는 것이 필연성에 국한되는 것을 의미하지는 않는다. 주체로서 실체는 필연성을 넘어서서 자기 충족적 자유로 이행해야 한다. 즉 개념이 자기 규정하는 절대적 필연성으로까지 전개되며, 이것은 필연성의 단계를 넘어서서 자기가 자기를 전개하는 것에서야, 즉 자기의식의 자기전개를 자기 충족적 자유로 정립하는 단계에서야 가능하다. 이것은 결국 추리의 전개과정에서 지금까지 정립한 실체의 단계를 넘어서서, 실체의 자기 전개로서 주체의 의미가 확보될 때 가능하다. 반성추리에서 정초된 실체는 필연성추리의 과정을 통해 자기의식의 자기전개를 완수한다. 추리의 이러한 통일, 직접성과 매개의 통일성, 전체와 계기의 동일성은 더 상세하게 고찰될 수 있다. 이러한 (추리의) 통일이 사실상 자신 안에서 고요한 통일이라면, 그 경우에 개념의 매개를 통하여 필연성을 극복하고 자유로 밀고 나아가는 헤겔의 시도는 성공했다.55) 그러므로 필연성추리 속에서 매사인 실체가 주체로, 개념의 근원적 통일로서 자기의식으로 자기를 근거지워 나가는 과정을 헤겔 『대논리학』에서 특히 중요하게 주목해야 한다.

---

55) T. Ebert, *Der Freiheitsbegriff in Hegels Logik*. Inaugural-Dissertation. München. 1969. S. 177-8.

제4절 필연성추리 – 총체적인 개념적 매사

반성추리는 매사에 해당하는 개별 속에서 보편이 증대되는 과정이다. 유비추리에서 구체적 개별성이 모든 계기들을 자신 안에 담지하는 보편으로 되고, 이 보편이 계기들을 스스로 전개함으로써 필연성추리의 매사인 보편, 즉 실체로서 보편에 이른다.

필연성추리의 근본도식은 형식논리학의 3격 추리이다. 3격 추리라는 것은 필연성추리의 매사가 개별이나 특수가 아니라 보편이념이며 '보편'과 관련해서만 의미를 지닌다는 것이다. 현존재추리의 완결적 구조에서 추리의 진리도 매사를 총체성을 지니는 '보편성'으로 정립하는 데에 있다. 이것은 궁극적으로는 유로서의 보편을 의미하지만 현존재추리는 타자관계적인 개별성이라는 의미의 보편성에서 그쳤다. 그리고 헤겔이 추리의 중심을 유로서의 보편으로 놓은 것은, 아리스토텔레스가 추리의 중심을 특수성으로 삼았던 것과도 비교된다. 헤겔에게서 유의 보편은 규정가능성으로서 질료 내지 단순한 가능성이 아니라 최종심급에서 이념이나 절대정신, 즉 자신을 특수화하며 자기의 특수 속에서 자기와의 법칙으로서 구체적이고 보편적인 개별로 복귀하며, 모든 현실성의 영원히 생동하는 법칙인 절대정신이기[56] 때문이다. 즉 절대이념으로서 구체적 보편을 현시하는 보편이 추리의 중심이기 때문이다.

필연성추리의 매사는 단순히 양자를 연결하는 관계규정이라는 차원을 넘어서서 '즉자대자적 보편성'을 지닌다. 필연성추리는 개별성과 보편성의 통일이 정립된 '유적 보편성'을 매사로 삼는다. 매사의 보편성은 '실체적 동일성'을 지니는 개념의 통일성이다. 필연성추리에서는 매사 자체[57]

---

56) J. van der Meulen, *Hegel. Die gebrochene Mitte.* Hamburg: Felix Meiner Verlag. 1958. S. 76.

57) "판단 속에서 분열되고 타자로, 대상으로 되는 개념은 필연성추리의 이러한 중개념에서야 비로소 자기 자신과의 자기동등화와 관계한다. 이러한 중

가 '객관적이고 구체적인 보편성'으로서 '자기의식'의 근원적 동일성으로 정립된다.

필연성추리도 이전 단계의 추리처럼 상이한 추리들의 전진을 통해서 매사의 의미가 전환되고 정립되기는 마찬가지이다. 현존재추리의 근본도식(E-B-A)에서 매사인 특수성은 '추상적이고 단순한 규정적 보편성'이 된다. 반성추리의 근본도식(B-E-A)에서 매사인 개별성은 규정적 구별을 지니며, 양 항이 전체적인 규정성을 지닌 '객관적 보편성'이 된다. 그리고 나서 필연성추리의 근본도식(E-A-B)에서 매사는 '내용이 충만된 규정적 구별을 정립하면서 자기 내로 반성, 복귀한 '단순한 동일성'이 된다. 이러한 과정 속에서 충만된 내용을 전개하는 매사는 "직접적 내용이 아니라 양 항들의 규정성을 자기 내 반성한 것"(WdL., Ⅱ, 391)이며, 이럴 경우에 양 항은 매사에서 내적 동일성을 지니는 필연성추리의 기초가 된다.

사유하는 개념의 객관성을 정립하는 필연성추리는 개념의 영역이기 때문에, 반성 범주와 같은 실체와 속성의 관계가 아니라 '유와 종차' 관계를 내용으로 삼는다. 유와 종의 관계로서 세 가지 개념규정들이 전개되고, 이제 개별의 성질은 개별의 '본질 또는 본성'에 해당되는 성질이다. 그래서 연관의 중심과 내용성이 되는 매사는 개별이 아니라 보편성이며, 주어와 술어 간의 필연적 연결 또는 양자의 실체[58]이며, 즉 종을 지니는 유이다. 매사 작용을 하는 중개념은 실체적 동일성으로서 개념의 통일을 이루기 때문에, 즉 필연성추리의 매사는 필연성을 지닌 내적 동일성을 정립하고 있기 때문에, "매사의 내용규정들은 양 항의 형식규정들이다."(WdL., Ⅱ, 392). 그래서 매사의 내용은 각 항을 결합하는 '본질적 동일성'이며, 여기에서 양 항들은 '비본질적 존립'을 지닌다.

개념은 자신을 사유하는 개념의 또는 주관성의 고유한 객관성이다."(K. Düsing, *Das Problem der Subjektivität in Hegels Logik. Hegel-Studien/ Beiheft.* Bd. 15. Bonn: Bouvier Verlag. 1976. S. 283-4).

58) ebd. S. 284.

필연성추리임에도 불구하고 양 항이 지닌 비본질적 존립은 필연성추리의 '대전제'에 영향을 미쳐서 세 가지 판단종류로 드러난다. 필연성의 단계에서 "명사들의 연관은 내용으로서 본질적 본성이지만, 내용(연관)은 구별되는 명사 속에서 단지 상이한 형식으로만 있고, 양 항들은 단지 하나의 비본질적 존립으로서 대자적으로 있다."(WdL., Ⅱ, 392). 추리운동이 내적 동일성인 필연성에 도달해도 구별들의 상이성은 비본질적 존립을 지니는 외적 형식이므로, 양 항의 운동 속에서 매사가 본질절 정립을 이루어야 하고 본질적 정립을 이룰 때 필연성추리가 실현된다. 필연성추리는 "양 항들이 처음에는 매사(일 뿐)인 총체성으로 정립되고, 처음에는 실체적 내용일 뿐인 관계의 필연성이 정립된 형식의 관계가 된다."(WdL., Ⅱ, 392).

본질적 정립을 이루는 과정을 살펴보면, 정언추리의 동일성은 실체적 동일성 내지 내용의 동일성이지만 형식의 동일성은 아니다. 그러나 가언추리의 동일성은 단지 실체적 동일성 내지 내용의 동일성인 것만은 아니고 형식의 동일성이기도 하다. 필연성추리는 내용의 동일성과 형식의 동일성을 정립해 나가며, 이로 인해 개념과 실재성의 통일을 이루는 자기의식의 실체적 정립을 가능케 한다.

실체를 정립한다는 면에서 필연성추리는 필연성판단과 유사하다. 그러나 추리 장을 판단 장의 논리구조와 비교해 볼 때, 추리 장의 끝에는 '개념판단'에 상응하는 '개념추리'가 없다. 헤겔은 추리를 '개념추리'로까지 전개시키지 않고, '필연성추리'에서 주관성의 구조를 끝맺는다.

반성추리를 도출해 내는 현존재추리에서 헤겔은 개별성과 보편성의 통일과정을 통해, 각 항들과 매사 모두의 질적 구별이 사상된 수학적 추리를 4격(A-A-A)의 형식으로 정립하기는 한다. 그러나 현존재추리에서도 형식논리학의 4가지 격들 중에서 3격까지만 다루고, 4격 추리는 정당성이 없다고 하면서, 더 이상 다루지 않는다.

헤겔이 4격 추리를 다루지 않는 것은, 현존재추리의 운동을 통해 매사의 매개성이 A-A-A의 형식으로 드러날 수밖에 없는 필연성을 간파했기 때문이다. 그러나 아리스토텔레스가 분석론에서 다루는 양상논리 자체가 모호하고, 후대의 논의 속에서도 그다지 발전된 형태를 보여주지 못하고 있기 때문이기도 하다. 그리고 헤겔의 추리가 지닌 여러 결함과 한계도 동시에 문제로 남아있다.[59]

그러나 현존재추리의 4격은 질적 구별이 사상된 것이지만, 이 속에서 타자관계적이고 반성적이라는 반성추리로의 이행을 도출해낸다는 점에서 개별성과 보편성이 즉자적 통일을 이룬다. 그러나 반성추리도 3격에 상응하는 단계까지만 있으며, 필연성추리도 그러하다. '개념판단'을 고려한다면, 헤겔이 개념판단에 상응하는 개념추리를 어떻게 정립하고 있는지에 대해 좀 더 탐구해 볼 필요가 있다.[60]

4-1. 정언추리

필연성추리에서 첫 번째 추리인 정언추리는 "정언판단을 하나의 전제

---

59) 특히 헤겔은 "한 자리 술어만을 인지하고, 그야말로 Peirce와 E. Schröder에 의해서야 비로소 형성된 관계논리를 아직은 알지 못 한다 - 이것은 헤겔의 개념론에도 자연히 적용된 하나의 결함이다. 더 나아가서 헤겔은 언표논리와 술어논리를 구별하지 못한다. (특히 '필연성추리' 장에서 오류를 범하고 있는데, 거기에서 정언추리는 술어논리적 관계를, 가언추리는 언표논리적 관계를 서술하고, 선언추리는 두 종류의 관계방식을 포괄한다.)"(V. Hösle, *Hegels System*. Bd. Ⅰ. Hamburg: Felix Meiner Verlag. 1988. S. 238-9).

60) "논리학에서 추리론을 더욱 정확하게 서술하는 전체 위치에 따르면, 추리는 **개념의 적합한 실현**으로 고찰되고, 그래서 우리는 추리의 최고형식인 선언추리를 - 분류에도 불구하고 - 더 이상 필연성에 속하는 것으로 고찰해서는 안 된다. 선언추리는 개념추리로 통찰되어야 한다. 이것이 가능하지 않다고 한다면, 이 속에서 추리론의 수행(완성)의 결함이 통찰되어야 한다."(T. Ebert, *Der Freiheitsbegriff in Hegels Logik*. Inaugural-Dissertation. München. 1969. S. 118).

또는 두 개의 전제로 지닌다."(WdL., Ⅱ, 392). 정언추리는 "표면상으로
는 단순한 내속 추리 이상의 것으로 간주되지 않지만"(WdL., Ⅱ, 392)
추리의 매사는 '객관적 보편성'을 지닌다. 정언추리는 근본적으로 3격 추
리 형식을 지니기 때문에 보편성을 매사로 삼지만 동시에 필연성추리의
최초 추리이기 때문에 1격 추리로 정립된다. 매사는 '유'이며 즉자대자적
으로 있는 보편이다.

현존재추리나 반성추리와 달리, 필연성추리는 개별과 보편이 통일을
이루는 객관적 보편성을 지니며, 개념의 세 계기인 보편성과 특수성과
개별성의 통일이 완수되는 지속적인 운동이다. 지금까지 개별의 보편화
로, 보편의 개별화로 논의되던 매사는 객관적 보편성을 지니는 실체로
정립된다. 보편성과 개별성이라는 구별을 양 항으로 삼는 정언추리에서
"주어는 자기의 실체를 통하여 술어와 합치된다."(WdL., Ⅱ, 392). 유 내
지 즉자대자적 보편에 해당하는 매사는 실체이며, 실체로서 보편이며, 개
념의 영역61)으로 고양된 실체이다.

정언추리는 필연성추리의 최초 추리라서, 직접적 추리이며 'E-B-A의
도식'을 지닌다. 1격추리이기는 하지만 정언추리의 매사는 현존재추리와
는 달리 추상적 보편도 개별적 질도 아니고 '개별의 본질적 본성(성
질)'(WdL., Ⅱ, 393)에 해당된다. 그러므로 "주어가 어떤 하나의 매사를
통해서만 어떤 하나의 질과 합치되는 우연성은 제거된다."(WdL., Ⅱ,
393). 보편성 자체가 '필연적 규정성'이며 실체이다. 실체로서 보편이 매
개하는 항들은 우연적 결합관계가 아니라 유의 구별이며 종적인 것이다.

정언추리는 현존재추리와 같이 증명을 위해 '무한누진'으로 빠지거나
다른 격들을 자기의 전제로 삼는 것은 아니며, 반성추리와 같이 '결론을
자기의 전제로' 삼아서 전제도 결론의 성격을 지니게 되는 것이 아니다.
정언추리는 실체를 통하여 주어가 매개되지만, 실체적 내용이 주어 자체

---

61) "개념규정을 형식으로, 자기의 존재 방식으로 지닌다. 그것의 구별들은 따라
　　서 추리의 양 항들이고, 보편성과 개별성으로 규정된다."(WdL. Ⅱ. S. 392).

에 있기 때문에 결론을 전제하지 않는다.

"명사들(Termini)은 실체적 내용에 따라 즉자대자적으로 존재하는 상호 동일적 관계로 놓여 있다. 세 가지 명사들(Terminos)을 관통하는 본질이 현존하며, 거기에서 개별성, 특수성, 보편성 규정들은 단지 형식적 계기들일 뿐이다."(WdL., Ⅱ, 393).

매사 자체는 '양 항의 내용으로 충만된 동일성'(WdL., Ⅱ, 394)이며, 본질적 동일성을 지니는 양 항은 매사 자체의 내용이다. 매사 속에서 양 항은 동일성을 실현한다. 그러나 양 항 자체는 자립성을 지니며 자립적 양 항들은 '유, 즉 실체적 보편성'을 지니기 때문에, 정언추리는 주관적이지 않으며 '객관성'을 정립한다. 물론 헤겔에게 "개념 또는 매사에 대립하는 양 항들의 무관심한 존립은 추리의 주관적인 면"(WdL., Ⅱ, 394)을 여전히 보여준다. 그래서 뒤징은 유와 종차는 개별의 본성 또는 본질을 형성하기 때문에, 정언추리에서는 더 이상 자의적으로 규정된 특수성들이 마찬가지로 자의적으로 선택된 보편성들과 결합되지는 않는다[62]고 하면서도, 양 항들이 매사 외부에 '무관심한 존립'을 지닌다고 헤겔이 말하는 것은 모순이라고 비판한다.[63] 그러나 헤겔에게 이러한 모순은 정언추리에서 가언추리로 이행하는 추진력이 된다. 무관심한 존립을 지양하기 위해 양 항을 통일시키는 것, 즉 정립된 통일에서 주관성을 극복하게 된다.

지금까지의 논의에 비추어 보면, 필연성추리에서 내적 동일성이 정립됨에도 불구하고 정언추리는 "앞서의 동일성이 여전히 실체적 동일성 또는 내용으로 있지만 동시에 아직은 형식적 동일성으로 있지 않은 주관적인 것이다."(WdL., Ⅱ, 394). 그래서 "매사의 보편성은 옹골찬(내실 있는) 긍정적 동일성이지, 그와 마찬가지로 양 항들의 부정성인 것은 아니

---

62) K. Düsing, *Das Problem der Subjektivität in Hegels Logik. Hegel-Studien/ Beiheft.* Bd. 15. Bonn: Bouvier Verlag. 1976. S. 284.
63) ebd. S. 285 참고.

다."(WdL., Ⅱ, 394). 정언추리에서 개별은 단순한 개별로 그치는 것이
아니라 '자기의 객관적 보편성인 매사'와 스스로 관계한다. 그러나 동시
에 개별은 보편이 아니다. 그러므로 개별이 보편 속의 어떤 개별에 포섭
되는 문제와, 보편적 본성인 매사가 포함하지 않는 규정을 개별이 내포
하는 문제가 발생한다. 여기에서 개별은 매사에 대해서 '객관적 보편성을
지니면서 동시에 자립적 본성'을 지닌다. 주어인 개별이 매사에 대해 지
니는 이러한 관계는 매사와 다른 항과의 관계에도 공히 적용된다.

본질적 동일성과 총체성을 정립하면 매사 속에서 양 항은 지양되지만
동시에 자립성과 직접성을 지니는 외적인 것으로 나타나기 때문에, 무관
심한 존립을 지니는 주관적인 것으로 여겨지는 내적인 동일성이기도 하
다. 그래서 정언추리의 매사인 보편성은 직접성을 지양하려고 하며, 이것
은 긍정적 동일성에 대립하는 부정성으로 작용하면서 정언추리는 가언추
리로 이행한다.

헤겔이 정언추리에서 가언추리로 이행하는 필연성을 논증함에도 불구
하고 이행의 정당성에 대해 문제 삼는 주석가들을 쉽게 만날 수 있다.
트렌델렌부르크는 가언추리를 상당히 비판적으로 바라본다. 가언추리는
"정언추리에서 발생했던 것과 같이 어떤 새로운 내용이 중개념과 결합되
는 것이 아니라, 일체의 결합이 없는 중개념(A)의 순수한 현존재만이
언표된다."[64]고 한다. 헤겔에게서 유는 필연성추리 전체에서 근본적으로

---

64) A. Trendelenburg, *Logische Untersuchungen.* Bd. 2. Leipzig: S. Hirzel
Verlag. 1870. S. 376-6. "정언추리에서는, 자기의 기초를 토대로 하고 있는
개별이 소전제에서 현상하기 때문에, (보편적 의미에 따라) 현존재가 전제
되는 반면에, 따라서 현존재의 전제 하에 있는 정언추리가 보다 더 풍부한
내용 관계를 제공하는 반면에, 가언추리는 이러한 개별화만을, 즉 술어(B)
의 몰관계적 현존재만을 서술하고, 이러한 관점에서 정언추리보다도 더 빈
약하다.…가언추리는 정언추리의 보다 더 완전한 확장으로 간주될 수 없고,
오히려 꽃을 꺾어버리고, 단지 잉태한 뿌리만을 남겨둔 형태로만 간주될
수 있다."(ebd. S. 377)라고 하면서 트렌델렌부르크는 정언추리로부터 가언
추리로의 필연적 이행에 대한 문제 제기를 한다.

이미 보편이어야 한다. 그럼에도 불구하고 정언추리는 가언추리로 이행해야 하는 불완전성[65]을 지닌다.

4-2. 가언추리

가언추리는 실체적인 내용의 동일성을 지니는 정언추리와 달리, 정언추리의 직접성을 지양하려고 하는 부정성을 통해 진행되는 것이므로 매사가 부정성을 지닌다. 이 부정성은 외적 상이성을 지니는 형식에 의한 연관을 드러낸다. 가언추리("만약 A가 있으면 B가 있다. 이제 A가 있다. 따라서 B이다")에서는 가언판단과 같은 연관성이 그대로 목도된다. 그러나 '만약 A가 있으면 B가 있다', 'A의 존재는 자기의 고유한 존재가 아니라 타자의 존재, 즉 B의 존재이다'로 형식화되는 가언판단에서는 양항의 관계성이 논의되긴 하지만, 관계항의 자립성과 '존재의 직접성'이 정립되지 않았다. 가언판단과 달리 가언추리에서는 매사 역할을 하는 것이 지닌 '존재의 직접성이 부가'(WdL., II, 395)된다. 즉 소전제에서 'A가 있다'와 같은 매사가 현실성을 지니는 것으로 나타난다. 소전제는 내용 동일성으로부터 부정성을 지니는 형식으로 출현함으로써, 외적 상이성을 지니는 '우연적 개별적 존재'에 해당되는 매사이다.

가언추리의 매사는 필연성추리라는 근본도식에서 볼 때 우연적이고 개별적인 존재이면서 동시에 필연적인 존재이다. 그렇기 때문에 "추리는 주어와 술어의 관계를 추상적 계사로서가 아니라 충족된 매개하는 통일로서 포함한다. 따라서 A의 존재는 단순한 직접성으로가 아니라 본질적

---

65) 헤겔은 여기에서 유가 형식 상 여전히 직접적 특수성으로 정립되지, 구체적 자기매개적 보편성으로 정립되지 않는다는 것 속에 놓여 있는 정언추리의 불완전성을 보여주기 위해서 이러한 내용의 측면을 고찰한다. J. van der Meulen, *Hegel. Die gebrochene Mitte*. Hamburg: Felix Meiner Verlag. 1958. S. 91 참고.

으로 추리의 매사로 간주된다."(WdL., Ⅱ, 395). 여기에서 계사 자체가 개념이고, 계사 자체가 내용이 되는 앞서의 개념판단의 의미를 되살리면, 계사가 '매사'이며 관계 항 'A'이라는 점을 알 수 있다. 여기에서 매사는 중개념이면서 양 항이라는 총체성으로 접근해 들어가고 있다.

가언추리의 시초에서 매사와 관계 항은 본질적 동일성을 이루며 직접성이 지양된 내적 동일성과 실체적 보편성을 지닌다. 가언 판단에서처럼 판단의 양 항은 보편성과 개별성이 서로 관계를 이루고 있다. 한 쪽은 그 내용이 '조건/제약들의 총체성'이며, 다른 쪽의 내용은 '현실성으로 드러나는 개별성'이다. 그러나 양 항들 하나하나는 보편성과 개별성이다. 그래서 '현실성'은 '제약들이 현실성의 내적인 것, 추상적인 것인 한에서 보편'(WdL., Ⅱ, 396)이고, '제약들'은 개별성으로 총괄된 존재를 통하여 '현실성'(ebd.)으로 출현한다. 어느 항이 보편성인지, 개별성인지가 그다지 문제되지 않는 가언 판단에서처럼, 가언추리는 제약들이 피제약자와 관계를 이루고 있다.

추리의 매사로 등장한 A는 '직접적 존재'이며 '무관심한 현실성'이다. 그러나 관계항을 연관시키는 본성에 따르면 매사 A는 그 자체 우연적이며 자신을 지양하는 존재이므로 '매개하는 존재'가 된다. 이렇게 자기 제약을 '새로운 형태의 현실성으로 전이시키는'(WdL., Ⅱ, 396) 제약이기 때문에, 제약은 '자기의 개념 속에 있는 존재'(ebd.)이다. 제약은 단순한 이행이 아니라 '스스로 자신과 관계하는 부정적 통일로서 개별성'이다. 매사 A는 부정성이며 '개념의 자유로운 통일'을 이루는 '활동성'이다. 그러므로 매사가 지니는 계기를 고려하면 정언추리의 '객관적 보편성(동일적인 내용의 총체성)과 가언추리의 단적인 무관심한 직접성인 존재라는 이중적 측면이 '모순'을 야기한다. 정언추리에서는 양 항의 규정이 모순을 야기하지만, 가언추리에서는 '존재의 직접성과 현실성'이 제시되기 때문에 매사 A가 모순을 지니고 있다.

이때 매사가 지니는 이중적 측면은 A에서 그치지 않는다. 이중성은 결론 B에서도 나타난다. 결론 B도 직접적 존재자이면서 동시에 매개되어 있다. B도 매사와 같은 역할, 즉 매사이기도 하다. B가 지닌 모순성은 매사 A의 모순성과 같은 맥락에서 B라는 "결론도 그것의 형식에 따르면 매개와 동일한 개념이다."(WdL., Ⅱ, 397). 따라서 가언추리에는 '매개자와 매개된 것의 동일성'(ebd.)이 현전한다.

이렇게 매사와 결론의 동일성은 필연성추리에서 필연적인 것과 필연성을 분리시키지 않는 동일적 내용을 정립한다. 객관적 보편성을 내용으로 지니는 긍정적 통일에 해당하는 정언추리가 부정성을 통해 가언추리를 형성하게 된다. 가언추리는 "처음에는 형식 또는 부정적 통일을 통하여 연관이라는 필연적 관계를 서술한다. 그러나 필연성은 필연적인 것으로 합치된다. 제약하는 현실성을 제약된 현실성으로 전달하는 작용인 형식 활동성은 그 자체로 통일이다."(WdL., Ⅱ, 397).

이렇듯 매사는 단순히 무관심한 현존재로 있지 않고, 무관심성을 지양하는 필연적 관계를 지닌다. 그러므로 A와 B의 구별은 사실은 표상행위이며 '공허한 이름'(WdL., Ⅱ, 398)에 지나지 않는다. 필연적 관계와 통일을 지니는 매사는 단순히 무규정적인 것이 아니라 즉자적 동일성이면서 동시에 정립된 동일성이기 때문에 '매개된 규정성'이며 '매개성을 지니는 동일성'이다. 매사가 지니는 매개적 동일성은 외면성을 지양하여 자기 내 복귀한 통일을 지니는 동일성이다. 관계항이면서 매사로 작용하는 A 규정은 보편성과 개별성을 자신 안에 정립한다. 그래서 스스로 개별성, 즉 직접성과 관계하는 부정성이며, 구별하면서 동시에 구별로부터 스스로 자기 내로 합치되는 동일성(WdL., Ⅱ, 398)이다. 매사 자체가 이렇게 객관적 보편이면서 자기동일적인 내용을 지니는 것이 될 때 선언추리로 전개된다. 내적 실체적 동일성이 부정적으로 되고 그리고 자신을 포기하지 않으면서 실존의 외면적 상이성을 보여줌으로써, 정언추리는 변증법적 견해에 따라 가언추리로 더욱 더 전개된다. 가언추리는 형식 또는 부정적 통일을 통한 연관으로서 필연적 관계를 서술한다. 이러한 형

태는 이미 선언추리의 본질을 형성하는바, 즉 매개자와 매개된 것의 통
일을 포함한다.[66]

4-3. 선언추리

가언추리는 형식적 추리의 2격(A-E-B)처럼 개별성(E)이 매사였다.
그러나 선언추리는 형식적 추리의 3격(E-A-B) 도식을 지니며 매사도
보편성(A)이다. 선언추리의 매사는 앞서의 모든 과정을 거쳐 정립된 것
이기 때문에 보편성은 "형식과 함께 충족된 보편성이고, 총체성, 즉 전개
된 객관적 보편성"(WdL., II, 398)이다. 보편성은 추상적 보편성이 아니
라 동시에 특수성 및 개별성과 관계하는 보편성이다. 보편성이 지니는
총체적인 측면이 개념의 세 계기인 개념규정들 각각의 총체성을 정립하
고 매개하는 것과 동시에 완성되는 것은 선언추리이며, 선언추리의 매사
이다.

선언추리의 매사는 '유의 실체적 동일성'을 지니는 보편성이다. 매사는
개념의 세 계기를 지니기 때문에 특수성도 내재화시킨다. 그래서 "특수
성이지만 그러나 유의 실체적 동일성과 동등한 것으로 수용되는 그러한
것, 따라서 유의 총체적 특수화를 포함하는 유"(WdL., II, 398)로 있다.
선언추리의 매사가 총체적 특수화를 포함하는 유라고 한다면, 선언추리
는 특수한 종들로 분화된 유의 보편성을 다음처럼 서술할 수 있다. 즉
"A인데, B이면서 C이고 D인 A이다." 여기에서 서술되는 특수화의 측면
은 유의 종들이므로 이것의 의미를 살려 보면, 특수화는 "A는 B이거나
C이거나 D이다"라는 식으로 양자택일(Entweder-Oder)적인 선택의 의미
와 '부정적 통일, 규정들의 상호 배척'(WdL., II, 398)의 의미를 지닌다.

---

66) A. Trendelenburg, *Logische Untersuchungen*. Bd. 2. Leipzig: S. Hirzel
Verlag. 1870. S. 376.

상호 배척하는 규정들은 동시에 '본질적으로 스스로 자신과 관계하는 규정, 즉 다른 개별성을 배척하는 개별성으로서 특수'(WdL., Ⅱ, 399)이다. 이를 도식화해 보자.

1. A는 B이거나 C이거나 D이다.	4. A는 B이거나 C이거나 D이다.
2. 그러나 A는 B이다.	5. 그러나 A는 C나 D가 아니다.
3. 따라서 A는 C나 D가 아니다.	6. 따라서 A는 B이다.

예 속에서 A는 추리 과정에서 계속 '주어'로 있다. 그러면서 A는 유와 유의 특수화를 모두 지니는 총체성이다. 전제 1에서 주어 A는 '보편자'이며, 술어는 '자기의 종들의 총체성으로 특수화된 보편적 측면'이다. 그리고 전제 2에서 주어 A는 '규정된 것 또는 하나의 종'이다. 결론 3에서 주어 A는 술어에 나타나는 '배척하는 개별적 규정성'으로 정립된다. 이와 더불어 전제 5에서 소전제의 주어 A는 술어의 '배척하는 개별적 규정성'으로 정립되고, 결론 6에서 주어 A는 '규정적인 것'으로 긍정적으로 정립된다.

두 가지 예에서 드러나듯이, 주어 A는 계속 주어로 나타나며 기본적으로 '매개하는 것'이다. 즉 A는 대전제에서는 보편이면서 '자신의 특수화의 보편적 측면'이며, 2에서는 '개별로 규정된 것'이다. 그러나 결론에서 드러나듯이, A는 '매개되는 것'이다. 즉 '개별성을 지니는 A의 보편성'(WdL., Ⅱ, 399)이다. 그러므로 A는 보편이면서 개별이며, '매개하는 것과 매개되는 것의 통일'이다. 이러한 통일은 추리 일반의 완성으로서 선언추리의 위치를 드러낸다.

선언추리에서 결정적인 것은, 보편은 전제들 속에서뿐만 아니라 결론에서도 주어라는 점이다. 이와 더불어 보편은 - 하나의 술어가 결론에서 주어로서의 보편에 귀속함으로써 - 매개된 것이고, 동시에 그와 마찬가지로 - 보편 자체는 terminus medius이므로 - 매개하는 것이다.[67]

주어 A가, 즉 매사가 매개하면서 동시에 매개되는 이중적인 측면을 지닌다면 이것은 전체를 외적으로 두거나, 전제와 결론이 상호 전제하는 순환적인 측면으로부터 벗어나 있다. 달리 말하면 매사인 중개념은 자기매개적이며, 동일성과 구별을 지니는 총체적 통일을 예비한다. 자기매개적인 총체성을 실현한다면 추리의 완결적 구조가 정립되며 이것은 곧 추리의 지양을 낳는다. 선언추리의 완성은 추리의 지양이다.

　가언추리에는 "필연성을 지니는 내적 결합으로서 실체적 동일성과, 그로부터 구별되는 부정적 통일"(WdL., Ⅱ, 399)이 현전한다. 긍정성과 부정성이 야기하는 모순 때문에 등장하는 선언추리에서는 매사가 보편성이며 충족된 보편성이다. 그래서 선언추리의 매사는 '유로서의 A'이며, 동시에 '완전하게 규정된 것으로서 A'(WdL., Ⅱ, 400)이다. 총체적으로 정립된 보편성을 개별성 속에서 드러내는 A는 현존재추리에서부터 지속적으로 실현하고자 하는 지향점이었다. 이를 실현하기 위한 운동이 계속되어 왔지만, 매 단계는 '외면적, 형식적'이거나 '내면적'이기만 했다. 그러나 이제는 양자가 '정립된 것'으로 되기 때문에 "추리(작용)의 형식주의가, 이와 더불어 추리와 개념의 주관성 일반이 지양된다."(WdL., Ⅱ, 400). 매개자와 양 항이 상이한 것으로 남아 있는 형식주의, 주관주의를 지양하면서 형식규정의 총체성을 지니는 '객관적 보편성'에 도달한다. 이때 형식적, 주관적 성격의 지양은 단순히 '객관적 보편성'의 의미를 지니는 데에 국한되는 것이 아니라 '매개하는 것과 매개되는 것의 구별을 제거'(WdL., Ⅱ, 400)함으로써 가능하다.

　매개하는 것과 매개되는 것의 통일로 인해 자기매개가 가능해진다. 그러므로 선언추리에서는 자기 부정적인 자기 구별 속에서 보편과 개별의 통일을 이루는 매사의 총체성이 정립된다. 이제 "매개되는 것은 스스로 자기를 매개하는 것의 본질적 계기이다. 각각의 계기는 매개되는 것의

---

67) T. Ebert, *Der Freiheitsbegriff in Hegels Logik*. Inaugural-Dissertation. München. 1969. S. 125. 필자 강조.

총체성으로 있다."(WdL., Ⅱ, 400). 상이한 추리들 간의 전진적 운동을 하는 추리론은 개념의 내적 구별을 매사를 통해 매개하는 과정이었다. 구별지로서 양 항과 매사의 관계는 매사를 통해 추리행위 자체가 매개로 되는 것이고, 다시 말하면 "추리는 매개, 즉 자기의 피정립태 속에 있는 완전한 개념"(WdL., Ⅱ, 401)이 된다. 추리작용은 매사의 매개작용이며 개념운동이다. 추리 자체는 매사의 매개행위이다. 이렇게 보면 매사는 결론에서와 마찬가지로 전제에서도 항들이기도 하고, 항들은 결론에서와 마찬가지로 전제에서도 매사이기도 한다. 따라서 개념에 적합한 추리에서는 더 이상 항들의 측면과 매사의 측면(또는 세 가지 계기들 간의 동일성 관계들 각각이 한편으로는 전제들인 측면, 그리고 그것이 결론인 측면)이 분리될 수 없다.[68] 선언추리의 이러한 내용을 통해 추리에서 지속적으로 주어 역할을 하는 A가 매개자와 매개된 것의 통일을 이루는 선언추리에서는 매사를 통해 추리 자체가 지양된다. "이제 더 이상 어떤 추리도 있지 않게 된다."(WdL., Ⅱ, 399)

추리의 궁극적 완성인 '매개자와 매개된 것의 통일'에서 항들은 각기 총체성을 지니게 되고, 개념의 세 계기는 통일을 이룬다. 그렇다고 해서 계기들의 구별 자체가 망각되는 것은 아니다. 통일 속에서 매개자와 매개된 것은 구별되며, 구별을 이루는 계기들이 각각 총체성을 지니면서 구별과 통일이 총체적 매사 속으로 투영되기 때문이다. 그러므로 총체성을 정립하는 추리운동은 매개이면서 동시에 '매개의 지양'이다. 추리는 "각각이 타자를 매개로 해서만 매개를 지양"(WdL., Ⅱ, 401)한다. 지금까지 전개된 각각의 추리는 현존재추리에서 자기의 정당화를 위해 논리적으로 전개되었던 여러 격들과 그로 인해 도출되는 다른 추리를 상호 연관지으면서 동시에 지양하고 있다. 현존재추리를 관통하던 형식적 추리의 구조는 모든 추리에 지속적으로 관철되고 영향을 미치지만 동시에 단순한 반복이 아니라 변화되고 발전된 형태로 전개되어 간다.

---

68) ebd. S. 185.

보다 발전되는 추리 하나하나 마다에서 매사의 의미는 점차적으로 충족되고 확장된다. 매사는 특수성, 개별성, 보편성의 형태로 달라지지만, "모든 규정성들이, 그러나 각각의 개별적 규정성이 매개의 기능을 두루 거쳐 나감으로써 총체성으로 정립된다."(WdL., Ⅱ, 400). 필연성추리에서 매사는 '전개된 총체적 통일이면서 동시에 단순한 통일'로 규정되며, 개념론의 서두에서부터 계속되어 온 계사와 매사의 충족된 의미를 '개념 일반'으로 실현한다. 총체성과 통일성이 현실화되면서 개념은 '객관성인 그러한 실재성을 획득한다.'(WdL., Ⅱ, 401). 매개자와 매개되는 것의 외면성이 지양되고 본질적 통일성이 정립되면서, 매사는 동시에 개념규정들의 근본적인 총체적 통일을 이룬다. 지금까지 독자적으로 작용하던 매개의 자립성은 관계성 가운데에, 통일의 중심에 이르게 된다. 그래서 매개는 지양되고 단순한 동일성을 이룬다. 매개가 지양되는 것은 추리가 지양되는 것이고, 직접성을 회복하는 것이다. 즉 선언추리에서는 매개의 완전한 실현과 동시에 매개의 지양이 이루어지므로, 매개를 통하여 전개되었던 추리도 지양되고, 직접적 존재가 재건된다. 이것은 객관성의 정립이다.

추리 속에서 '개념의 총체성으로 정립된 매사'는 양 항들을 자기 안에 완전한 규정성으로 지니기 때문에, 유와 유의 종들의 결합은 직접적 계사를 통해서만 성취되는 것이 아니다. 결합은 오히려 그것의 세 가지 규정들 속에서 전개된 개념 자체이다.[69] 계사로 드러났던 자기의식의 근원적 분할과 근원적 동일성은 이렇게 선언추리의 매사에서 정립되며, 근원적 동일성으로서 자기의식의 전개와 자기 내 복귀는 매사의 운동 속에서, 매사의 의미를 제대로 정립하는 가운데서 밝혀진다. 선언추리의 매사에서 정립된 개념의 동일성은 지금까지의 운동과정을 거슬러서 추리운동 전체의 매사로, 판단 장에서 '주어 – 근거'인 '계사'로, 개념 장에서 '특수

---

69) K. Düsing, *Das Problem der Subjektivität in Hegels Logik*. Hegel-Studien/
    Beiheft. Bd. 15. Bonn: Bouvier Verlag. 1976. S. 286.

성'으로, 보편개념으로서 구별을 산출하는 자기직관하는 자기의식으로 나아간다. 자기의식은 추리 속에서 정립된 개념의 세 계기들의 총체성이며, 특수인 종들의 총체성이며, 유로서의 보편이다.

제5절 총체적인 개념으로서 매사와 추리연관 및 자기의식

독일 관념론사와 헤겔의 연관을 드러내기 위해 지금까지 헤겔 체계를 사변적 자기의식으로 전개하고, 『대논리학』의 개념론에서 사변적 자기의식의 메타 논리적 구조를 보편 개념에서부터 전개한다는 점을 강조해 왔다.

자기의식으로서 보편개념은 보편성, 특수성, 개별성으로 구별되고 전개된다. 보편성의 자기 내 복귀인 개별성은 개념의 상실이라서, 개념은 판단으로 분할된다. 개념의 정립된 특수성인 판단으로 이행하면서, 자기의식의 전개와 확장은 주어와 술어의 통일을 이루는 '계사' 속에서 진행된다. 자기의식의 사변적 전개는 계사의 모습으로 전이되어 전개된다. 계사는 '상이한 판단들로의 판단의 전진' 가운데 의미변화를 이루면서 '내용이 충족된 근거'로 발전한다. 계사는 주어와 술어의 외적 결합에 국한되지 않고, 판단의 전진을 통해 '계사 자체'가 '개념 자체'(WdL., Ⅱ, 344)임이 정립되면, 내용을 담지한 '매사(중심)'로 전환된다. 그러므로 '개념'은 '공허한 계사의 충족'(Enz., §180)이고, 충족된 계사인 개념이 스스로 매개하는 관계는 '추리'이다.

추리에서 계사는 내용을 지닌 개념, 즉 중개념인 매사로 작용한다. 이제 추리에서는 매사로서 중개념이 자기의식의 전개를 끌고 나간다. 추리에서는 각각의 판단이 지닌 양 항의 논리적 형식 규정들이 매사의 논리적 내용이 되고 매사는 추리에서 다른 항의 내용을 정립해 나간다. 그래서 충족된 구체적 매사를 정립하는 과정은 추리들의 중층적 관계와 추리들의 통일을 정립하는 과정이다.

자기의식의 자기 전개 속에서 매사의 의미와 매개성을 정립하는 것은 추리들의 연관과 통일을 정립하는 것이다. 중개념인 매사를 통하여 상이한 추리들을 전개하고 추리연관을 정초하는 것은 하나의 추리가 사실은 복잡하고 중층적인 구조로 되어 있다는 것을 정초하는 것이며, 순수한 자기의식 자체의 내적인 중층적 구조를 전개하는 것이다. 이것은 추리의 한 항으로 드러나는 매사 자체가 그리고 매사의 양 항들 각각이 그 자체로 총체성을 지니는 개념이며, 그 각각이 추리연관임을 의미한다. 그러므로 매사의 총체성을 확립하는 것은 추리들 각각이 다른 추리들과 총체적 연관을 지니는 원환구조임을 확립하는 것이다. 추리운동을 통해서 중간항(중개념 또는 매사)은 더 이상 다른 두 항으로부터 분리된 세 번째 규정이 아니고, 그것들의 근원적 통일이라는, 말하자면 구체적 보편이라는 것이 정당화된다.

자기의식의 논리적인 구조가 개념의 근원적 통일 및 구체적 보편을 드러내는 추리연관이라면, 이제 자기의식은 순수한 주관성이 자기를 아는(인식하는) 객관성이다. 또는 자기를 아는(인식하는) 알려진(인식된) 내용으로 전개된 주관성 자체이다.[70] 주관성이 자기를 아는 객관성이 됨으로써, 개념은 실재성과 통일의 지평을 열게 된다. 개념과 실재성의 통일은 주체로서 실체가 절대이념으로 고양되는 과정이다. 절대이념은 추리연관을 통해 정립된다. 추리연관은 매사가 개념의 세 계기를 총체적으로 지니는 보편이 되면서 매개하는 것과 매개되는 것의 통일에 도달함으로써, 즉 추리가 지양됨으로써 완성된다. 상이한 추리들의 추리연관 속에서 개념의 계기들 각각이 총체성을 띨 때 절대적 개념이 되고, 이 절대적

---

70) K. Düsing, "Constitution and Structure of Self-identity: Kant's theory of apperception and Hegel's Criticism", in: *G. W. F. Hegel, Critical Assessments*, vol. Ⅲ Edited by Robert Stern, London and New York, 1993, p. 514.

개념은 절대이념을 압축적으로 드러낸다. 따라서 추리의 중층적인 구조는 개념의 중층적인 구조이며, 자기의식의 중층적인 구조이다. '원환의 원환'으로서 절대이념의 현시가 '추리의 원환구조'이다.

추리의 원환으로 나아가는 상이한 추리들의 전개과정은 개념의 총체성과 구체적 보편을 정초하는 과정이고, 이것은 곧 매사 자체의 운동이다. 그러므로 자기의식이 자기를 매개하는 과정이라는 것은, 달리 말하면 매사 자체가 자기의식의 근원적이고 총체적인 동일성이고, 총체적인 동일성을 정초하는 중심임을 의미한다. 이때 자기의식은 개념을 통해 등장하고, 개념과 판단과 추리 과정을 통해 애초의 직접적 개념을 분열하고 구별하며, 이 구별을 다시 통일시켜서 총체성을 정립하는 매개적 개념이 된다. 그러므로 매개적 개념은 자기를 전개하는 중심이며 개념의 전개이다. 개념의 전개 과정은 '자기의식의 사변적 전개' 과정이다.

이 사변적 전개는 '개념 - 판단 - 추리' 속에서 '특수성 - 계사 - 매사'라는 자기 변형체로 발전하고 이것들 속에서 '매사 자체'가 '자기의식의 중심'이며, 궁극적으로 '매개'의 정립과 '매개의 지양'으로 정립된다. 판단 운동을 통해 계사로 등장하는 자기의식은 '내용이 풍부한 충족된 계사'가 되고, 내용을 지닌 계사는 관계 항이면서 개념인 '매사'로 전개되듯이, 매사도 추리운동을 통해서 충족된 매개, 즉 개념의 통일성 자체로 된다. 매사역할을 하는 중개념은 그런 의미에서 '개념 자체'이고 개념으로서 주관성, 즉 '자기의식'이다. 특수성 - 계사 - 매사로 이어지는 운동은 자기의식이 자기를 전개하고 정립하는 중심이고, 자기의식 자체의 자기관계적인 운동이다.

논리학의 원리는, 자기의식 자체가 곧바로 자기를 '근원적이고 총체적인 동일성'으로 정당화하고 자기를 근거지워 나가는 순수한 주관성의 원리이다. 그러므로 개념론의 '주관적 개념' 편의 운동은 『대논리학』의 운동이 자기의식의 운동이고, 자기의식의 자기전개라는 것을 근거지으면서 논증하는 가장 전형적인 곳이다. 칸트와 마찬가지로 헤겔에게도 주관성

은 체계적으로 논리학의 원리이다.[71] 물론 칸트와 달리 헤겔에게 논리학
의 원리는 자기의식의 원리이고, 형이상학과 인식론의 원리이며, '논리학'
과 자기의식의 전개가 통일된 전형적인 원리이다. 게다가 자기의식의 진
리는 추리이다. 즉 논리학은 추리로 완결되는, 추리의 매개의 정립과 매
개의 지양으로 완결되는 자기의식의 구조이다. 추리론의 끝에서 판명되
는 점은 이렇다. 헤겔이 『대논리학』의 서론에서 이미 고지했던 바, 말하
자면 자기의 내용과의 통일 속에서만 논리적 형식들을 해명하는 사변적
논리학은 '자신을 전개하는 순수한 자기의식', 즉 '자기'를 자기의 진리로
인식하고, 이 자기 속에서 '즉자대자적 존재자는 의식된 개념'이고, 의식
된 개념은 '즉자대자적 존재자'이다.[72]

객관성으로서 실재성은 '개념의 자기관계'로서 '형식과 내용의 통일'이
가능해지는 '추리연관'에서 분명하게 드러난다. 개념은 자신의 부정적 통
일을 통해 자기를 분열하고 자기 구별을 드러내는 판단을 정립한다. 최
초 판단에서 개념의 구별은 '무관심적 구별'이다. 그러나 판단의 양 항
간의 형식적 동일성에도 불구하고 내용적 동일성을 이루지는 못한다. 그
래서 판단의 운동을 추진하게 된다. 판단의 전개와 상이한 판단들의 운
동을 통해 제3자의 통일이라는 외적 연관으로서 계사가 점차적으로 양
항의 내적 연관과 중층적 구조를 정립하면서 내면적 통일로 나아간다.
이것은 매사 자체가 양 항의 통일을 이루면서 개념의 통일을 재건하는,
즉 개념이 자기 내 복귀하는 추리운동을 야기한다. 추리연관을 통해 각
각의 항들이 중층적 구조를 정초하고, 각각의 매사가 총체성을 지니게
되면, 추리에서 개념이 재건된다.

개념이 재건되는 것은 실재성이 피정립태로, 매개가 피정립태로 통일되
는 것이다. 매개의 총체성은 매개의 지양으로 나아가고 개념의 존재성을

---

71) ebd. S. 516.
72) K. Düsing, *Das Problem der Subjektivität in Hegels Logik. Hegel-Studien/
Beiheft*. Bd. 15. Bonn: Bouvier Verlag. 1976. S. 287-8. 필자 강조.

회복시킴으로써 "존재는 즉자대자적으로 있는 사상, 즉 객관성"(WdL., Ⅱ, 401)이 된다. 중개념이 전개된 것이 바로 '개념의 객관성'이다. 주관성이 객관성으로 이행하면 '객관적 개념' 편의 운동에서 자기의식의 객관성이 전개된다. 이것은 자기의식의 주관적 구조라고 일컬어지던 자기의식의 논리적 구조가 실증되고, '존재성'을 확립한 자기의식이 전개되는 것이다. '객관적 개념'으로서 객관성의 운동에서도 이제 객관성이 하나의 추리들의 체계라는 것이 필연적으로 뒤따라 나온다. 헤겔은 기계론, 화학론 그리고 목적론을 그러한 것(추리들의 체계)으로 파악하고자 한다.[73] 추리운동의 지속적 전개는 자기의식의 자기전개이며, 자기의식의 사변적 운동과 확장이다. 헤겔의 이론에 따르면 매개가 이러한 통일로 정립됨으로써, 매사는 내용적으로 그리고 형식적으로 추리 전체[74]임이 드러난다.

  추리가 『대논리학』 전체를 관통한다는 것은, 우리가 앞에서 '판단'에 관한 논의를 시작할 때 논리학의 시초인 '학의 시원'에서부터 사변명제의 구조가 관철된다고 주장한 것을 보완하면서 지양하는 것이다. 더 나아가서 추리는 '개념론 이전'으로 거슬러 가서 '학의 시원'에서부터 추리의 단계까지, 그리고 추리의 단계까지에만 추리가 관철된다는 데 그치지 않는다. 추리는 '추리 이후의 개념론의 운동 전체'에도 관철된다. 『대논리학』에서 '개념론'의 개념, 판단, 추리 장은 헤겔에게는 주관적인 것의 원리일 뿐만 아니라 논리학 전체의 원리이기도 하다. 보다 이전의 객관 논리의 범주들인 단순한 존재 규정들과 관계 규정들은 자기 관계를 사유하는, 그리고 순수한 주관의 보다 복잡한 개념이 그로부터 발생하는 단지 덜 복잡한 구성요소들이다.[75] 복잡하게 얽혀 있는 추리들의 원환구조가 이

73) A. Trendelenburg, *Logische Untersuchungen*, Bd. 2, Leipzig, Verlag von S. Hirzel, 1870, S. 381, 필자 강조.

74) K. Düsing, *Das Problem der Subjektivität in Hegels Logik. Hegel-Studien/ Beiheft*, Bd. 15, Bonn: Bouvier Verlag, 1976, S. 286.

75) K. Düsing, "Constitution and Structure of Self-identity: Kant's theory of apperception and Hegel's Criticism", in: *G. W. F. Hegel, Critical*

것을 분명하게 실증한다.

추리들의 연관은 논리학의 완결적인 구조이고, 자기의식이 자기를 구별하고 자기를 매개하는 구조이다. 논리학 전체에 관철되는 추리구조는 논리학 전체에 관철되는 자기의식의 구조이다. 게다가 추리의 원환구조를 통해 정립되는 총체적 매사인 '선언추리의 보편성'은 매개하는 것과 매개되는 것의 통일 속에서 추리를 지양한다. 이것은 매사 자체가 추리연관을 내재화시키는 절대적 개념이며, 절대 이념 자체의 핵이라고 할 수 있는 증거이다. 그러므로 『대논리학』은 순수한 자기의식 자체의 구조와 내용 연관이며, 게다가 자기의식은 중개념으로서 매사 자체의 총체적인 통일과 중층적인 내적 연관이다.

Assessments. vol. Ⅲ. Edited by Robert Stern. London and New York. 1993. p. 515-6.

결론: 자기의식의 사변적 자기매개와 원환구조

칸트, 피히테로부터 헤겔 그리고 현대의 다양한 사조로 이어지는 사상적 발전사에서 중요한 개념은 '자기의식'이다. 많은 개념들에도 불구하고, '자기의식'은 칸트로부터 헤겔로까지 전개되는 일관된 문제 연관을 보여주기 때문이다. 자기의식을 둘러싼 그들 이론 간의 차이와 한계를 밝히는 과정은 곧바로 독일 관념론의 중요한 맥을 짚는 과정이고, 근대인이 넘어서려고 했던 지점이 어디인가를 보여주는 것이다. 왜냐하면 그들은 존재와 인식의 통일적이고 체계적인 원리를 주관성과 교묘하게 얽어 넣고 있기 때문이다. 그 얽음의 실체가 '자기의식'이다. 자기의식은 주관과 객관의, 직관과 개념의, 경험성과 순수성의, 동일성과 구별의 통일을, 즉 서로 이질적인 것의 통일을 이루는 사변적 전개의 단초이다.

헤겔은 형식적 자기의식으로 대변되는 칸트의 한계를, 그리고 피히테와 쉘링이 자기의식의 반성을 통해 자기의식의 형식성을 비판하면서도 결과적으로는 통일적인 원리를 정초하지 못한 독일 관념론사의 한계를 극복하려고 시도한다.

헤겔은 직관과 개념이라는 서로 이질적인 것을 통일시키는 자기의식을 인식의 최종 근거로 제시하는 칸트에게서 사변적 이념을 본다. 그러나 칸트의 자기의식은 자기의식 자체의 내용과 구조를 제대로 드러낼 수 없는 형식적 자기의식이기 때문에, 체계의 완결적인 원리로는 부족하다. 피히테와 쉘링은 칸트를 극복하기 위해 자아의 활동성을 중요하게 부각시키고, 이 활동성의 현시인 자기의식의 반성을 통해 자기의식의 다양한 능력들을 발생론적으로 체계화한다. 그러나 경험성과 순수성의 간극을 끝내 좁히지는 못 한다. 자기의식적 대립을 절대적 자아라는 순수한 자기의식 속에서 체계적으로 통일시키지 못 한다. 자기의식의 내적 동일성과 구별을 자기의식의 통일로 정립하지 못한다. 달리 말하면 이들의 자기의식은 순수성에도 불구하고 유한성, 유한한 경험적 의식을 극복하지 못 한다. 이것은 그들이 무한을 유한으로부터 분리된 무한으로 상정하기 때문이다. 그러나 무한과 결부된 유한을 상정한다고 해도 - 칸트는 유한과 무한의 관계성을 보기는 했지만, 개념적으로 인식하지는 못했다. - 체계를 전개하는 과정에서는 다시 무한과 분리된 유한으로 전락한다. 이렇게 유한으로 전락하여 자기의식의 근원적 동일성을 달성하지 못하는 것은, 이들의 자기의식 모델이 근본적으로 실체(존재)를 결하고 있기 때문이다. 이것은 곧 경험적 의식과 순수의식을 통일시키는 자기의식의 지평을 순수한 자기의식으로서 개념으로, 정신으로 고양시키지 못하기 때문이다.

그래서 헤겔은 존재를 단지 자아로만 근거짓는 주관성의 전통을 지양하고, 주관성의 '존재'까지 문제 삼으면서 독일 관념론의 한계를 극복하고자 한다. 주관과 객관의 통일로서 주관성의 구조 내지 순수한 자기의식의 구조를 존재 자체에서 정립해 나간다. '존재' 자체의 활동성 및 모순 구조가 '사유'의 활동성 및 모순구조와 동시에 정립되는 과정은 주체를 실체로, 실체를 주체로 정립하는 과정이고, 인식과 존재의 상호 관계 속에서 개념을 형성하는 과정이다.

이러한 '개념의 자기전개'는 '순수한 자기의식의 사변적 자기매개'로 발전한다. 그리고 이 운동이 전형적으로 드러나는 것은 자유로운 자기원인이 작용하는 헤겔의 '개념론'에서이다. 칸트, 피히테 등의 자기의식의 한계를 극복하는 것이 가능해지는 것은 주관의 반성구조와 존재의 운동구조가 서로 중층적 구조, 그래서 사중구조[1])를 이루면서 하나의 총체적 통

---

1) 헤겔은 『대논리학』의 '절대적 이념 장'에서 변증법의 중층적 구조를 '삼분법 (Triplizität)'이 아닌 '사분법(Quadruplizität)'(WdL. Ⅱ. S. 564)으로 설명하고 있다. 이와 관련하여 임석진은 이러한 중층성을 '중복된 이중운동'(verdoppelte Doppelbewegung)이라고 일컬으면서, 헤겔이 "변증법적 논리 구조를 흔히 알려져 있듯이 다만 삼단계적, 삼분법적인 것으로 국한시키지 않고 사분법 내지

일을 성취하는 '절대자의 자유로운 자기전개'가 확립될 때이다.

이렇게 존재의 활동성이 동시에 정립되는 '개념론'은, 철학사적으로 해석해 보면, 칸트의 자기의식이 스피노자주의의 실체 형이상학과 융합하면서 동시에 스피노자의 실체가 지니는 독단을 거부하는 지평이다. 개념론은 실체를 정립하면서 동시에 실체를 지양하는 '주체 형이상학'으로서 '절대적 주관성', 즉 '순수한 자기의식'이 확립되는 지평이다. 실체(존재)가 주체와 통일되는 절대적 주관성은, 주체로서 실체가 활동하는 자기원인으로서 자기의식은 『대논리학』 안팎에서 반복적으로 언급되지만, 궁극적으로는 『대논리학』의 '개념론'에서 주제화된다. 실체 형이상학이 극복된 자기의식으로서 절대적 주관성의 그리고 자기의식의 사변적 매개라는 헤겔의 고유한 지평이 '개념논리'에서 전형적으로 전개된다.

헤겔이 '개념론'을 통해서 '주체로서 실체', '자기원인으로서 개념'을 전개하는 것은 궁극적으로 자신의 체계와 구성적 변증법을 독일 관념론사의 흐름과 완성으로 밀고 나가기 위한 전략이다. 달리 표현하면 헤겔의 작업은 칸트 이후 관념론의 과제인 '주객이원론 극복'을 실현하면서 자기의식의 논리적 내용연관과 실재성을 담지하고, 존재와 인식의 통일적 원리를 마련하는 것이다.

이러한 마련의 정점은 칸트가 형이상학적 허구를 만들어내는 이성의 작용, 즉 가상의 논리학으로 상정되는 이성의 추리가 오히려 진리의 논리학으로 고양될 수 있도록 '추리'의 정당성을 보여주는 것이다. 그리고 '추리 자체'가 '자기의식의 자기전개와 사변적 자기매개'의 전형이라는 교접점을 보여주는 것이다. 이 작업은 동시에 순수한 자기의식의 논리적이고 본질적인 계기들을 구조화하는 것이다.

그런데 순수한 자기의식의 지평은 경험적 자기의식과 경험적 대상의식

오분법적인 것으로도 보았다."(임석진, 「변증법과 실천을 매개하는 헤겔 철학의 원환적 이중운동」, 『헤겔 변증법의 모색과 전망』, 종로서적, 1985, 17쪽)고 주장한다.

을 거부하고 폐기하는 것이 아니라, 경험적 대상의식과의 관계 속에서 대상의식의 대상성을 지양하고, 대상성으로부터 자유로워지는 과정을 통해서 성취가능하다. 대상의식과 자기의식의 통일이 이루어지고, 자기의식의 내용연관과 구조가 '개념적으로 파악' 가능한 것이 순수한 자기의식의 지평이다. 그러므로 대상의식에 주목할 때도 자기의식 자체의 구조를 주제화해야만 대상의식의 근거정초가 제대로 이루어진다. 그러나 자기의식 자체의 구조와 내용연관을 위해서는 먼저 자기의식의 발생과 구조를 정초하는 자기의식의 반성이 요구되는데, 이것은 대상의식과 경험적 자기의식의 매개와 지양을 통해서야 가능하다. 헤겔 체계에서는 『정신현상학』이 이런 역할을 맡는다.

『정신현상학』은 칸트의 형식적 자기의식을 극복하기 위해 피히테와 쉘링이 자기의식의 반성적 구조를 통해 자기의식의 발생론적 전개를 펼쳐나가는 작업과 유사하게 헤겔이 경험적 의식을 지양하는 학문이다. 『정신현상학』의 의식의 경험과 반성을 통해 경험적 의식과 순수의식의 통일이 시도되고, 경험적 의식의 대상성을 극복하여 순수한 자기의식의 지평이 마련된다. 이것은 의식의 대립이 지양된 절대지로의 전개이며, 절대지는 『대논리학』의 논리적이고 필연적인 개념규정들의 전개를 가능케 한다. 즉 순수한 자기의식의 전개라는 『대논리학』의 지평은 『정신현상학』의 과정을 통해서 가능하다. 그러나 이와 반대로 『대논리학』은 자기의식 자체의 내용연관과 구조를 논리적으로 전개하고 정당화함으로써, 『정신현상학』의 의식의 도야의 필연성과 근거를 정초한다. 『정신현상학』의 경험적 의식과 순수의식의 통일을 가능케 하는 필연성은 『대논리학』의 순수한 자기의식의 사변논리적 정당화를 통해 근거지워진다. 그러므로 『정신현상학』과 『대논리학』 간에는 서로 자립적인 완결성을 지니면서도 동시에 교호적으로 작용하는 유기적인 정당화가 맞물려 있다.

두 저작 간에 이루어지는 상호 근거정초는 『대논리학』의 시원에서 이루어지는 '근거와 근거지움의 관계'에 유추해서 설명할 수 있다. 『대논리학』에서 학의 시원을 근거짓는 것은, 시원 자체만으로는 미흡하고 시원을 통해서 펼쳐지는 전진적 근거지움을 통해서야 가능하다. 그러나 전진적 과정은 시원으로부터 발양된 것이기 때문에, 시원은 이미 근거이다. '근거'이면서 동시에 '근거지워져야 한다'는 시원의 이러한 이중성 때문에, 변증법적 운동은 '전진적 과정과 후진적 과정'이 동시에 일어나는 원환구조이다.

이런 원환구조는 『정신현상학』과 『대논리학』 간에도 이루어진다. 『정신현상학』은 경험적 대상의식과 경험적 자기의식의 반성을 통해 순수한 자기의식의 지평을 도출하며, 순수한 자기의식의 지평은 『대논리학』이다. 그러나 순수한 자기의식의 논리적 구조와 내용연관은 『대논리학』의 전개를 통해서 정당화되고, 이 논리적 구조가 『정신현상학』의 경험적 의식의 전개의 필연성을 그리고 『정신현상학』에서는 은폐되어 있는 순수한 자기의식의 지평을 도출하는 정당성을 근거짓는다. 헤겔의 체계는 '근거와 근거지움의 관계'에서 원환구조가 관철된다. 그리고 자기의식의 구조를 전개하는 '개념론'에서 개념, 판단, 추리 간에도, 그리고 상이한 추리들 안에서도 근거와 근거지움 간의 '전진적－후진적 원환구조'가 드러난다. 이것은 자기의식과 개념 간의 원환구조이기도 하고, 절대적 개념과 절대적 이념 간의 원환구조이기도 하다.

헤겔의 이러한 구조는 칸트가 '범주연역'을 최종적으로 단행하는 선험적 연역에서 '자기의식'과 '범주' 간에 설정한 심리적 원환구조와는 차이가 있다. 칸트는 범주의 정당성과 객관적 타당성을 연역하기 위해, 범주의 형이상학적 연역에서는 범주가 판단표에 기인한다고 주장한다. 그러나 이 범주가 경험대상과 선천적으로 상관할 수 있는 방식을 되물었을 때, 칸트는 '자기의식'을 최종 근거로 제시한다. 칸트에게 이러한 '자기의식' 자체는 인식 불가능한 것이기 때문에 자기의식 자체의 구조와 내용연관을 파악할 수 없다. 그래서 '범주의 타당성'은 '자기의식'에 의존하며, '자기의식의 활동'은 단지 '범주의 활동'이 있다는 데 의존한다는 식의 순환적인 대답에 그친다. 그래서 칸트 스스로도 자기의식에 대한 구체적인 설명을 하려고 하거나, 범주를 통해서 자기의식의 내용을 제시하려고 시도하는 것은 무익한 '순환의 오류'를 범하는 것과 같은 맥락에 있다고 본다.[2] 칸트에게 범주는 주관의 형식일 뿐이기 때문에, 범주 활동과 자기의식 작용으로부터 존재형식과 존재연관으로 나아가지는 못 한다. 칸트의 사유의 논리적 구조는 존재론과 통일되지 못 한다.

헤겔은 칸트의 이런 태도를 '심리적 관념론'(WdL Ⅱ, 261)이라고 비판한다. 범주가 주관적인 형식일 뿐이기 때문이다. 그리고 범주를 근거짓는 것은 자기의식인데, 다시 자기의식을 보여주는 것은 범주라고 말하는 것 이상의 주장을 할 수 없기 때문이다. 즉 범주가 자기의식의 내용을 설명하지 못하고, 단순한 통일 작용에 지나지 않는 형식적 자기의식이기 때문이다. 헤겔은 칸트의 태도에 반해서 자기의식을 드러내는 범주, 개념의 '존재연관'을 정립하려고 반성적 구조를 전개한다. 즉 자신의 사변 논리를 존재론이면서 형이상학인 논리학으로 정초해 나간다. 이러한 작업은, 칸트가 범주들의 분류와 범주들 간의 내적 연관의 필연성을 정초하지 못한 것을 비판하면서, 헤겔의 범주들의 내적 연관을 정립하는 것과 맞물려 있다. 범주들이 존재연관을 지니며, 이것은 범주들 간의 필연적인 내적 연관을 밝히는 작업뿐만 아니라 이러한 과정과 내용 모두가 자기의식의 내용과 논리적 구조연관을 정당화하는 것과 관계가 있음을 헤겔은 보여준다.

그러나 엄격하게 말하면 헤겔에게도 순환(원환) 구조가 있다. 자기의식은 순수하기 때문에, 자기의식의 자기구별과 자기관계를 실증하는 것은 단지 '자기'라는 원점으로 되돌아온다는 통념을 생각하면 쉽게 알 수

---

2) 칸트가 자기의 주장을 정당화하는 과정에서 드러내는 순환의 형태는 다음과 같다. 경험의 근거정초를 위해서는 범주와 원칙에, 범주와 원칙의 가능성을 위해서는 경험에 근거를 두는 순환의 형태가 있다. 그리고 범주와 판단 간의 순환형태가 있고, 마지막으로 범주활동과 자기의식 간의 심리적 순환형태가 있다.

있다. 근거지워지는 자기는 이미 근거지으면서 통일시키는 자기를 전제하기 때문이다. 그러나 헤겔의 자기의식은 단순히 심리적 주관적인 것이 아니라 언제나 대상의식과의 관계 속에서 성립된다. 그러므로 헤겔에게도 공히 '순환적 오류, 심리적인 순환'이 적용된다고 말하는 것은 대상의식의 지평을, 더 정확하게 말하면 존재의 지평을 망각한 비판이다. 자기의식은 개념으로 화한 사유와 존재의 통일이며 통일 근거이다. 자기의식은 존재연관을 지닌 범주를 통해서 자기를 드러내고 정립하며, 범주의 내적 연관과 통일은 자기의식 자체의 활동이다. 순수한 자기의식은 대상관계적인 범주와의 관계 속에서 그러면서 동시에 대상성이 지양된 범주를 내용으로 삼는 가운데서 드러난다. 대상관계적인 범주와 개념은 자기의식의 자기구별과 자기매개의 내용이 된다.

  이런 식의 원환구조는 『정신현상학』의 필연성을 정당화하는 『대논리학』의 논리적이고 본질적인 규정과 구조 자체 안에서 분명하게 제시된다. '자기의식'으로서 '개념'이 자기를 분열시켜 '판단'으로 되고, 이 판단에서 개념이 다시 재건되는 '추리'과정 안에서도 원환구조가 드러난다. 개념으로부터 판단으로 나아가는 도정은 개념의 계기들(보편성, 특수성, 개별성) 각각이 총체성을 정립하는 것이다. 판단의 양 항과, 이를 매개하는 계사(ist)는 개념의 총체성을 정립하기 위해 양 항의 이중적이고 중층적인 구조로 전개된다. 더 나아가 이 중층적 구조는 추리의 매사와 양 항 간에도 적용된다. 추리의 전개과정에서 처음에는 매사를 통한 양 항 간의 통일이었던 하나의 추리가 사변적 운동을 통해서 매사 자체가 양 항을 통일시키는 총체성이 된다. 그리고 개념의 세 계기에 해당하는 각각의 항들 자체가 각각 총체성을 지니는 구조로 전개된다. 이것은 계기들 각각의 총체성을 이루는 것이면서 동시에 '하나의 추리'가 '상이한 추리들 간의 연관'이며 '추리들 간의 중층적 통일구조'를 '하나의 추리' 안에서 실증하는 데로 전개된다. 이것은 추리의 원환구조이며, 매사라는 중심 속에서 중층적이고 복잡한 구조의 정초이다.

추리의 원환구조는 중층적인 중심의 정립이고, 다시 말하면 판단으로 분할되었던 개념의 통일성의 정립이다. 개념에서 판단으로 그리고 추리로 전개되는 과정은, 추리의 통일성이 정립되는 과정이고, 달리 말하면 개념의 분열이 다시 개념의 통일성으로 복귀함으로써 완수되는 원환구조이다. 이러한 원환구조는 바로 개념으로 자기의식의 전개이다. 사변적 자기의식의 전개이고 구조이다. 헤겔의 변증법적 구조, 자기의식의 사변적 매개는 중층적 구조, 즉 개념으로서 자기의식의 전진적-후진적 매개연관에 있다.

'자기의식의 발생'과 관련해서도 '자기의식 자체의 구조와 내용연관'에서도 원환구조가 형성된다. 그리고 경험적 의식으로서 『정신현상학』과 순수한 자기의식으로서 『대논리학』 간에도 원환구조가 형성된다. 이런 측면은 자기의식 자체의 구조를 드러내는 사변명제와 판단의 관계, 판단과 추리의 관계를 추적할 때 분명하게 드러난다. 경험적 의식의 순화를 통해 도달한 『정신현상학』의 절대지는 『정신현상학』 '서설'에 나타나는 주체로서 실체의 지평이며, 학적 체계로서 순수한 자기의식의 전개인 『대논리학』의 지평이다. 현상학적 운동을 통해 도달한 절대지의 '개념적 자기 직관으로서 자기의식'의 논리적 구조가 『대논리학』에서 전개된다. 『정신현상학』의 '절대지'가 『대논리학』의 시원인 순수 존재를 부면에 떠올리는 '순수지'로 전이되어, 『대논리학』의 존재론적이면서 동시에 논리적인 범주형식이 전개된다.

『대논리학』의 이러한 운동은 사변명제의 운동으로 압축된다. 『정신현상학』에서 의식의 고양과정과 자기의식의 발생론적 서술을 통해 도달하는 절대지는 순수한 자기의식으로서, 자기 내적 구별을 통해 사변적 운동을 전개한다. 사변적 운동의 언명은 사변적 서술인 사변명제이다. 현상학의 절대지에서 논의되는 '사변명제'의 논리적 구조는 『대논리학』에서는 시원에서부터 관철되는 구조이지만, 개념론의 '판단'에서 전형적으로 주제화된다.

　그러나 판단은 유한성의 영역이라서 자기의식의 통일적이고 총체적인 지평을 정초하지 못 한다. 사변명제의 무한성은 유한성을 대변하는 판단에서는 제대로 정립되지 않기 때문에, 판단 자체의 내적 부정과 모순을 야기하면서 '추리'로 이행한다. 사변명제는 무한성을 지님에도 불구하고 추리로의 이행의 필연성을 『대논리학』의 '개념론'에서야 정립한다. 그러므로 순수한 자기의식의 논리적 전개를 전형적으로 드러내면서, 칸트와 피히테가 못 다한 자기의식의 내용적 구조를 정립하는 것은 그리고 그들에 대한 극복은 헤겔 『대논리학』의 '개념론'에서야 가능하다. 즉 자기를 구별하면서 자유롭게 자기를 전개하는 사변적 자기매개는 '개념론'에서야 분명하게 드러난다. 헤겔의 개념논리, 특히 '판단 장'과 '추리 장'은 사변적 논리이면서 동시에 사변적 자기의식의 전형적인 모습을 보여주며, 동시에 독일 관념론의 자기의식의 한계를 극복하는 구조를 주제화한다.

　사변적 자기매개의 전형을 드러내는 '개념론'은 『대논리학』 자체 안에서도 '존재론', '본질론'의 과정을 거쳐 정립된 단계이다. 그래서 자기의식으로서 개념의 계기들은 개념론에서는 존재론의 계기들처럼 서로 내적 관계가 형성되지 않아서 단지 타자로 이행하는 일자인 것도 아니고, 본질론의 계기들처럼 자기 내적 구별이 아닌, 단지 타자를 통해서만 자기를 비추고 반성하는, 그래서 타자를 통해서 정립된 일자인 것도 아니다. 개념론의 규정들은 자기 내적 필연성과 '자기원인적 자유'를 획득해서 자유롭게 자기를 규정하는 계기들이다. 즉 개념의 계기들인 보편, 특수, 개별 각각이 계기들의 총체성인 개념이라서, 본질론과 달리 자기가 자기를 특수화하며, 자기를 특수화하는 개별과 자기내적 구별이다. 그리고 개념론의 각 단계는 '현실적'이므로, 운동의 각 단계에서 실체성이 상실되지 않으면서 자기를 특수화하는 개념이라서 '개별로서 보편'이다. 즉 '주체'이다.

　자기의식의 내용적 구조가 분명하게 부각되는 개념론의 '개념'은 논리적 형식이며 존재론과 본질론의 범주운동을 통해 '자기 내 복귀'와 '총체성'을 지니는 개념이다. 그러나 이 개념을 '오성개념'으로 간주하는 경우도 있다. '주관적 개념'에서 이어지는 자기의식의 구조가 개념, 판단, 추리의 단계를 통해 서술되기 때문에, 일반 논리학의 개념관계와 그다지 차이가 없는 단순한 형식적 오성적 개념이라는 주장이 설득력이 있어 보인다. 그러나 이런 의미의 개념은 총체성을 지닌 개념이 아니고, 단지 '보편적 표상들'로서 '의식적 사유규정'(Enz., §162 각주)에 지나지 않는다. 즉 존재연관을 지니는 전개구조가 아니다. 존재의 질서와 사유의 질서가 통일된 범주의 내적 연관으로서의 개념일 때, 그러한 개념의 전개일 때, 개념은 이성의 전개이며, 절대자 자체로서 이성 자체의 전개가 가능해진다. 그러므로 이것은 보편적 표상과 같은 오성개념은 아니다. 헤겔의 개념논리의 형식들은 구체성과 총체성을 지니는 '현실적인 것의 생동하는 정신의 개념형식들'(Enz., §162 각주)이기 때문에, 오성규정과 그런 의미의 논리적 관계를 비판하면서 동시에 내용을 지니는 개념연관이다. 각 계기가 총체성을 이루는 개념연관은 추리구조를 이루며, 추리들 간의 원환적 연관구조를 이룬다. 그러므로 헤겔의 '개념론'은 일반 논리학의 형식성 그리고 존재론과 본질론의 외면성을 동시에 지양하고 있다.

이런 측면들을 모두 고려한다면 개념론의 계기들을 존재론, 본질론의 계기들과 구별하는 장치가 필요하다. 그래서 후자는 '범주들'이라고 하고, 개념론의 계기들에게는 '개념'이라는 다른 용어를 적용하는 것이 적절하다. 추리연관을 정초해 나가는 과정은, 칸트의 자기의식이 결한 실재성과 스피노자의 자기원인적 실체가 결한 주체(자기의식)의 정립작용을 통일시키면서, 자기의식의 내용적 구조를 전개하는 것이다. 이러한 과정 속에서 독일 비판적 관념론이 끊임없이 극복하려고 했던 유한의 한계로부터 탈출하고, 유한과 무한의 통일을 이루는 것이다.

헤겔은 무한과의 통일을 달성한 듯이 보이는 개념 장에서 자기의식으로서 개념의 계기들을 보편, 특수, 개별로 풀어내면서 자기의식이 유한성으로 전락하는 모습을 보여준다. 즉 개념은 자기분열하기 때문에 판단으로 등장하는데, 사변적 사유에서 판단은 구별과 분열이 아직 통일을 이루지 못한 유한의 징표이다. 판단은 '유한성'이다. 이렇게 유한성으로 전락하는, '보편개념으로서 자기의식'의 분할은 그러나 유한을 넘어서지 못하는 이전 철학자들과 같은 차원으로 평가절하되는 것은 아니다. 지금까지 운동을 추진해 온 구별과 부정성의 활동이 그 어느 장소에서와는 달리 새로운 전환기를 마련한다고 해석할 수 있다. 헤겔에게는 유한이 무한과, 무한이 유한과 분리된 것이 아니다. 무한의 지평을 유한으로부터 멀리 떨어진 것으로 간주하는 것이 아니라, 오히려 유한 속에서의 무한이고, 무한과의 통일 속에서의 유한임을 재확인하는 것이다. 자기의식의 사변적 전개의 지평과 구조가 전형적으로 드러나는 개념론은 자기의식의 유한화와 무한화의 통일을 판단과 추리 과정 속에서 정초하는 것이다. 그러므로 자기의식의 사변적 전개와 자기매개는 유한으로 전락하는 판단을 무한으로 매개하는 추리운동이다. 추리의 완결적 구조는 판단으로 분할되는 개념의 통일성을 재건하는 것이고, 여기에서 절대적 개념이 정립된다. 절대개념은 자기의식의 종결적 지평인 절대이념을 현시하는 것이다.

지금까지 헤겔의 자기의식의 사변적 자기매개를 이끌어 온 것은 사변명제, 판단, 추리이다. 이러한 판단, 추리는 궁극적으로는 자기의식의 자기전개이다. 그러나 『대논리학』에서 자기의식은 자기의 분열과 통일을, 자기의 구별과 동일성의 동일성을, 다시 말하면 전개의 중심을 자기의식으로 명료하게 드러내지 않고, 사실은 판단의 계사(ist)와 추리의 매사(Mitte)를 통해 우회적으로 정초하고 있다. 판단의 계사와 추리의 매사는 항들을 연결시키는 중심이면서, 더 나아가서는 개념을 이끌어가는 중심인 자기의식이다. 계사와 매사는 자기의식의 자기 구별과 통일의 핵이다. 이를 뒷받침이라도 하듯, 헤겔은 예나 시대 저작에서 '계사는 자아이다'[3]라고 직접적으로 단언했다. 그러므로 '계사'를 '자기의식'으로 견인해

---

3) G. W. F. Hegel, *Jenaer Systementwürfe*. Ⅲ. *Gesammelte Werke*. Bd. 8. Hamburg: Felix Meiner Verlag. 1976. S. 197.

낼 수 있다. 자기의식의 자기분열과 자기매개는 개념의 자기분열과 자기매개이고, 사실은 계사와 매사의 역할이다. '통각의 통일인 자기의식'에서 사변적 이념을 본 칸트도 직관과 개념의 통일을 이루는 자기의식은 직관과 개념의 결합으로 이루어진 판단의 계사(연어)(KdrV., B 141-2 참고)로 작용한다는 것을 이미 분명하게 보여 주었다. 이러한 연결고리 속에서 자기의식의 논리적 구조와 자기 정당화를 판단의 계사와 추리의 매사의 정립과정으로 설명할 수 있다. 그리고 그 완결점인 '매사로서 중개념의 총체성', 즉 '상이한 추리들의 추리연관'을 자기의식의 사변적 구조의 모습으로, 그리고 독일 관념론사에서 정초하지 못한 자기의식의 실재성을 확보하는 구조로 해석할 수 있다.

사변명제의 자기 부정적 활동을 주제화하는 판단에서 계사 ist는 처음에는 공허한 ist이다. 판단의 주어와 술어는 공허한 ist에 의해 외적으로 결합한 유한의 단계이다. 유한을 대변하는 판단형식을 통해서 모든 사유가 개진된다. 이렇게 공허한 ist는 사실은 주어와 술어를 통일시키는 자기의식의 변형체이다. 자기의식은 주어와 술어를, 엄격하게 말하면 자기의 구별지를 만들고, 이 구별지를 통일시키는 중심이다. 그러나 최초 판단에서는 단지 공허한 ist로 나타난다. 주어와 술어 이외의 제3자적인 것일 뿐이다. 그러나 제3자로서의 공허한 ist는 주어와 술어를 연결시키면서 주어와 술어의 동일성과 구별을 작동시킨다. 그래서 형식적으로는 동일한 주어와 술어가 내용적으로는 모순을 일으킨다. 유한한 판단은 모순 때문에 스스로 자기 부정적이며, 이것은 동시에 새로운 판단을 도출한다. 새로운 판단은 주어와 술어의 동일성과 구별을 점차적으로 다각도로 드러내고 통일시켜 나가는 과정이다. 그런데 이러한 통일성이 증가될수록 이와 동시에 제3자인 'ist의 내용성'도 달라진다. ist는 판단의 운동 속에서 점차적으로 내용적 충실성을 지니는 '개념'으로 정립된다. 내용이 충족된 계사는 개념이 되고, 주어와 술어의 관계 속에서 새로운 또 하나의 관계를 동시에 연출한다. 즉 주어, 술어, 계사개념이라는 세 개의 항을 지니는 추리가 도출된다. 이제 계사는 추리의 매사(중심-중개념)로 발전한다.

이 과정에서 판단과 대립하는 새로운 판단은 개념의 추리구조와 맞물려 나타난다. 판단의 진리는 추리연관이며, 자기의식의 운동은 매사를 통한 추리연관으로 나타난다. 자기의식의 사변적 구조는 추리를 통해서 전개된다. 이제 개념은 판단에서처럼 주어와 술어의 외적 결합, 그래서 유한성에 매어 있는 것이 아니라 유한극복과 내적 결합으로서의 추리연관을 전개한다. 추리는 무한한 자기매개이며, 사변적 자기규정과 자기매개이다. 사변적 자기매개가 추리연관을 통해 완수되므로, 추리 자체 속에서 개념의 논리적인 전형적 구조가 정립된다. 자기의식의 사변적 자기전개와 자기매개는 매사(중심)를 통한 상이한 추리들의 추리연관이며, 판단에서 개념이 정립되는 추리로서 자기의식의 근원적 동일성이다. 자기의식의 사변적 자기매개의 정점에 서 있는 추리는 사변명제를 전개하면서 헤겔의 『대논리학』 전체를 관통한다. 논리학은 모든 선행하는 단계들이 근본적으로 이미 내밀하게 추리들이지만 (모든 보다 높은 범주들이 이미 내밀하게는 선행하는 범주들 속에 놓여 있듯이) 그러나 여전히 그러한 것(추리)으로 해명되지는 않는다.4)

『대논리학』 내부에서 사유와 존재의 통일로서 사변적 자기의식을 전개하는 최고 형식은 '추리형식'이다. 추리형식은 '이성적인 것' 일반이고, 이성 자체가 자기를 드러내는 형식이다. 『대논리학』의 개념론은 추리가 참된 중심을 이루며, 개념의 자기매개적 구조는 추리형식을 지닌다는 것을

---

4) J. van der Meulen, *Hegel. Die gebrochene Mitte*. Hamburg: Felix Meiner Verlag. 1958. S. 15. 라인하르트 헤데는 학의 시원의 '존재는 무이다'라는 명제에서 드러나는 존재-무-생성구조에도 이미 추리가 작용하고 있다고 주장하면서 "논리학의 시원에서 헤겔이 개념, 판단 그리고 추리를 가지고서만 작동하며 그리고 그것들 자체에 대해 말하지 않는 것"(R. Heede, "Dialektik des spekulativen Satzes". *Hegel-Jahrbuch* Köln: Pahl-Rugenstein Verlag. 1974. S. 286)은 그다지 중요한 것이 아니라고 본다.

정당화하는 과정이다. 그러므로 '주관적 개념'을 다루는 '주관성' 편의 '추리'는 칸트와 피히테가 성취하지 못한, 자기의식의 구별과 동일성의 근원적 합치를, 이종적인 것의 근원적 통일로서의 사변적 매개를 이루는 이성적인 것의 기본형식이다. 자기의식의 사변적 자기매개는 개념의 추리연관이며, 추리연관이 개념적 사유에 관통된다. 이에 부응하여 모일렌은 '어떤 형식도 추리형식을 더 이상 능가하지 않는다'[5]는 점을 강조한다. 이러한 절대적 형식은 개념, 판단, 추리라는 '주관개념'을 뒤따라 이어지는 '객관개념'의 개념 전개에도 그대로 투영된다. 더 나아간 범주들인 객관성 그리고 객관성 내부의 삼원성인 기계론, 화학론, 목적론, 생은 이러한 가장 순수한 형식의 단지 더 나아간 구체적 형태들일 뿐이다.[6] 그러므로 순수한 주관성으로서 추리는 헤겔 체계의 근원적 핵심이다. 더 나아가서 자기의식의 사변적 자기매개로서 절대적 형식의 정점인 추리는 단지 논리학에만 적용되는 것이 아니고, 이념, 정신, 자연의 삼원적 구조 속에서 백일하에 드러나는 '근원적 추리'(Urschluß)[7]이다.

이렇게 『대논리학』의 논리적 내용을 전개하는 논리적 형식의 정점은 '자기의식으로서 개념'이며, 개념의 출현형식인 '추리'이다. 이 추리의 통일적 구조는 추리의 매사로서 중개념을 통한 관계항들의 통일의 정립이다. 추리의 중개념의 기원을 거슬러 올라가면 중개념 자체는 자기의식과 맞닿는다. 그래서 중개념은 인식된 주관성 자체로 증명되고 그리고 주관성에게는 인식하는, 그런 한에서 그것(주관성)의 고유한 '객관성'으로 있다. – 따라서 추리론에서야 비로소 헤겔은 주관성의 매개된 자기관계의 논리적 관계구조를 초안할 뿐만 아니라 실증하기도 한다.[8] 자기의식은 판단의 계

---

5) ebd. S. 71.
6) A. Trendelenburg, *Logische Untersuchungen*. Bd. 2. Leipzig: S. Hirzel Verlag. 1870. S. 381.
7) J. van der Meulen, *Hegel, Die gebrochene Mitte*. Hamburg: Felix Meiner Verlag. 1958. S. 71.
8) K. Düsing, *Das Problem der Subjektivität in Hegels Logik*. Hegel-Studien/

사와 추리의 매사를 통해서 자기를 펼치고 자기를 매개한다. 그러므로 추리연관 속에서 자기의식의 본질적 근원적 동일성이 정립된다.

계사로서 자기의식, 총체적인 중개념으로서 자기의식이 근원적이고 총체적인 개념이고, 절대이념을 현시하는 절대적 개념이다. 헤겔의 추리는 이런 이유에서 이성 자체의 운동이다. 이성 자체는 존재연관을 지니는 절대자 자체이며 자기의식 자체이다. 이성 자체가 단지 존재 외적인 의식활동이나 형식적 이성이 아니라 절대자 자체의 운동이며, 절대자의 운동은 추리구조를 지닌다는 그런 의미의 이성이다.

자기의식으로 전형화되는 근대의 주관성(주체) 이론은 헤겔의 추리의 원환구조를 통해서 총체적인 자기매개에 이른다. 이성 자체로서 자기의식은 근대의 주관성 이론이 사변적 자기매개를 통해 새로운 존재론과 새로운 형이상학을 구축했다는 하나의 논거이기도 하다. 그래서 근대의 이원적 구조가 지닌 존재결핍은 헤겔의 자기의식 이론을 통해 해소되는 듯하다. 그러나 헤겔 이후의 철학자들은 헤겔의 자기의식이 범주의 내적 연관 및 존재연관과 더불어 존재의 개념적 파악을 이룬다고 해도, 그리고 헤겔의 개념의 유기적이고 실존적 역동성이 자기 부정적 – 매개적 과정을 연출한다고 해도, 여전히 실존적인 존재결핍의 문제를 양산한다고 비판한다.9) 서구 철학사가 지닌 본질주의와 존재망각을 헤겔에게도 동일하게 적용한다. 헤겔의 실존적 역동성에도 불구하고 개별자의 실존적 개별성을 담지 못한다는 비판은 존재결핍을 헤겔이 완수했는가에 대한 문제 제기와 맥을 같이 한다.

이러한 비판을 공유하는 또 다른 비판가들은 자기의식 이론을 '상호주관성'10) 이론으로 변형시킨다. 그리고 상호 주관성 구조를 언어와 관

Beiheft. Bd. 15. Bonn: Bouvier Verlag. 1976. S. 269. 필자 강조
9) 하이데거 및 실존주의 철학자 그룹이 이에 해당된다. 실존주의와 다른 맥락이긴 하지만, 장욱의 글("독일철학의 경향과 한국적 의미". **현대사조의 경향.** 서울: 정신문화연구원. 1992)도 이런 비판을 담고 있다.
10) 선험적 자아가 지닌 비과정적이고 비운동적인 그리고 대자적인 개별성을

련시켜 '언어 이론을 통한 의사소통적 패러다임과 화용론적 전회'(가령 하버마스)를 헤겔의 사변적 자기의식 이론에 대한 비판 및 대안으로 제시하는 부류도 있다. 헤겔의 자기의식을 상호 주관성 문제로 변형시키는 후대의 작업에도 불구하고, 헤겔은 자기의식의 사변적 자기매개라는 주관성 이론 속에서 상호 주관성과 총체성을 동시에 담아내려는 전망과 목적을 지니고 있다.

헤겔의 목적이 실현 가능한가라는 문제를 모태로 하여, '형이상학의 가능성'을 점치는 논쟁, 즉 한 예로 80년대 초에 있었던 헨리히와 하버마스의 논쟁[11]은 헤겔의 자기의식의 변형과 대안을 보여준다. 이들의 논쟁

지양하면서, 주관성의 존재를 회복하기 위해 헤겔 이후의 철학자들은 '존재'를 '인간'을 중심으로 한, 사회 공동체 속에서 투영되는 상호 주관적 구조로 나아간다. 하거는 헤겔의 주관성의 존재를 상호 주관성 차원으로 전개해 나간 후대 철학자들을 비중있게 강조한다. "헤겔 이후의 철학에서야 비로소 '인간'은 이러한 주관성의 고유한 **실재성**으로서, 분석의 최초 위치에 이른다. 이러한 의미에서 '주관'은 맑스, 키에르케고르, 니체에게서 그리고 여전히 훗설에게서도, 단지 **근본적으로 여전히 탐구되지 않았던 인간의 최종 현실성을 위해** (관념론의) 전통으로부터 취해진 이름일 뿐인데, **그것의 본질규정에는 인간이 언제나 스스로 가장 고유한 대상이라는 것이 속한다.**"(A. Hager, *Subjektivität und Sein*. Symposion 46. Freiburg/München: Karl Alber Verlag. 1974. S. 154-60 참고). 그리고 상호 주관성 구조를 해석학적 구조와 연결시키는 박순영의 글("마르틴 부버·대화철학의 해석학적 발상 (1)". **해석학 연구**. 제4집. 서울: 지평문화사. 1997)도 참고하라. 헤겔에게서 이런 측면들이 실타래처럼 풀려 나오긴 하지만, 헤겔은 단순히 상호 이중적 관계를 지닌 인간들의 상호 주관성에만 머무는 것은 아니다. 헤겔 체계는 헤겔 이후의 철학사에서 전개되는, '신의 위치를 대신한 인간들 간의 상호 실존적 구조'에만 국한되는 것은 아니다.

11) D. Henrich, *Selbstverhältnisse*(1982/1993)를 필두로 하여 "Selbstbewußtsein und spekulatives Denken"(1882), "Was ist Metaphysik-was Moderne? Thesen gegen Jürgen Habermas"(1987) 등의 글이 있고, 이와 관련하여 J. Habermas, "Rückkehr zur Metaphysik-Eine Tendenz in der deutschen Philosophie?"(1985), "Metaphysik nach Kant"(1990)가 있다. 그리고 의사소통 이론은 아니더라도 자기의식 이론과 관련하여 풀다. 토이니센 등, 많

속에서 자기의식의 완결적 구조와 총체성을 둘러싼 다양한 스펙트럼들이 빛을 발한다. 근대의 의식을 자기의식 이론으로 모형화하면서, 칸트와 헤겔의 기본사상을 통일시키고 플라톤적 사유의 보편성을 소생시키려 했던 헨리히는 칸트의 선험적 자기의식을 헤겔의 사변적 자기의식 이론으로 이끌어 간다. 그리고 삶의 연관을 헤겔의 자기의식과 지속적으로 연관시키는 새로운 존재론을 의미 있게 개척한다. 프랑스의 후기구조주의자들의 진영에서도 상호 주관성 이론과 언어적 이해라는 새로운 패러다임의 계열에 합류함으로써, 주관성 논쟁이 근대의 자기의식과 주관성 철학으로부터 벗어나는 방향으로 흘러가는 것처럼 보인다. 그러나 이들은 주관성을 이성 및 논리적 질서가 아닌 새로운 장면에서, 가령 몸에 대한 관심으로 바꿔서 전개하기도 한다.

이들 모두는 총체성, 사변적 형이상학, 사변적 자기의식을 거부하고 있는 것처럼 보인다. 그러나 그 이면에서 간접적으로는 자기의식과 형이상학의 가능성 여부를 둘러싸고 여전히 그 안에 발을 적시고 있다. 사변적 형이상학의 가능성을 거부하면서도 우회적으로는 사변적 형이상학의 문제의식에 기대고 있다.

은 헤겔 주석가들이 직 - 간접적으로 논쟁에 참여했다.

참고문헌

1. 헤겔 저작들

1986. "Differenz des Fichteschen und Schellingschen Systems der Philosophie". 1801. *Theorie Werkausgabe*. Bd. 2. Frankfurt a. M.: Suhrkamp Verlag. 임석진 역. **피히테와 셸링철학 체계의 차이**. 서울: 지식산업사.

1986. "Glauben und Wissen", in: *Jenaer Schriften, 1801-7. Theorie Werkausgabe*. Bd. 2. Frankfurt a. M.: Suhrkamp Verlag.

1986. *Vorlesungen über die Geschichte der Philosophie*, Ⅰ. *Theorie Werkausgabe*. Bd. 18. Frankfurt a. M.: Suhrkamp Verlag. 임석진 역. **철학사**. 1권. 서울: 지식산업사.

1986. *Vorlesungen über die Geschichte der Philosophie*, Ⅱ. *Theorie Werkausgabe*. Bd. 19. Frankfurt a. M.: Suhrkamp Verlag.

1986. *Vorlesungen über die Geschichte der Philosophie*, Ⅲ. *Theorie Werkausgabe*. Bd. 20. Frankfurt a. M.: Suhrkamp Verlag.

1807. *Phänomenologie des Geistes*. Hrsg. von Hoffmeister. Hamburg: Felix Meiner Verlag.

1989. *Enzyklopädie der Philosophischen Wissenschaften im Grundrisse*. *Gesammelte Werke*. Bd. 19. Hamburg: Felix Meiner Verlag.

1986. *Wissenschaft der Logik*, Ⅰ. *Theorie Werkausgabe*. Bd. 5. Frankfurt a. M.: Suhrkamp Verlag. 임석진 역. **대논리학**. 1권. 서울: 벽호.

1986. *Wissenschaft der Logik*, Ⅱ. *Theorie Werkausgabe*. Bd. 6. Frankfurt a. M.: Suhrkamp Verlag. 임석진 역. **대논리학**. 2-3권. 서울: 벽호.

1985. *Wissenschaft der Logik, Die Lehre vom Sein. Gesammelte Werke.* Bd. 21. Hamburg: Felix Meiner Verlag.

1971. *Jenaer Systementwürfe, Ⅱ. Gesammelte Werke.* Bd. 7. Hamburg: Felix Meiner Verlag.

1976. *Jenaer Systementwürfe, Ⅲ. Gesammelte Werke.* Bd. 8. Hamburg: Felix Meiner Verlag.

2. 이차 문헌들

김상봉. 1996. "피히테와 '나'의 존재론". **철학과 현실**. 통권 30권(가을호). 서울: 철학과 현실사.

김상봉. 1998. **자기의식과 존재사유**. 서울: 한길사.

김상환. 1992. "현명한 관념론과 우둔한 관념론 – 데카르트의 표상적 실재성 분석에 덧붙이는 소고". **세계와 인간 그리고 의식 지향성**. 철학과 현상연구 6집. 서울: 서광사.

김상환. 1993. "천재의 학문 – 데카르트의 학문 방법론에 대한 소고". **과학과 철학**. 제4집. 서울: 과학사상 연구회.

김상환. 1993. "전미래적 시간으로의 외출 – 탈현대적 철학사 해체론의 고전적 연역을 위하여". **철학연구**. 제33집(가을). 서울: 철학연구회.

김상환. 1996. **해체론 시대의 철학**. 서울: 문학과 지성사.

김혜숙. 1993. "선험적 방법론의 성과와 그 한계". **철학연구**. 제32집(봄호).

박순영. 1995. **"가다머 해석학과 정신과학의 방법론"**. **철학**. 제24집(가을호).

박순영. 1986. "대상인식의 합리성 (1)". **인문과학**. 제56집. 서울: 연세대학교 인문과학 연구소.

박순영. 1997. "마르틴 부버·대화 철학의 해석학적 발상 (1)". **해석학 연**

구. 제4집. 서울: 지평문화사.

윤병태. 1994. "안다는 것의 의식적 구조 - 헤겔 의식이론과 시대정신의 비판적 수용 Ⅰ". **헤겔연구**. 5집. 서울: 청아 출판사.

윤병태. 1995. "헤겔의 의식과 자의식". **인문과학**. 제73집. 서울: 연세대학교 인문과학 연구소.

임석진. 1990. **헤겔의 노동의 개념, 《정신현상학》 해설시론**. 서울: 지식산업사.

임석진. 1985. **헤겔 변증법의 모색과 전망**. 서울: 종로서적.

임홍빈. 1993. "변증법의 방법: 철학적 방법으로서의 변증법?". **철학연구**. 제32집(봄호).

장 욱. 1981. "헤에겔에서 막스까지". **철학**. 제15집. 서울: 한국철학회.

장 욱. 1992. "독일철학의 경향과 한국적 의미". **현대사조의 경향**(장욱, 김형효 외). 서울: 정신문화연구원.

최신한. 1997. **헤겔철학과 종교적 이념**. 서울: 한들.

Becker, W. 1969. *Hegels Begriff der Dialektik und das Prinzip des Idealismus. "Zur systematischen Kritik der logischen und der phänomenologischen Dialektik"*. Stuttgart Berlin Köln Mainz: W. Kohlhammer Verlag.

Bröcker, W. 1962. *Formale, transzendentale und spekulative Logik*. Frankfurt: Vittorio Klostermann Verlag.

Bubner, R. 1978. "Die 〈Sache selbst〉 in Hegels Logik". Seminar: *Dialektik in der Philosophie Hegels*. suhrkamp taschenbuch wissenschaft 234. Frankfurt a. M.: Suhrkamp Verlag.

Cramer, K. 1978. "Bemerkungen Hegels Begriff Vom Bewußtsein in der Einleitung zur Phänomenologie des Geistes". Seminar: *Dialektik in der Philosophie Hegels*. suhrkamp taschenbuch wissenschaft 234. Frankfurt a. M.: Suhrkamp Verlag.

Descartes, R. 1961. *Rules for the Direction of the Mind*, translated by Laurence J. Lafleur. New York: The Bobbs-Merrill Company Inc.

Descartes, R. 1986. **방법서설, 성찰, 데카르트 연구**. 최명관 역. 서울: 서광사.

Düsing, K. 1976. *Das Problem der Subjektivität in Hegels Logik*. *Hegel-Studien/Beiheft*. Bd. 15. Bonn: Bouvier Verlag.

Düsing, K. 1993. "Hegels Phänomenologie und die idealistische Geschichte des Selbstbewußtseins". *Hegel-Studien*. Bd. 28. Bonn: Bouvier Verlag.

Düsing, K 1993. "Constitution and Structure of Self-identity: Kant's theory of apperception and Hegel's Criticism". in: *G. W. F. Hegel, Critical Assessments*, vol. Ⅲ. Edited by Robert Stern. London and New York.

Ebert, T. 1969. *Der Freiheitsbegriff in Hegels Logik*. Inaugural-Dissertation. München.

Erdei, L. 1983. "Die Begründung allgemein wahrer Sätzs durch die dialektische Logik. Über das Problem der Induktion". in: *Dialektik Heute*. Bochum: Germinal Verlag.

Fichte, J. G. 1971. *Grundlage der gesammten Wissenschaftslehre als Handschrift für seine Zuhörer*, 1794/5, Berlin: Walter de Greuter & Co. Bd. 1. 한자경 역. **전체 지식론의 기초**. 서울: 서광사.

Fichte, J. G. 1845. "Erste Einleitung in die Wissenschaftslehre". *Fichtes Sämtliche Werke*. Bd. 1. Berlin: von Veit und Comp Verlag.

Fichte, J. G. 1845. "Zweite Einleitung in die Wissenschaftslehre, für Leser, die schon ein philosophisches System haben". *Fichtes Sämtliche Werke*. Bd. 1. Berlin: von Veit und Comp Verlag.

Fichte, J. G. 1971. Über den Begriff der Wissenschaftslehre oder der sogennanten Philosophie. *Gesammtausgabe.* Bd. 2. Hrsg. von R. Lauth und H. Jacob.

Fink-Eitel, H. 1978. *Dialektik und Sozialethik. Kommentierende Untersuchung zu Hegels "Logik".* Meisenheim a. Glan: Anton Hain Verlag.

Fleischmann, E. J. 1965. "Hegels Umgestaltung der Kantischen Logik", *Hegel-Studien.* Bd. 3. Bonn: Bouvier Verlag.

Frank-Peter, H. 1996. *G. W. F. Hegel: "Wissenschaft der Logik". Ein Kommentar.* Würzburg: Königshausen & Neumann Verlag.

Fulda, H. F. 1973. "Zur Logik der Phänomenologie". *Materialien zu Hegels ⟨Phänomenologie des Geistes.* Hrsg⟩. von H. F. Fulda & D. Henrich. Frankfurt a. M.: Suhrkamp Verlag.

Fulda, H. F. 1975. *Das Problem einer Einleitung in Hegels Wissenschaft der Logik.* Frankfurt a. M.: Vittorio Klostermann Verlag.

Fulda, H. F. 1978. "Unzulängliche Bemerkungen zur Dialektik". Serminar: *Dialektik in der Philosophie Hegels.* suhrkamp taschenbuch wissenschaft 234. Frankfurt a. M.: Suhrkamp Verlag.

Fulda, H. F. 1990. "Spekulatives Denken und Selbstbewußtsein". in: *Theorie der Subjektivität.* suhrkamp taschenbuch wissenschaft 862. Frankfurt a. M.: Suhrkamp Verlag.

Gadamer, H.-G. 1980. *Hegels Dialektik. Sechs hermeneutische Studien.* Tübingen: J. C. B. Mohr(Paul Siebeck). 한정석 역. **헤겔의 辨證法**. 서울: 경문사.

Garaudy, R. 1965. *Gott ist tot. Das System und die Methode Hegels.* Frankfurt a. M.: Lizenzausgabe für die Europäische Verlagsanstalt.

Gueroult, M. 1978. "Hegels Urteil über die Antithetik der Reinen Vernunft". Seminar: *Dialektik in der Philosophie Hegels.* suhrkamp taschenbuch wissenschaft 234. Frankfurt a. M.: Suhrkamp Verlag.

Guyer, P. 1978. "Hegel, Leibniz und der Widerspruch im Endlichen". Seminar: *Dialektik in der Philosophie Hegels.* suhrkamp taschenbuch wissenschaft 234. Frankfurt a. M.: Suhrkamp Verlag.

Habermas, J. 1985. "Rückkehr zur Metaphysik-Eine Tendenz in der deutschen Philosophie?". in: *Merkur.* 1985(10).

Habermas, J. 1990. "Metaphysik nach Kant". in: *Theorie der Subjektivität.* suhrkamp taschenbuch wissenschaft 862. Frankfurt a. M.: Suhrkamp Verlag.

Hager, A. 1974. *Subjektivität und Sein.* Symposion 46. Freiburg/ München: Karl Alber Verlag.

Havas, Katalin G. 1974. "Die Hegelsche Dialektik und die moderne Logik". *Hegel-Jahrbuch.* 1974. Köln: Pahl-Rugenstein Verlag.

Heede, R. 1974. "Dialektik des spekulativen Satzes". *Hegel-Jahrbuch.* 1974, Köln: Pahl-Rugenstein Verlag.

Henrich, D. 1971. "Anfang und Methode der Logik". in: *Hegel im Kontext,* Frankfurt a. M.: Suhrkamp Verlag.

Henrich, D. 1978. "Formen der Negation in Hegels Logik". Seminar: *Dialektik in der Philosophie Hegels.* suhrkamp taschenbuch wissenschaft 234. Frankfurt a. M.: Suhrkamp Verlag.

Henrich, D. 1982. "Selbstbewußtsein und spekulatives Denken". in: *Fluchtlinien.* Frankfurt a. M.: Suhrkamp Verlag.

Henrich, D. 1987. "Was ist Metaphysik-was Moderne? Thesen gegen Jürgen Habermas". in: *Konzepte.* Frankfurt a. M.: Suhrkamp Verlag.

Henrich, D. 1993. *Selbstverhältnisse. Gedanken und Auslegungen zu den*

Grundlagen der klassischen deutschen Philosophie. Stuttgart: Philipp Reclam Verlag.

Henrich, D. 1990. "Hegels Grundoperation". in: *Theorie der Subjektivität.* suhrkamp taschenbuch wissenschaft 862. Frankfurt a. M.: Suhrkamp Verlag.

Hösle, V. 1988. *Hegels System.* Bd. Ⅰ, Ⅱ. Hamburg: Felix Meiner Verlag.

Hyppolite, J. 1946. *Genèse et Structure de la Phènomènologie de l'Esprit de Hegel.* Paris: Aubier, èditiones Montaigne. 이종철 역. **헤겔의 정신현상학.** Ⅰ, Ⅱ. 서울: 문예출판사.

P. O. Johnson. 1988. *The Critique of Thought. A re-examination of Hegel's Science of Logic.* Aldershot · Brookfield USA · Hong Kong · Singapore · Sydney: Published by Avebury.

Kant, I. 1956. *Kritik der reinen Vernunft.* Hamburg: Felix Meiner Verlag. 최재희 역. **순수이성비판.** 서울: 박영사.

Kant, I. 1974. *Kritik der Urteilskraft.* Hamburg: Felix Meiner Verlag. 최재희 역. **판단력비판.** 서울: 박영사.

Kemper, P. 1980. *Dialektik und Darstellung. Eine Untersuchung zur spekulativen Methode in Hegels "Wissenschaft der Logik".* Frankfurt a. M.: Rita G. Fischer Verlag.

Koch, R. F. 1989. *Fichtes Theorie des Selbstbewßtseins.* Würzburg: Königshausen & Neumann Verlag.

Kolb, D. 1986. *The Critique of Pure Modernity. Hegel, Heidegger and After.* Chicago and London: The University of Chicago Press.

Kroner, R. 1961. *Von Kant bis Hegel.* Tübingen: J. C. B. Paul Siebeck. 연효숙 역. **칸트.** 서울: 서광사. 유헌식 역. **헤겔.** 서울: 청아 출판사.

Lucas, H-Christian. 1992. "Fichte versus Hegel, oder Hegel und das Erdmandel-Argument". *Hegel-Studien.* Bd. 27. Bonn: Bouvier Verlag.

Ludovicus de Vos, 1983. *Hegels Wissenschaft der Logik: Die absolute Idee. Einleitung und Kommentar.* Bonn: Bouvier Verlag.

McTaggart, J. E. 1964. *Studies in the Hegelian Dialectic.* Reissued, Russell & Russell A Division of Atheneum Publischer. 이종철 역. **헤겔 변증법의 쟁점들.** 서울: 고려원.

Marx, W. 1974. "Die Dialektik und die Rolle des Phänomenologen". *Hegel-Jahrbuch.* Köln: Pahl-Rugenstein Verlag.

Marx, W. 1981. *Hegels Phänomenologie des Geistes.* Frankfurt a. M.: Vittorio Klostermann Verlag. 장춘익 역. **헤겔의 정신현상학.** 서울: 서광사.

Meulen, J. 1958. *Hegel. Die gebrochene Mitte.* Hamburg: Felix Meiner Verlag.

Mure, G. R. G. 1950. *A Study of Hegel's Logic.* Oxford: At the Clarendon Press.

Pannenberg, W. 1992. "Fichte und die Metaphysik des Unendlichen". *Zeitschrift für philosophische Forschung.* Bd. 46.

Pöggeler, O. 1961. "Zur Deutung der Phänomenologie des Geistes". *Hegel-Studien.* Bd. 1. Bonn: Bouvier Verlag.

Pöggeler, O. 1973. "Die Komposition der Phänomenologie des Geistes". *Materialien zu Hegels 《Phänomenologie des Geistes》.* Hrsg. von H. F. Fulda & D. Henrich. Frankfurt a. M.: Suhrkamp Verlag.

Rohs, P. 1982. *Form und Grund. Interpretation eines Kapitels der Hegelschen Wissenschaft der Logik. Hegel-Studien/Beiheft.* Bd. 6.

Bonn: Bouvier Verlag.

Rosen, M. 1992. *Problems of Hegelian Dialectic. Dialectic Reconstructed as a Logic of Humman Reality.* Kluwer academic publischer.

Schelling, F. W. J. 1957. *System des transzendentalen Idealismus.* Hrsg. von Walter Schulz. Hamburg: Felix Meiner Verlag.

Schmitz, H. 1957. *Hegel als Denker der Individualität.* Meisenheim a. Glan: Anton Hain Verlag.

Schmitz, H. 1992. *Hegels Logik.* Bonn. Berlin: Bouvier Verlag.

Schubert, A. 1985. *Der Strukturgedanke in Hegels "Wissenschaft der Logik". Zur Dekonstruktion des absoluten Subjekts.* Diss. Königstein: Anton Hain Verlag.

Siep, L. 1970. *Hegels Fichtekritik und die Wissenschaftslehre von 1804.* Symposion 33. Freiburg/München: Karl Alber Verlag.

Soll, I. 1974. "Sätze gegen Sätze: ein Aspekt der Hegelschen Dialektik". *Hegel-Jahrbuch.* Köln: Pahl-Rugenstein Verlag.

Spinoza, B. 1980. *Die Ethik,* Lateinisch und Deutsch. Stuttgart: Philip Reclam Jun Verlag.

Tanabe, H. 1971. "Zu Hegels Lehre vom Urteil". *Hegel-Studien.* Bd. 6. Bonn: Bouvier Verlag.

Theunissen, M. 1978. *Sein und Schein. Die kritische Funktion der Hegelschen Logik.* Frankfurt a. M.: Suhrkamp Verlag.

Theunissen, M. 1978. "Begriff und Realität. Hegels Aufhebung des metaphysischen Wahrheitsbegriffs". Seminar: *Dialektik in der Philosophie Hegels.* suhrkamp taschenbuch wissenschaft 234. Frankfurt a. M.: Suhrkamp Verlag.

Trede, J. H. 1975. "Phänomenologie und Logik. zu der Grundlage einer

Diskussion". *Hegel-Studien*. Bd. 10. Bonn: Bouvier Verlag.

Trendelenburg, A. 1870. *Logische Untersuchungen*. Bd. 2. Leipzig: S. Hirzel Verlag.

Stekeler-Weithofer, P. 1992. *Hegels Analytische Philosophie*. Paderborn, München, Wien, Zürich: Ferdinand Schöningh Verlag.

Wieland, W. 1973. "Bemerkungen zum Anfang von Hegels Logik". Seminar: *Dialektik in der Philosophie Hegels*. Hrsg. von Rolf-Peter Horstmann. suhrkamp taschenbuch 234. Frankfurt a. M.: Suhrkamp Verlag.

Wohlfart, G. 1981. *Der spekulative Satz. Bemerkungen Zum Begriff der Spekulation bei Hegel*. Berlin · New York: Walter de Gruyter Verlag.

Zimmerli, W. 1989. "Is Hegel's Logic a Logic?" in: *Hegel and His Critics-Philosophy in the Afermath of Hegel*. Edited by William Desmond. State University of New York Press.

· 저자 ·

이정은

· 약 력 ·

연세대학교 철학과 졸업
연세대학교 대학원 철학과에서 헤겔로 석사, 박사 학위 취득
명지대학교 동서비교철학연구센터에서 post-doctor 수행
연세대학교 철학연구소 전문연구원, 연세대학교 외래교수
사단법인 한국철학사상연구회 전문연구원
그리스도대학교, 백석대학교, 한양대학교 등 출강

· 주요논저 ·

「청년기 헤겔의 환상종교」
「헤겔 법철학에서 사유재산과 불평등 문제」
「헤겔 법철학에서 시민사회와 국가의 매개체」
「성애에 관한 철학적 고찰-헤겔의 사랑, 결혼, 가족에 대한 이해를 통해-」
「헤겔 법철학에서 여성적 자매애와 사회적 우애의 관계」
「민중종교와 이성종교의 갈림길」
「한국현상 촛불시위에 관한 철학적 고찰」
「현대사회의 빈곤과 NGO의 철학적 접목」
『사랑의 철학』
『사람은 왜 인정받고 싶어하나』
공저로는 『진리를 찾아서』(공저)
『현대윤리학의 문제들』(공저)
『서양근대철학의 열가지 쟁점』(공저)
『영원을 향한 철학』(공저)
『철학의 눈으로 읽는 여성』(공저)
『성·사랑·사회』(공저)
『여성주의철학1-2』(공역)
외 다수

헤겔 『대논리학』의 자기의식 이론

• 초판 인쇄	2006년 9월 30일
• 초판 발행	2006년 9월 30일
• 지 은 이	이정은
• 펴 낸 이	채종준
• 펴 낸 곳	한국학술정보㈜
	경기도 파주시 교하읍 문발리 526-2
	파주출판문화정보산업단지
	전화 031) 908-3181(대표) · 팩스 031) 908-3189
	홈페이지 http://www.kstudy.com
	e-mail(출판사업부) publish@kstudy.com
• 등 록	제일산-115호(2000. 6. 19)
• 가 격	18,000원

ISBN 89-534-5660-6 93160 (Paper Book)
89-534-5661-4 98160 (e-Book)